Adelheid Stein
Sozialtherapeutisches Rollenspiel

Sozialtherapeutisches Rollenspiel

Erfahrungen mit einer Methode
der psychosozialen Behandlung
im Rahmen der Sozialarbeit/Sozialpädagogik

von Adelheid Stein

3., überarbeitete und ergänzte Auflage

Luchterhand

Die Deutsche Bibliothek – CIP-Einheitsaufnahme

Stein, Adelheid :
Sozialtherapeutisches Rollenspiel : Erfahrungen mit einer Methode der psychosozialen Behandlung im Rahmen der Sozialarbeit/Sozialpädagogik von Adelheid Stein.
3., überarb. und erg. Aufl.
Neuwied ; Kriftel : Luchterhand, 1998
ISBN 3-472-03233-2

Satz: Ute C. Renda-Becker, Lahnstein
Papier: Permaplan von Arjo Wiggins Spezialpapiere, Ettlingen
Druck: Betz-Druck, Darmstadt
Printed in Germany, Juli 1998

Dieses Buch widme ich allen, die die Spiele meiner Kindheit und Jugend begleitet haben, und danke ihnen dafür, daß sie meiner Phantasie Raum ließen: meinen Eltern, vor allem meiner Mutter, und meinen Geschwistern Erika, Otto und Hans.
Ich widme es ferner all denen, mit denen ich spielte, als sie Kinder waren, stellvertretend hierfür meinen Patenkindern: Peter Becher, Brunhilde Küppers, Barbara Roidl, Ulrich-Peter Roidl, Christof Scholtz und Thomas Ulrich.

Adelheid Stein

Vorwort

Die 3. Auflage des Buches »Sozialtherapeutisches Rollenspiel« setzt sich zunächst mit dem Bezug dieser Methode zur sozialen Arbeit auseinander. Aus den vielfältigen Konzepten, die in der Sozialarbeit entwickelt wurden, wird ein ökosoziales hervorgehoben. Anhand des Hilfeprozesses des »Life Models« nach Germain und Gitterman werden Möglichkeiten aufgezeigt, mit dem Sozialtherapeutischen Rollenspiel professionell zu arbeiten. Sowohl den Helfern wie auch der Klientel können zu den unterschiedlichsten Lebensthemen Spielformen angeboten werden.
In den Katalog der Spiele wurden auch Erlebnisspiele mit realen Eingaben berücksichtigt, die den Umgang mit imaginären Eingaben erleichtern können. Ein Konzept, das Möglichkeiten aufzeigt, das Sozialtherapeutische Rollenspiel themenzentriert anzuwenden, schließt die Darstellung der einzelnen Spiele ab. Bei Trennungs- und Trauerproblematiken, bei Problemen im Zusammenhang mit Macht und Gewalt oder ähnlichem lassen sich aus den einzelnen Spielformen die für das Thema und den Behandlungsprozeß spezifischen zusammenstellen.
Die in diesem Buch veröffentlichten Spielprotokolle geben zwar Themen und Strukturen der einzelnen Spiele wieder, vernachlässigen aber die Formulierung für spezifische Adressaten. Einstimmung und Anweisung so zu formulieren, daß sie für die Gruppenmitglieder bildhaft werden, bleibt in der Verantwortung der Spielleitung.
Ergänzungen zu den Kapiteln »Der Bezug des Sozialtherapeutischen Rollenspiels zur Sozialarbeit/Sozialpädagogik«, »Die Klienten der Sozialarbeit/Sozialpädagogik« und »Vorgehen des Spielleiters« sind nachzulesen in: *Huber/Schild* 1996.
Der Arbeitsgruppe, die unter Leitung von Herrn *Hans Michael Miller* für die 2. Auflage (1993) die Spiele mit mir bearbeitet hat: Frau *Klothilde Aschenbrenner-Egger*, Herrn *Jakob Braun*, Herrn *Herbert Huber*, Frau *Brigitte Müller*, Frau *Traudl Scheuberth*, Herrn *Walter Schild* danke ich sehr herzlich.
Ich wünsche allen Lesern, daß ihnen dieses Buch Hilfe für ihre Arbeit sein kann.

Juli 1998 Adelheid Stein

Inhaltsverzeichnis

Einleitung

Das Sozialtherapeutische Rollenspiel wurde im Rahmen der Supervision an der Ellen Ammann-Schule, Höhere Fachschule für Sozialarbeit, München, ab 1970 schrittweise gefunden und wird seit 1972 in der Aus- und Fortbildung der Katholischen Stiftungsfachhochschule München in den Abteilungen München und Benediktbeuern weiterentwickelt und vermittelt. Es handelt sich um eine Methode der psychosozialen Behandlung im Rahmen der Sozialarbeit/Sozialpädagogik, die bevorzugt in Gruppen angewandt wird.

Von der Praxis her ergaben sich Bedürfnisse im Sozialtherapeutischen Bereich, die der inhaltlichen Entwicklung Richtung gaben und von 1974 an eine Überprüfung der Spielformen in der praktischen Sozialarbeit ermöglichten.

Die Anwendung des Sozialtherapeutischen Rollenspiels erfolgte zunächst in den Ambulanzen und stationären Einrichtungen der Suchtkrankenhilfe, in ambulanten Gruppen der Psychiatrie, in Elterngruppen der Erziehungsberatungsstellen und im Rahmen der Supervision von Sozialarbeitern/Sozialpädagogen.

Mittlerweile konnten umfangreiche Erfahrungen im gesamten Bereich der Sozialtherapie, der Familien-, Jugend- und Bildungsarbeit gewonnen werden.

Sozialarbeiter/Sozialpädagogen, die in einem multidisziplinären Team ihren Beitrag im Rahmen der Behandlung von Klienten zu leisten haben, erhielten durch dieses sozialpädagogische Mittel ein zusätzliches Instrumentarium, das im Rahmen der Arbeitsformen der Sozialarbeit/Sozialpädagogik einsetzbar ist und auf der Grundausbildung der Fachkräfte aufbaut.

Das breite Interesse an diesen Spielformen machte ab 1981 die Schaffung von Arbeitskreisen notwendig und führte 1987 zur Gründung des Vereins »Adelheid-Stein-Institut für Sozialtherapeutisches Rollenspiel e.V. (ASIS)«. Dieses Institut (gemeinnütziger Verein) setzt sich zur Aufgabe, »die Entwicklung und Verbreitung des Sozialtherapeutischen Rollenspiels als methodische Arbeitsweise der Sozialarbeit/Sozialpädagogik zu fördern und durch anwendungsorientierte Forschung zu unterstützen«, (Satzung).

Mit der Gründung dieses Instituts soll die Einheitlichkeit der Ausbildung durch die Arbeitskreise gesichert sein und durch seinen Namen die authentische Ausbildung herausgehoben werden. Dies wurde vor allem durch das zunehmende Interesse des Auslandes nötig (Italien, Österreich, Schweiz, Ungarn).

Wenn wir mit dieser zweiten Auflage einen Einblick in einen Großteil der Spielformen der Grundausbildung vermitteln, so geschieht dies aus der Notwendigkeit heraus, die Spiele, die seit 25 Jahren weitervermittelt werden, in dieser Form »zu sichern«, begleitet allerdings von der Befürchtung, sie könnten als »Psycho-Spiele« mißbraucht und verkannt werden. Um psychodramatische Effekte zu steuern und einzuschränken ist es nötig, die Balance zwischen Erlebnis und Handlung zu halten, den Gruppenprozeß sensibel zu beobachten und zu lenken, fachliche Hilfen zu geben und die Aufgaben der Spielleitung, die immer mitspielt und mit ihren eigenen Beiträgen den Bearbeitungsprozeß steuert, genau zu kennen.

Die dargestellten Spiele in der Praxis zu erproben, ohne daß die Methoden ausreichend und systematisch erlernt wurden, wäre nicht zu verantworten.

Die Ausbildung im Sozialtherapeutischen Rollenspiel gliedert sich in drei Abschnitte:

Abschnitt I: Grundausbildung, deren Spielkatalog in diesem Buch vorgestellt wird,

Abschnitt II: Anwendung neuer Spiele des Sozialtherapeutischen Rollenspiels unter Praxisberatung,

Abschnitt III: Sozialtherapeutisches Rollenspiel mit Symbolen aus Märchen und Mythen.

Die Anforderungen, die an eine Spielleitung gestellt werden, sind umfangreich. Theoretische Grundlagen aus dem Bereich der Sozialarbeit/Sozialpädagogik, der Psychologie, der Soziologie, Pädagogik, Medizin sind erforderlich, und die Kenntnisse aller Hilfsmittel im Rahmen wirtschaftlicher und sozialer Sicherung. Dies erfordert Wissen aus den einschlägigen Rechtsbereichen und der Sozialpolitik. Darüber hinaus sind praktische Erfahrungen nötig.

München, Mai 1998 Adelheid Stein

1. Das Sozialtherapeutische Rollenspiel

Das Sozialtherapeutische Rollenspiel ist ein eigenständiges sozialpädagogisches Vorgehen, das sich von anderen Behandlungsweisen unterscheiden läßt und sich an den Handlungsstrategien der Sozialarbeit/Sozialpädagogik und deren beruflicher Haltung orientiert. Deshalb wird die Besonderheit der Klienten in sozialen und individuellen Notlagen, in Krisen und extremen Lebenssituationen berücksichtigt und auf die Voraussetzungen eingegangen, die die Entstehung solcher Probleme bedingen. Es werden Verhaltensweisen herausgestellt, die Veränderungen einleiten, stabilisieren und helfende Beziehungen ermöglichen.

1.1. Allgemeine Darstellung des Sozialtherapeutischen Rollenspiels

Das Sozialtherapeutische Rollenspiel wurde bevorzugt für den sozialtherapeutischen Bereich entwickelt und bietet Spielformen zur Verbesserung der Selbst- und Fremdwahrnehmung, des Sozialverhaltens in Gruppen (hier besonders zur Verarbeitung von Gruppen- und Familienkonflikten) sowie der Wahrnehmung, Strukturierung und Lösung aktueller Probleme.
Es zielt auf die Mobilisierung von Selbsthilfekräften des Klienten und arbeitet bevorzugt mit dessen gesunden Anteilen. Es berücksichtigt gleichzeitig das Lerntempo und den Informationsstand des jeweiligen Gruppenmitgliedes und ist von daher vielseitig einsetzbar. Da weitgehend mit Bildern und Symbolen gearbeitet wird, kann von seiten der Klienten sehr bald auf Abwehrtechniken verzichtet werden.
Die Spiele werden eingeteilt in wahrnehmungszentrierte, gruppenzentrierte und problemzentrierte Spiele. Den sozialtherapeutischen Spielen werden häufig Vorbereitungs- oder Einführungsspiele vorgeschaltet. Es sind darunter allgemein bekannte Spiele zu verstehen, die den Gruppenmitgliedern den Einstieg erleichtern.
Wahrnehmungszentrierte Spiele dienen der Selbst- und Fremdwahrnehmung, beschäftigen sich mit bewußten und vergessenen Anteilen der eigenen Geschichte, mit Schuldgefühlen und Sinnkrisen.
Die Auseinandersetzung mit an Gegenstände oder Bilder gebundenen Erlebnissen und Gefühlen, die Einfühlung in andere und eine besondere Form des Umgangs mit Symbolen bestimmen die Spiele.
Gruppenzentrierte Spiele greifen Erlebnisse in Gruppen auf und ermöglichen solche. Sie spiegeln die Struktur der Gruppe und den Gruppenprozeß oder befassen sich mit den Besonderheiten der Beziehungen in einer Gruppe oder der zu anderen Gruppen. Sie zielen auf die Aufarbeitung von Sozialisationsdefiziten, die Veränderung von Einstellungen und die Verbesserung der Entscheidungs- und Konfliktfähigkeit.

Als Spielform wird hier das Rollenspiel verwandt, das durch Verschlüsselung der Gruppenthematik zum Symbolspiel wird.
Problemzentrierte Spiele haben den Erlebnis- und Handlungsaspekt einer problematischen oder frustrierenden Situation zum Gegenstand.
Sie dienen der Analyse des Problems und der Entwicklung von Alternativen des Handelns, der Verarbeitung von Insuffizienzgefühlen und von Allmachtsdenken. Die hierfür angewandte Spielform ist das Rollenspiel, das wiederum durch Verschlüsselung zum Symbolspiel werden kann.
In seiner Durchführung folgt das Sozialtherapeutische Rollenspiel bestimmten Regeln, die die Hilfe zur Selbsthilfe beim Klienten zum Ziel haben. Es handelt sich hierbei um solche Regeln, die für alle Spiele Gültigkeit haben, und um solche, die die Besonderheit der jeweiligen Spielform mit ausmachen.
Diese Spielregeln haben ihre Verbindlichkeit für den Spielleiter und die Gruppenmitglieder. Der Spielleiter vermittelt sie durch sein Modell.
Als allgemeine Verbindlichkeiten gelten für den Spielleiter:

- Das Problem hat Vorrang vor der Regel;
- Der Spielleiter kennt und beachtet die Regeln; in Ausnahmefällen kann das Problem ein Abweichen von den Regeln erforderlich machen;
- Gefühle und Erlebnisse sind immer an Gegenstände oder Bilder zu binden!
- Weder Spielleiter noch Gruppenmitglieder interpretieren die Beiträge den anderen (»Im Bild bleiben«)!
- Die Stellungnahme zum Problem eines anderen Gruppenmitgliedes geschieht mittels Einfühlung.
- Der Spielleiter spielt mit, ohne seine Distanz zu verlieren.
- Spielanweisungen sehen Ausweichmöglichkeiten für das Gruppenmitglied vor.
- Das Tempo des Vorgehens und die Intensität des Entschlüsselns bestimmt das Gruppenmitglied.
- Das Rollen- und Identifikationsfeedback des Spielleiters steuert den Gruppenprozeß.
- Kein Gruppenmitglied wird mit dramatischen Ereignissen allein gelassen. Der Spielleiter stützt, wenn dies die Gruppenmitglieder noch nicht vermögen.
- Die Zweckmäßigkeit eines Verhaltensmodells wird an den damit verbundenen Konsequenzen erfahren. Es wird nicht verurteilt.
- Unzweckmäßige Modelle sind in der Regel nur speziellen Situationen gegenüber nicht brauchbar. Sie sind eine wertvolle Grundlage für Lernen.
- Mit den Teilnehmern einer Gruppe im Sozialtherapeutischen Rollenspiel wird ein Kontrakt geschlossen.

Der Prozeß der Veränderung bezieht einmal mehr den Erlebnis-, einmal mehr den Handlungsbereich ein. Alle Sitzungen werden sorgfältig ausgewertet, so daß eine Weiterführung des Verarbeitungsprozesses von Gruppenproblemen und individuellen Beiträgen möglich wird.
Es wird vornehmlich in Gruppen gearbeitet. Das Sozialtherapeutische Rollenspiel kann, je nach fachlich begründeter Notwendigkeit, allein oder in Verbindung mit anderen Arbeitsweisen eingesetzt werden.

1.2. Ziele des Sozialtherapeutischen Rollenspiels

Das Sozialtherapeutische Rollenspiel vermittelt sowohl diagnostische Hinweise, um eine psychosoziale Behandlung im sozialtherapeutischen Bereich einzuleiten, wie es auch selber den Reifungsprozeß des Klienten und den des Sozialarbeiters/Sozialpädagogen mit beeinflußt.
Wir gehen von der Vorstellung aus, daß zwischen dem diagnostischen und dem therapeutischen Prozeß eine Interdependenz besteht, daß etwa diagnostische Aussagen bereits Veränderungsaspekte beinhalten und daß Aussagen über einen Veränderungsprozeß - und sei dieser noch so eingeschränkt - wiederum diagnostische Beiträge liefern.
Zum Zwecke einer klareren Darstellung wird im folgenden eine Trennung beider Bereiche vorgenommen und aufgezeigt, inwieweit Einflußnahmen durch das Rollenspiel auf die Gruppe und den einzelnen denkbar sind und inwiefern diagnostische Ansätze erkennbar werden können.
Diagnostische Hinweise erhält der Sozialarbeiter/Sozialpädagoge dadurch, daß er im Rollenspiel und den folgenden Auswertungsgesprächen das soziale Handeln und die Konfliktlösungsmöglichkeiten der einzelnen Klienten und des Gruppenverbandes erfährt. Er lernt die Wahrnehmungsmöglichkeiten der Gruppenmitglieder bezüglich des eigenen und fremden Verhaltens, ihre Möglichkeiten zum Agieren und Reagieren, ihre Einstellungen zu augenblicklichen und früheren Erlebnissen kennen. Er erhält Informationen über ihre Hoffnungen und Resignationen, ihren Sinnbezug und ihre Wertvorstellungen, auch über ihre Motivation, Situationen zu verändern, und entdeckt zunehmend die Stärken der Klienten, die ein Umlernen ermöglichen.
Die Ziele im Rahmen des Veränderungsprozesses sind:

- die Wiederherstellung des Vertrauens in die eigene Kraft;
- die Weckung schöpferischer Phantasie, die es erlaubt, Veränderung, die noch nicht geleistet werden kann, zu träumen;
- das Mutmachen zum Fehler, der häufig erst den nächsten Lernschritt möglich macht;
- das Erfahren von Eigenmacht durch Handlung;
- die Schulung der Wahrnehmung, der körperlichen und sprachlichen Ausdrucksmöglichkeit;
- die Differenzierung der Sensibilität Konflikten gegenüber und der Einfühlungsfähigkeit in andere;
- die Einübung von Rollen, die wir in unserer Gesellschaft zu spielen haben;
- die Ermutigung zu nonkonformem Verhalten und die Zunahme der Fähigkeit, die damit verbundenen Konsequenzen richtig einzuschätzen und die eigene Belastbarkeit abzuwägen;
- der Erwerb von Rollendistanz und die gleichzeitige Zunahme der Fähigkeit, divergente Spannungen auszuhalten;
- das Kennenlernen zweckmäßiger Konfliktlösungsstrategien und der Fähigkeit, mit anderen zu kooperieren;

- eine Zunahme der Fähigkeit zur Selbstdarstellung, zur Selbstbehauptung und, wenn notwendig, zur Selbstbegrenzung.

Das Sozialtherapeutische Rollenspiel will eine Erweiterung des Verhaltensrepertoires und die Zunahme der Fähigkeit zu sozialer Kompetenz erreichen. Als Nahziel zu sehen sind die Freude am Spiel und die Bereitschaft, sich und andere in der Gruppe zu erfahren.

1.3. Die Unterscheidung des Sozialtherapeutischen Rollenspiels von anderen Spielformen

Beim Sozialtherapeutischen Rollenspiel handelt es sich um eine an Regeln gebundene Arbeitsweise, in der von den Sozialarbeitern/Sozialpädagogen stützend, nicht aufdekkend, gearbeitet wird. Seine Vorgehensweisen zeigen sowohl Ähnlichkeiten wie auch deutliche Unterschiede zu anderen Spielformen.

1.3.1. Die Unterscheidung vom spontanen und vom pädagogischen Rollenspiel

Das Rollenspiel haben die Kinder aller Zeiten und aller Kulturen gefunden, tradiert und immer wieder aufs neue gestaltet. Dieses spontane Rollenspiel der Kinder wird heute häufig durch pädagogische Mittel ersetzt, da der natürliche Spielraum des Kindes beschränkt wurde und Lernmöglichkeiten fehlen, um auf die vielfältigen Rollen in unserer Gesellschaft vorzubereiten. Kinderkrippen, Kindergärten, Kindertagesstätten, Freizeitheime und Schulen machen mit einer Realität vertraut, die im Alltag nur noch eingeschränkt erlebt werden kann, und ermutigen durch das Rollenspiel zum Probehandeln und zur Verhaltensänderung (*Weinschenk*, 1981, 133). Soziale oder auch pädagogische Rollenspiele werden in der Regel von ausgebildeten Leitern unter gruppenpädagogischen Gesichtspunkten, an Spielzielen orientiert, durchgeführt.
Diese Rollenspielformen im Sinne des spontanen Rollenspiels des Kindes und der Erweiterung dieser Möglichkeit durch pädagogische Angebote können durch das Sozialtherapeutische Rollenspiel ebenso wenig ersetzt werden wie das Spiel die Realität ersetzen kann. Das Sozialtherapeutische Rollenspiel wird für die Arbeit mit Kindern modifiziert.

1.3.2. Die Unterscheidung vom darstellenden Spiel

Darstellende Spiele, wie sie von Jugendlichen und Erwachsenen zur Gestaltung von Festen und Feiern verwendet werden, berührt das Sozialtherapeutische Rollenspiel ebenfalls nicht. Es handelt sich hier um Spiele, die ihren eigenständigen Platz in der Freizeitpädagogik haben, Erlebniswerte vermitteln und durch therapeutische und pädagogische Spiele nicht ersetzt werden können. Umgekehrt bieten einige dieser »klassischen

Rollenspielformen« Grundmuster für pädagogische und therapeutische Spiele, vor allem das Stegreifspiel, auf das bereits Moreno zurückgreift.
Die Auffassung von Philosophen und Dichtern, daß unser ganzes Leben als Spiel und die Welt als Bühne betrachtet werden kann, legt nahe, sowohl das Spiel zu benutzen, um Lebenssituationen zu zeigen, wie auch das Spiel zu verwenden, um auf das Leben vorzubereiten. Hier können Rollen durchgespielt und Lebensmöglichkeiten ausprobiert werden, jedoch nicht unter Bedingungen, die Risiken und Hemmnisse schaffen.
Das Sozialtherapeutische Rollenspiel hat sowohl pädagogische als auch therapeutische Ziele. Es steht zwischen dem pädagogischen Rollenspiel und dem Psychodrama.

1.3.3. Die Unterscheidung vom Psychodrama

Da sich in jedem Spiel psychodramatische Effekte aufweisen lassen, gleichgültig, ob es sich um das spontane Rollenspiel der Kinder handelt oder um Formen, denen verhaltenstherapeutische oder tiefenpsychologische Konzepte zugrunde liegen, muß zur Abgrenzung das klassische Psychodrama herangezogen werden. Wir haben hierbei folgende Fakten zu berücksichtigen:

- das Psychodrama als eine »effektive Form psychotherapeutischer Kurztherapie« (*Petzold*, 1973, 3),
- für das Psychodrama unentbehrliche psychodramatische Techniken (*Leutz*, 1974, 94),
- die Erlebnisintensität des Psychodramas (*Leutz*, 1974, 10),
- den Aufbau und den Ablauf des Psychodramas.

Betrachten wir das Psychodrama als eine »effektive psychotherapeutische Kurztherapie« verbunden mit Erlebnisintensität, so ergeben sich deutliche Unterscheidungsmerkmale zum Sozialtherapeutischen Rollenspiel, bei dem der Protagonist seine eigene Geschichte nur in der eingeengten Szene des Situationsspiels zeigt. Es handelt sich hier immer um »junge Vergangenheit«. Die Situationsanalyse dient der Verhaltensänderung, der Grad an »Gegenwärtigsetzung des bereits Geschehenen« (*Leutz*, 1974, 94) ist hierbei gering. Als psychodramatische zentrale Techniken nennt *Leutz* (1974, 45): Doppelgänger, Spiegel und Rollentausch. Als Doppelgänger ist das Hilfs-Ich zu verstehen, der Leiter oder ein Gruppenmitglied, das sagt, »was der Protagonist in der betreffenden Situation nicht auszusprechen vermag oder nicht auszusprechen wagt« (*Leutz*, 1974, 45).
Im Sozialtherapeutischen Rollenspiel ist eine solche Technik des Hilfs-Ich auf Verhaltensmodifikationen beschränkt. Gruppenmitglieder zeigen, wie sie unter gleichen Bedingungen handeln würden, und teilen mit, welche anderen oder gleichen Gefühle sie hierbei haben. Da die eigene Vergangenheit nie gespielt wird, fehlt die typische Doppelgänger- und Hilfs-Ich-Funktion, wie sie das Psychodrama benutzt. Die psychodramatische Technik des Rollentausches, die sowohl eine Spiegelung wie auch eine Einfühlung in die Rolle des Gegenübers bedeutet, gibt es im Sozialtherapeutischen Rollenspiel im Situationsspiel, bei dem sie, sehr sparsam benutzt, die Realität herzustellen hilft, und bei den Gesprächsführungen, bei denen sich der Protagonist zum Teil in der Gegenrolle befindet.

Die Gruppeneinfühlung, in der sich die gesamte Gruppe in eine ihr fremde Rolle versetzt, hat am ehesten einen Bezug zu der im Psychodrama üblichen Einfühlung.
Vergleichen wir den Aufbau des Psychodramas, so nennt Leutz als Konstituenten: die Bühne, die Hauptdarsteller, die Mitspieler oder Hilfs-Ichs, die Gruppe und die psychodramatischen Techniken. – Die Bühne wird vom Protagonisten gestaltet, der hier »seine Welt mit ihren Ereignissen« entwirft (*Leutz*, 1974, 83). Im Sozialtherapeutischen Rollenspiel wird diese »Verdichtung des Schicksals« (*Leutz*, 1974, 87) vermieden. Die Bühne wird nur mit den Elementen ausgestattet, die für das Verständnis des Geschehens unmittelbar bedeutsam sind.
Der Ablauf des Psychodramas erfolgt in drei Phasen: der Erwärmungsphase, der Spielphase und der Gesprächsphase. Es gibt eine Reihe von Anwärmtechniken.
Das Sozialtherapeutische Rollenspiel kennt keine Anwärmtechniken und nur eingeschränkt eine Anwärmphase. Das Zusammensein der Gruppe als solches wird wirksam. Jedes Spiel im Sozialtherapeutischen Rollenspiel ist durch die besondere Weise des Spielablaufs und der Auswertung eigenständig. Auch die Vorbereitungsspiele sind es. Ihr Ziel ist nicht das Anwärmen für ein Problem, sondern die Zunahme des Wir-Gefühls.
Die Auswertungsphase mit dem Rollenfeedback, dem Identifikationsfeedback und dem Auswertungsgespräch kennt auch das Sozialtherapeutische Rollenspiel. Das Sharing wird hier durch eine besondere Form des Stützens ersetzt. Das Beziehungsfeedback und das Assoziationsfeedback bereichern die Auswertungsmöglichkeiten.
Fassen wir zusammen: Beim Psychodrama handelt es sich um eine Kurztherapie, beim Sozialtherapeutischen Rollenspiel um eine psycho-soziale Behandlung, um eine Reifungshilfe. Während im Psychodrama die Wiederherstellung des psychodramatischen Geschehens bedeutsam ist, ist das Sozialtherapeutische Rollenspiel gegenwartsbezogen und an Regeln gebunden, es vermeidet alles, was psychodramatische Effekte verstärken könnte. Es gibt den Protagonisten im Sinne des klassischen Psychodramas kaum. Die Gruppe hat im Sozialtherapeutischen Rollenspiel eine zentrale Bedeutung. Der Spielleiter befindet sich hier weniger in einer Beobachterrolle als beim Psychodrama, er spielt selber mit und wird auch zur Übertragungsfigur. Im Sozialtherapeutischen Rollenspiel orientiert sich der Leiter an Regeln. Für das Sozialtherapeutische Rollenspiel gelten die Handlungsgrundsätze der Sozialarbeit/Sozialpädagogik und die Hilfsmöglichkeiten dieser Berufsgruppen.
Ähnlichkeiten zum Psychodrama bestehen in dem Versuch, Problembewältigung durch Spiel zu leisten. Die größte Nähe wird in der Gruppeneinfühlung erreicht (*Kuypers*, 1977).

1.3.4. Die Unterscheidung vom Katathymen Bilderleben oder Symboldrama

Das von *Leuner* entwickelte Katathyme Bilderleben beruht auf der »Grunderfahrung des Menschen, daß er phantasiegetragene Imaginationen entfalten kann, wie sie nicht nur vom Traum [...], sondern auch in Tagesphantasien immer schon bekannt«, aber im Grunde noch niemals gründlich untersucht worden sind (*Leuner*, 1970, 3).

Das Sozialtherapeutische Rollenspiel hat mit dem Katathymen Bilderleben gemeinsam, daß in der »therapeutisch angestrebten Imagination« sich im Bewußtsein des Patienten »eine quasi-reale Welt von Wahrnehmungscharakter« entwickelt (*Leuner*, 1970, 14).
Im Unterschied zum Symboldrama handelt es sich hier aber nicht um vorgegebene Symbolinhalte »mit kollektivem und individuellem Bedeutungsgehalt« (*Leuner*, 1970, 21), sondern um eine Steuerung dieser Imaginationen in Richtung auf etwas real Erlebtes bzw. Erlebbares.
Die im Katathymen Bilderleben gebrauchten Standardformen der Grund-, Mittel- oder Oberstufe (etwa Bachlauf, Autostopp, Sumpfloch) gibt es im Sozialtherapeutischen Rollenspiel nicht. Werden – wie im Erlebnisspiel und in den Einfühlungsspielen – Bilder betrachtet, so sind diese mit einem Erlebnis verbunden, das sich an einen Gegenstand bindet. Wir schauen z.B. unseren Reisepaß an, unsere Arbeitspapiere oder unsere Spielzeugkiste. Um ein gezieltes Zugehen auf Konfliktsituationen abzuschwächen, sind »Ausweichmöglichkeiten« in die Anweisung aufgenommen. So kann sich z.B. das Gruppenmitglied beim Paß auf Bild und Namen beschränken und sich schwerpunktmäßig mit den Reisestempeln und den damit verbundenen Reiseerlebnissen befassen; die Spielzeugkiste birgt eigenes Spielzeug, aber auch das der eigenen Kinder oder solches, das man bei anderen sah.
Das Spiel bewirkt damit einen stark eingeengten hypnoiden Zustand (*Leuner*, 1970, 14). Im Gegensatz zum Katathymen Bilderleben werden auch keine Entspannungssuggestionen benutzt. Es geht vielmehr um die Aufarbeitung konkreter Erlebnisse. Ausgenommen hiervon sind die »Phantasiebilder«, die sich mit den Imaginationen »Wachsen« und »Loslösen« befassen (z.B.: Der Reiter, das Blumenglas, das Wollgrasflöckchen).
Auch hier wird immer wieder ein Realitätsaspekt betont: jeder Spielschritt wird beschrieben. Ganz deutlich wird die Realität jedoch am Ende des Spiels, wo eine Trennung vom »Flugobjekt« und eine Beschreibung des gegenwärtigen Standpunktes erfolgen. Auch hierbei werden keine Symboldeutungen vorgenommen.

1.3.5. Die Unterscheidung von der Gestalttherapie

Die von *F. S. Perls* entwickelte Gestalttherapie arbeitet mit Elementen der Psychoanalyse, des Existenzialismus und der Gestaltpsychologie. Psychotherapie wird gesehen als eine Erfahrung des Lebens und der Gegenwart (*Frassa*, 1980, 232). Die unerledigte Situation belastet die Gegenwart, da sie nicht zu einem Teil des Ich wurde (*Frassa*, 1980, 232). *Perls* sagt, daß es eine Fülle von unabgeschlossenen Gestalten gibt, die auftauchen. Dabei wird die »jeweils herrschende Gestalt« zuerst erscheinen, so daß die Befreiung von solchen unabgeschlossenen Gestalten einfach ist (*Perls*, 1976, 142).
Der Patient soll möglichst rasch »mit seinen Blockierungen konfrontiert werden« (*Frassa*, 1980, 332), um ihn seine existentielle Leere im Sinne eingefrorener Energien erfahren zu lassen (ebenda). Die Einbeziehung von Körperreaktionen, abgespaltenen Gefühlen, Phantasien und Verhaltensweisen ist ebenso wichtig wie die Verstärkung der sinnlichen Wahrnehmung (*Perls*, 176, 74). Im gestalttherapeutischen Prozeß werden eigene und dem Psychodrama entliehene Techniken benutzt. So wird mit dem sogenannten »heißen Stuhl« (*Perls*, 1976, 143) gearbeitet und mit dem leeren Stuhl, der die Aufgabe hat,

Rollen, die verworfen wurden, zu übernehmen. – Übung, Training, Phantasien, Bewegungen, Spiele und Gespräche können sich abwechseln.
Zwischen der Gestalttherapie und dem Sozialtherapeutischen Rollenspiel ergeben sich sicherlich Ähnlichkeiten, etwa den Gegenwartsbezug betreffend oder den Bezug zur Gestaltpsychologie.
Ein deutlicher Unterschied liegt in der Durchführung, im Gebrauch der genannten Techniken und in der Konfrontation mit Gefühlen und Körperreaktionen usw.
Im Sozialtherapeutischen Rollenspiel haben wir es mit Gegenständen zu tun, an die Erlebnisse, und damit auch Gefühle, gebunden sind. Nur wenige Spiele sprechen Erlebnisse direkt an, nie aber spricht der Klient mit seinen Gefühlen, mit seinem Körper oder Aspekten seines Selbstes. Der Bezug zum Unbewußten verläuft damit distanzierter, Ich-näher.

1.3.6. Die Unterscheidung von der Verhaltenstherapie und den gruppendynamischen Spielen

Spiele, die im Bereich der Verhaltenstherapie angeboten werden, zielen auf ein erwünschtes Verhalten und haben Trainingscharakter.
Das Sozialtherapeutische Rollenspiel betont den Spielcharakter und zielt primär auf die Erweiterung des Verhaltensrepertoires und das Kennenlernen der Konsequenzen, die mit dem jeweiligen Verhalten in einer bestimmten Situation zu erwarten sind. Dabei wird davon ausgegangen, daß es mehr auf die Fähigkeit ankommt, Verhalten in den einzelnen Situationen zu variieren, als sich auf ein bestimmtes Verhaltensmodell, das sich für unterschiedliche Situationen optimal erweisen würde, einzuüben.
Gruppendynamische Spiele zielen auf verbesserte Fremd- und Selbstwahrnehmung, auf Kommunikations- und Kooperationsfähigkeit und auf Verständnis für soziale Prozesse. Die Spiele haben fest umrissene Lernziele und sind meist aus anderen therapeutischen Richtungen entnommen.
Diese festumrissenen und zum Teil engen Lernziele (z.B. Entscheidungen treffen) kennt das Sozialtherapeutische Rollenspiel nicht. Es zielt auf eine ganzheitliche Weiterentwicklung der Persönlichkeit ab, und die einzelnen Spielformen werden unter diesem Gesichtspunkt eingesetzt.

2. Der Bezug des Sozialtherapeutischen Rollenspiels zur Sozialen Arbeit

Das Sozialtherapeutische Rollenspiel wurde aufgrund von Bedürfnissen entwickelt, die sich im Bereich der Sozialtherapie ergaben. Es orientiert sich an den Arbeitsformen der Sozialarbeit/Sozialpädagogik und an deren Handlungsgrundsätzen.
Die Vielfalt der vom Sozialarbeiter/Sozialpädagogen zu beachtenden Faktoren wird auch vom Sozialtherapeutischen Rollenspiel im Sinne der Beachtung der professionellen Methode berücksichtigt.
Die Spielleitung setzt ihre persönlichen Erfahrungen und ihre berufsspezifischen Kenntnisse im Rahmen des Hilfeprozesses ein unter Beachtung der Freiheit und Würde der Klientel.
Es werden nicht nur die interpersonalen Bedürfnisse und Probleme gesehen, es werden vielmehr all die Bedingungen beachtet, die auf den einzelnen und sein Beziehungsgefüge einwirken.
»Die Soziale Arbeit hat sich mit den gesamtgesellschaftlichen Strömungen auseinanderzusetzen. Weltweit wird die Auflösung vorgegebener sozialer Lebensformen beobachtet. Der Verlust an Sicherheiten und Bindungen schafft zwar einen Freiraum, der jedoch verunsichert. Unsere Lebensformen werden individualisiert. Vom einzelnen werden Eigenleistungen gefordert, auf die er nicht vorbereitet ist. Er muß planen, sich an bestimmte Umstände anpassen, improvisieren, organisieren, Ziele entwerfen, Hindernisse erkennen, Niederlagen einstecken und neue Anfänge versuchen« (*Beck/Bensheim*). Lasten wie Chancen verlagern sich auf die Individuen. Dieser erworbenen Freiheit stehen neue institutionelle Anforderungen und Zwänge gegenüber; ein Netz von Regelungen, Maßgaben, Anspruchsvoraussetzungen usw. umgeben sie. Eine Vielzahl von Entscheidungssituationen zeigen sich, für die es keine Rezepte mehr gibt. Es bleibt nicht aus, daß sich damit individuelle Orientierungsprobleme ergeben: der Mensch wechselt ständig seine Gruppenorientierung, schlüpft immer wieder in neue Rollen. Die »individualisierte Gesellschaft« entwickelt sich.
In der Sozialen Arbeit wurden vielfältige Konzepte entwickelt, die versuchen, den vielschichtigen Verflechtungen sozialer Krisen und Belastungssituationen gerecht zu werden. Hierbei sind zwei intellektuelle Tendenzen beobachtbar, menschliche Bedürfnisse und Probleme werden innerhalb der Person lokalisiert oder: die soziale Ordnung ist ihr Urheber.
So beschäftigen sich Konzepte u.a. mit der Beratung und Behandlung einzelner, mit systemorientierter und lebensweltorientierter Sozialarbeit.
Diese lebensweltorientierte Perspektive besagt, »daß die menschlichen Bedürfnisse und Probleme aus den Transaktionen zwischen Menschen und ihrem Umweltverhältnissen entstehen« (*Germain/Gitterman*, 1). Dies bedeutet, daß Störungen in der Person-Umwelt-Ausgeglichenheit vorliegen, die Beeinträchtigungen der Lebensbewältigung und der Lebensqualität darstellen. *Germain* und *Gitterman* haben mit dem »Life-Model« ein Handlungsmodell der Sozialarbeit entwickelt, das Bedingungen für die Entwicklungen von Problemen und Störungen und ihre Bewältigungsversuche aufzeigt. Es wird

hierbei die systemische Vernetzung sozialen Lebens gesehen. Die Stärkung des Entwicklungspotentials der Individuen, Familien und sozialen Gruppen und die Beeinflussung spezifischer Teilbereiche der Umweltbeschaffenheit in einer Weise, daß eine befriedigende Kommunikation zwischen ihnen möglich ist, wird als Ziel gesehen. Die Unterstützung durch Sozialarbeit wird immer dann notwendig, wenn Störungen im sozialen Austauschprozeß oder Gefährdungen auftreten. Eine negative Person-Umwelt-Beziehung wird als Life-Streß bezeichnet, der aus »tatsächlichen oder vermeintlichen aus der Umwelt herantretenden Anforderungen, Verletzungen, Verlusten oder Konflikten resultiert, die die tägliche oder vermeintliche Kompetenz des Betroffenen übersteigen« (S. 7).
Lebensverändernde Ereignisse, interpersonale Prozesse und Eigentümlichkeiten der Umwelt können für die Entstehung des Life-Stresses ausschlaggebend sein. Zur professionellen Aufgabe des in der Praxis tätigen Sozialarbeiters gehört die Übernahme der Rolle des Vermittlers, des Anwaltes und des Organisators. Seine Arbeitsweise ist zunehmend begleitend präventiv orientiert, er wird sich in gewisser Weise auf die Lebensfelder seiner Adressaten einlassen, sie einfühlend miterleben.

2.1. Möglichkeiten der Hilfe des Sozialtherapeutischen Rollenspiels im Rahmen der professionellen Sozialen Arbeit

2.1.1. Besonderheiten des Sozialtherapeutischen Rollenspiels

Das Sozialtherapeutische Rollenspiel ist als ein ausgezeichnetes Instrumentarium im Prozeß sozialer Hilfe zu sehen. Dies zeigt sich bei drei Bereichen:

- es unterstützt die helfende Person,
- gibt dem Klienten Möglichkeiten der Bearbeitung und des Trainings,
- bezieht Einzelpersonen, vorwiegend aber die Gruppe als Spiegel der sozialen Umwelt ein.

Die helfende Person bekommt die Möglichkeit, die professionelle Handlung vorzubereiten, sich in die Realitäten des Klienten einzufühlen und die einzelnen Schritte des Arbeitsprozesses zu reflektieren.
Der Klient setzt sich im Spiel mit seiner Vergangenheit auseinander, entdeckt eigene Veränderungsmöglichkeiten und Ressourcen, findet neue Zukunftsbezüge und die Zunahme seiner sozialen Kompetenz.
Die Gruppe vermittelt Aspekte der sozialen Umwelt mit ihren belastenden und fördernden Möglichkeiten und gibt Gelegenheit zur Identifikation mit Gleichen und zur Korrektur des Sozialverhaltens.
Diese Hilfen ergeben sich zum Teil aus den Themen, zum Teil aus der Struktur der Spiele.
Die Themen zeigen die Wahrnehmungs- und Bearbeitungsrichtung auf. Z. B. Auseinandersetzungen mit einem Elternteil, der Familie oder anderen biographischen Inhalten.

Die Struktur regelt den Ablauf und gibt der Spielleitung Möglichkeiten der Steuerung mit eigenen Erlebnissen, vor allem aber im Auswertungsgespräch den Einsatz professioneller Hilfemöglichkeiten.
Es wird im folgenden versucht, an einem lebensweltorientierten Konzept der Sozialarbeit, dem »Life-Model« nach *Germain/Gitterman* aufzuzeigen, wie das Sozialtherapeutische Rollenspiel Hilfen im Rahmen der Daseinsbewältigung gibt.

2.2. Der Hilfeprozeß des »Life-Models«

Germain und *Gitterman* stellen drei Phasen des Hilfeprozesses heraus: die Eingangsphase, die Arbeitsphase und die Ablösungsphase.
Es soll im weiteren versucht werden, die Möglichkeiten des Sozialtherapeutischen Rollenspiels auf jede dieser Phasen zu überlegen.

2.2.1. Die Eingangsphase

Um den Hilfeprozeß optimal einzuleiten und seine Durchführung weitgehend zu sichern, bedarf es einmal einer intensiven Vorbereitung des Sozialarbeiters und die Beachtung der einleitenden Kontaktgespräche.

2.2.1.1. Die Vorbereitung

Es ist wichtig, daß sich der Sozialarbeiter, noch bevor er den Klienten kennt, mit ihm und seiner Situation auseinandersetzt. Er bereitet sich sowohl kognitiv als auch affektiv auf ihn vor.
So wird zunächst die objektive Realität des Klienten dadurch berücksichtigt, daß die bis jetzt vorliegenden Daten überprüft werden. Der subjektiven Realität versucht sich der Sozialarbeiter dadurch anzunähern, daß er sich in die fremde Person und ihre Situation als Hilfesuchende einfühlt, gleichsam in der Phantasie eine Begegnung vorwegnimmt, mit ihren Augen sieht.
Es werden vier Schritte dieser Vorbereitung angeführt:

- Identifikation, über die der Sozialarbeiter erfährt, was der Klient fühlt und denkt,
- Inkorporation, bei der die Erfahrungen des Klienten vom Sozialarbeiter in einer Weise gefühlt werden als wären sie seine eigenen,
- eine innere Reaktion, die deutlich macht, daß der Sozialarbeiter dadurch ein Verständnis für den Klienten findet, daß eigene Lebenserfahrungen wachgerufen werden,
- die Distanzierung, die es ihm ermöglicht, wieder eine rationale objektive Analyse zu erlangen.

Das Sozialtherapeutische Rollenspiel hält unterschiedliche Spielformen bereit, um sowohl die notwendigen Einfühlungen wie auch ihre Rücknahme zu erreichen. Identifikationen unterschiedlicher Art werden durch die Auswertung der einzelnen Spielschritte möglich. Es gibt keine Zuschauer in der Gruppe, vielmehr wird sich das Gruppen-

mitglied mit den einzelnen Rollenträgern identifizieren, so daß die breite Skala der Einfühlungsmöglichkeiten deutlich wird.
Für den Sozialarbeiter ergeben sich vor allem in der Gruppe Möglichkeiten der Identifizierung mit dem Klienten und der Selbsterfahrung in der Auseinandersetzung mit den eigenen biographischen Daten. Er erfährt gleichzeitig die Skala der möglichen Gefühle und Erfahrungen durch die beteiligten Gruppenmitglieder.
Identifikation und Inkorporation werden in hohem Maße durch eine Spielform aus den problemzentrierten Spielen, der Gruppeneinfühlung (S. 140), erreicht. Hier identifizieren sich die Beteiligten in einer Weise mit der problematischen Person als wären sie diese, dächten wie sie und fühlten in ihrer Art. Diese Einfühlung wird schrittweise zurückgenommen durch eine entsprechende Aufforderung und die Überleitung zur stärker rational betonten Auswertung.
Es ist verständlich, daß bereits hierdurch eine Nähe zur eigenen Erlebniswelt geschaffen wird. Erlebnisspiele mit spezifischen Themen (z.B. Trennungserlebnisse, Konfrontation mit Elternfiguren usw.) geben darüber hinaus dem Sozialarbeiter Signale für eine bestehende Korrespondenz zwischen der eigenen und der Geschichte des Klienten. Dies dient der Klärung der eigenen Gefühle, verringert Gefahren von Übertragungen, Projektionen und Idealisierung, Leugnung und anderen Abwehrmechanismen. Auch die unterschiedlichen Erlebnisqualitäten der einzelnen Gruppenmitglieder zeigen sich als hilfreich für den Sozialarbeiter.

2.2.1.2. Die einleitenden Kontaktgespräche

Erstgespräche haben für den weiteren Verlauf des Hilfeprozesses eine zentrale Bedeutung. Exploration und Kontraktbildung sind Aufgaben dieser einleitenden Gespräche, es soll zu einer gemeinsamen Problemdefinition und zu einer zunehmend eigenverantwortlichen Beteiligung des Klienten am Hilfeprozeß kommen, zu der auch die Fähigkeit gehört, Reaktionen auf diese Vorgehensweisen zu zeigen. Auch hier vermag das Sozialtherapeutische Rollenspiel die Vorbereitung des Sozialarbeiters zu unterstützen. Spezifische Formen der Gesprächsführung geben Hilfen bei mangelnder Argumentation, mangelndem Mut zum Gespräch, bei einem zu eingeengten Verhaltensrepertoire und geben durch eine besondere Feedback-Form Auskunft über mögliche Fehler im Gesprächsablauf (S. 147 – 152).
Auch hier wirkt die Gruppe als Korrektiv durch die unterschiedlichen Erfahrungsbereiche der einzelnen Beteiligten.

2.3. Die Arbeitsphase

In der Arbeitsphase wird auf die Lebensbereiche eingegangen, die den Menschen vor Aufgaben stellen, denen er häufig nicht gewachsen ist und die von daher Streß verursachen:

- lebensverändernde Ereignisse,
- besondere Probleme und Anforderungen aus der Umwelt,
- fehlangepaßte, interpersonale Beziehungs- und Kommunikationsmuster.

Die geringe Möglichkeit der Vorausplanung von Verhaltensmöglichkeiten im Umgang mit den Veränderungen der Lebensformen erschwert solche Entwicklungen in hohem Maße.

2.3.1. Lebensverändernde Ereignisse als Streßquellen

Entwicklungsbedingte Stadien, Status- und Rollenanforderungen und Krisenereignisse stellen die Menschen vor Aufgaben, für die keine oder nur unzureichende Bewältigungsmodalitäten zur Verfügung stehen.
Die Entwicklungsphasen im Lebenszyklus eines Menschen werden durch biologische Veränderungen ausgelöst, die mit psychologischen, sozialen und kulturellen, sowie physischen Kräften in einem dynamischen Austausch stehen. Das Individuum ist damit besonderen Anforderungen ausgesetzt, es werden ihm verschiedene Grade von Streß zugemutet. Die erfolgreiche Erfüllung jeder einzelnen Lebensphase ist als Fundament für die Bewältigung der folgenden Lebensphase unerläßlich, so daß diese Entwicklung einer sorgfältigen Beachtung bedarf.
Die Pubertät und das Alter sind Beispiele für die Verwobenheit und die Dynamik unterschiedlichster, aber interagierender Kräfte und Bedingungen. Auch hier bietet das Sozialtherapeutische Rollenspiel vorbereitend für den Sozialarbeiter und für den Klienten zur Bearbeitung Spielformen an.
Problemzentrierte Spiele (S. 138) vermögen im geschützten Raum der Gruppe die Fülle von Verhaltensmöglichkeiten und die damit verbundenen Konsequenzen aufzuzeigen, die der Bewältigung von neuen Situationen dienlich sein können. Die Auseinandersetzung mit Sinnfragen und mit Schuld kann durch entsprechende Erlebnisspiele unterstützt werden (S. 107 – 111).

2.3.1.2. Statusveränderungen und Rollenanforderungen

Jeder Mensch lebt in einer Vielzahl von sozialen Systemen (z.B. Familie, Schule, Beruf) und besetzt in jedem einen sozialen Status, der immer eine Anzahl von Rollen umfaßt, die miteinander verbunden sind. Rasche soziale Veränderungen, miteinander in Konflikt stehende Statusformen, mehrdeutige Erwartungen und Wahrnehmungen der Menschen im Zusammenhang mit ihrer Rollenausübung, die Abwertung vieler Statusformen usw. können zu besonderen Belastungen führen und Streß auslösen.
Oft stehen Statusveränderungen im Zusammenhang mit biologisch bedingten Entwicklungsveränderungen und vermögen so die Streßsituation zu verstärken (z.B. Pubertät – Schulabschluß – Berufstätigkeit).
Gruppenzentrierte Spiele, wie das gruppenzentrierte Phantasiespiel (S. 135) und das Realitätsorientierte Gruppenspiel (S. 137), wie auch das Beziehungsspiel und der Gruppenspiegel (S. 128 – 133) können zur Klärung von Statusfragen und Rollenanforderungen beitragen. Hilfreich zeigen sich auch Einfühlungsspiele, die eine Identitätsdarstellung ermöglichen (S. 118 – 119).
Auch hier bedarf es der Einübung von Verhalten bei Statusveränderungen und Rollenanforderungen. Problemzentrierte Spiele bieten sich hierfür an.

2.3.1.3. Krisenereignisse

Sie stellen plötzliche Veränderungen dar, die mit dem zur Verfügung stehenden Verhaltensrepertoire nicht bewältigt werden können. Die zu bewältigenden Aufgaben sind durch Unmittelbarkeit und Außerordentlichkeit gekennzeichnet. Sozialarbeit hat sowohl den Klienten in seiner Anpassungsfähigkeit zu unterstützen wie auch die Aufgeschlossenheit der Umwelt zu fördern.
Das Sozialtherapeutische Rollenspiel bietet an, im Raum der geschützten Gruppe solche Lösungsmöglichkeiten zu experimentieren, die der Bewältigung dieser Streßsituationen dienen.
Erlebnisspiele zur Selbstdarstellung (S. 99), solche zur Sinnfindung (S. 107) und Erlebnisspiele mit doppelter Problemeingabe, die aufzeigen, daß bereits Lebensbewältigungen möglich waren, können helfen (S. 106).

2.3.2. Probleme und Anforderungen aus der Umwelt als Streßquellen

Werden Umweltprobleme als Streßquellen gesehen, so ist zunächst die Unterscheidung zwischen sozialer und materieller Umwelt erforderlich, wobei die materielle Umwelt einmal als natürliche Umwelt mit ihren klimatischen und geographischen Charakteristika, mit ihren Landschafts- und Küstenformen, jahreszeitlichen und Tagesrhythmen, kosmischen und linearen Einflüssen usw. gesehen wird und sich von der von Menschen gestalteten Umwelt, wie Architektur usw. unterscheidet. Beide wirken aufeinander ein und haben auch Auswirkungen auf die soziale Umwelt, wie dies bei der Entwurzelung von Menschen (Umzug, Flüchtlingssituation z.B.) deutlich wird.
Die soziale Umwelt umfaßt die Menschen in den verschiedensten Organisationsformen, in zweier- und triadischen Beziehungen wie in der Paar- und Familiensituation, im sozialen Netzwerk, in bürokratischen Institutionen und anderen sozialen Systemen wie Nachbarschaften, Gemeinde und Gesamtgesellschaft.
Probleme, die sich in der Auseinandersetzung mit der sozialen Umwelt ergeben, haben ihre Bearbeitungsmöglichkeit im Sozialtherapeutischen Rollenspiel in den problemzentrierten Spielen, im Einüben von Bewältigungsmöglichkeiten.
In der Auseinandersetzung mit der natürlichen Umwelt bieten sich Erlebnisspiele zur Sinneswahrnehmung an (S. 93), wo es um sinnhafte Welterfahrung geht, jahreszeitliche Spiele, die Verbundenheit von Mensch und Natur aufzeigen (S. 89).
Die vom Menschen produzierte und gestaltete Umwelt mit ihren Auswirkungen kann mit Erlebnisspielen wie »Häuser, in denen wir einmal wohnten« (S. 84) und ähnlichen Themen bearbeitet werden.
Gruppenzentrierte Spiele geben die Möglichkeit, sich auf Gruppierungen und ihre Strukturen einzulassen, die eigene Gruppe und ihre Beziehungsformen zu verdeutlichen und fremden Gruppen zu begegnen.
Hier wird auch in besonderem Maße die Auseinandersetzung mit Ängsten vor Naturkatastrophen und mit eschatologischen Fragen erforderlich sein. Spiele zur Sinnfindung, Schuldbearbeitung usw. können sich hilfreich zeigen.

2.3.3. Fehlangepaßte interpersonale Beziehungs- und Kommunikationsmuster

Häufig gelingt es Familien und Gruppen nicht, Kommunikations- und Beziehungsmuster anpassungsgerecht umzustrukturieren. Dies zeigt sich in Formen fehlangepaßten Verhaltens, die die Kontinuität der Familie oder Gruppe bedrohen.
Die Gesellschaft zeigt heute nicht nur die Kernfamilie, es haben sich Varianten entwikkelt wie etwa Großfamilien, zusammengefügte Familien, kommunenähnliche Familien usw., für die sich Verhaltensmuster erst herausbilden.
Allen Familienstrukturen ist eigen, daß sie anfällig sind gegen Streßfaktoren und daß ihre Strukturen Anfälligkeiten produzieren. So ergeben sich aus der Überforderung, der Einelternfamilien ausgesetzt sind, Drucksituationen; Abgrenzungen der Familien nach außen können rigide oder nicht ausreichend sein, Grenzlinien zwischen Kind und Eltern oder zwischen Geschwistern können unklar und unangemessen sein und hierdurch zu fehlangepaßten Beziehungs- und Kommunikationsformen führen.
Dies gilt jedoch nicht nur für Familien, vielmehr in gleicherweise für organisierte Gruppen. Die Beachtung von Gruppengrößen, der Zusammensetzung der Mitglieder, zeigt auch hier oft problematische Bedingungen für die Entwicklung von Intimität, für die Aufgabenverteilung usw. Gruppensolidarität, Gruppennormen können durch eine dysfunktionale Entwicklung fehlangepaßte interpersonale Prozesse deutlich machen, die sich in Verhalten wie Parteilichkeit, Monopolismus, Suche nach Sündenböcken und anderem zeigen.
Es wird notwendig, die Kommunikation der Beteiligten und ihre Beziehungen zu verändern, ihnen dazu zu verhelfen, daß direkt kommuniziert wird, daß Geben und Nehmen die Beziehungen gegenseitig bestimmt.
Hilfen, die das Sozialtherapeutische Rollenspiel anbietet, vermitteln vor allem die Gruppenzentrierten Spiele, in denen in verschlüsselter Form Beziehungen ablaufen, deren Auswirkungen erfahren werden. Veränderungen in den Kommunikationsstrukturen werden bei Wiederholungen sichtbar und Konsequenzen fehlangepaßter Beziehungen erfahrbar.
Gesprächsführungen können die Kommunikationsmuster offenlegen und Verbesserungen anstreben.
Erlebnisspiele aus dem familiären Bereich, in dem Beziehungen grundgelegt wurden, erscheinen hilfreich.

2.3.4. Die Ablösungsphase

Alle Menschen haben Erlebnisse mit Trennungen unterschiedlicher Art. Auch die Beendigung eines Hilfeprozesses stellt eine Trennung dar, in die Sozialarbeiter und Klient verflochten sind.
Wenn auch die Reaktionen der Menschen auf Trennungen unterschiedlich verläuft, ist es doch möglich, im Ablösungsprozeß Phasen zu erkennen, die allgemein durchlaufen werden: Verleugnung, negative Gefühle, Trauer und Erleichterung treten ein, auch wenn nicht jeder Klient alle Phasen durchläuft.
Es ist wichtig, den Trennungsprozeß in den Hilfeprozeß zu integrieren.

Wenn es geglückt ist, daß Sozialarbeiter und Klient diese Ablösung leisten, wird es auch möglich, Qualität und Ergebnisse des Hilfeprozesses und eine Planung für die Zukunft vorzunehmen.
Das Sozialtherapeutische Rollenspiel hat für solche Ablösungen hilfreiche Spielformen entwickelt. Da sowohl der Sozialarbeiter wie auch der Klient bereits Erfahrungen mit Trennungen haben, scheint es sinnvoll, diese zunächst wiederzubeleben, um mögliche problematische Verhaltensmuster zu erkennen.
Erlebnisspiele mit doppelter Problemeingabe können hier gut eingesetzt werden und zeigen sowohl Gefahren wie auch hilfreiche Möglichkeiten auf. Nicht bearbeitete Ablösungserlebnisse und ihre Beziehung zur augenblicklichen Situation zeigen sich. Der Gruppenspiegel (S. 128) bietet Auswertungsmöglichkeiten an und zeigt positive wie auch negative Bilder des Prozesses auf.
Das Problemzentrierte Spiel kann »die Motivklärung« (S. 145) anbieten, die im Zusammenhang mit Zukunftsplanungen wichtig ist. Hiermit und mit der Einübung von Verhalten für neue Situationen können die Fähigkeiten gesteigert und Ängste reduziert werden.

2.4. Der Bezug zu den Arbeitsformen der Sozialarbeit/ Sozialpädagogik

Der Grundsatz der Sozialarbeit, Hilfe zur Selbsthilfe zu leisten, bestimmt ihre Arbeitsformen: die soziale Hilfe an einzelnen, Gruppen, Familien, im Gemeinwesen und im Sozialtherapeutischen Bereich.
Der eingeleitete Hilfeprozeß dient der Lösung psychosozialer Probleme. Die Analyse der problematischen Situation und die darauf aufbauende Handlungsstrategie beachten den Klienten in seiner Verflochtenheit mit seinem Umfeld. Damit wird deutlich, daß Sozialarbeit/Sozialpädagogik die Lebenssituation eines Menschen berücksichtigt, also neben den persönlichen auch solche Ursachen und Bedingungen der Hilfsbedürftigkeit beachtet, die im sozialen Umfeld und in der gesamtgesellschaftlichen Situation liegen. Soziale Hilfe hat es demnach mit einer breit angelegten Veränderung zu tun, wobei Möglichkeiten und Bereitschaften aller Beteiligten hierzu nicht immer vorhanden sind. Mehr als andere Disziplinen arbeiten Sozialarbeiter/Sozialpädagogen mit Klienten, die sich therapeutischen Einflüssen immer wieder entzogen haben, deren Schädigung als irreversibel gilt, die sich aber gleichzeitig hilfsbedürftig fühlen. Da dieser Personenkreis mit den herkömmlichen therapeutischen Mitteln nicht erreichbar ist, ergibt sich die Frage nach Beratungs- und Behandlungsmöglichkeiten der Sozialarbeit.
Sozialarbeit hat es vordringlich mit Motivation zu tun, dem Klienten gegenüber und die Institutionen und die Öffentlichkeit betreffend.
Das Sozialtherapeutische Rollenspiel ist ein Mittel neben vielen anderen, das eingesetzt werden kann, um zur Problemlösung zu motivieren und um Problemlösung zu üben. Es ist im Einzelbezug anwendbar, in Gruppen und Familien, kann in Gruppierungen der Gemeinwesen Probleme verdeutlichen und im Rahmen der Sozialtherapie verwendet werden.

Als motivierende Spiele in der Gruppe werden zunächst Vorbereitungsspiele angeboten, die der Klient kennt. Es wird mit den Stärken der Gruppenmitglieder gearbeitet, die sich abschirmen können, solange das Gruppenklima noch angstbesetzt ist. Die zunehmende Freude am Spiel aktiviert die Bereitschaft zur Problemarbeit. Der Umgang mit Spielpartnern konfrontiert mit der Notwendigkeit der Selbstdarstellung, der Selbstbehauptung und der Selbstbeschränkung. Über lange Jahre erprobte Verhaltensformen werden, auf die Spielsituation übertragen, damit transparent und einer Korrektur zugänglich. Neue – sowohl brauchbare wie unzweckmäßige – Verhaltensmodelle werden von Gruppenmitgliedern angeboten, erprobt, verbessert und später auf die Realität übertragen.
Kenntnisse über den Umgang mit einzelnen sind ebenso wichtig wie die über Gruppen, Familien und Gemeinwesen, um das Sozialtherapeutische Rollenspiel sinnvoll anzuwenden und den Klienten die notwendige Hilfe zur Selbsthilfe zu vermitteln. Sie sind die Grundlage für das Spiel und das Problemverständnis einzelnen und Gruppen gegenüber.

2.4.1. Der Hilfeprozeß und die helfende Beziehung

Der Hilfeprozeß dient der Lösung psychosozialer Probleme; die helfende Beziehung ist wesentlicher Bestandteil der Arbeit mit den Klienten.
Die Schaffung einer vertrauensvollen Beziehung geschieht durch die partnerschaftliche Haltung des Sozialarbeiters/Sozialpädagogen, der als Spielleiter mitspielt, d.h. auch eigene Probleme nennt und sich in unverstandene Gruppenmitglieder einfühlt. Hierbei verliert er jedoch zu keiner Zeit die notwendige Distanz, die es ihm ermöglicht, rechtzeitig Hilfestellung zu leisten. Gleichzeitig gewährt er auch den Gruppenmitgliedern den notwendigen Abstand, den sie in dieser Anfangsphase brauchen, um die Möglichkeiten und Fähigkeiten der anderen ab- und die eigenen Chancen einzuschätzen. Spiele, die bereits bekannt sind (Vorbereitungsspiele), und solche, die noch wenig Bewegung und Risiken erfordern (wie z.B. die Erlebnisspiele), eignen sich besonders, eine angstfreie Atmosphäre zu schaffen.
Es ist wichtig, einen Kontrakt zu schließen, Form und Inhalte der gemeinsamen Arbeit abzustecken und Nahziele zu formulieren, die die Gruppe anstreben kann, ohne sich zu überfordern. Als wichtige Regeln dieses Kontraktes gelten verbindlich:

- Die Gruppenmitglieder können nur über eigene Probleme berichten. Wenn zu den Problemen anderer Stellung bezogen wird, geschieht dies in der Form der Einfühlung. Es wird also mitgeteilt, wie man sich selber in der Situation des anderen fühlen würde.
- Es wird der andere nicht interpretiert. Die Gruppenmitglieder beschreiben ihre Bilder und Erlebnisse und finden hierdurch deren Bedeutung.

Diese Vereinbarungen haben für den Spielleiter die gleiche Verbindlichkeit wie für die Klienten.
Die Fähigkeit, Probleme einzubringen und sich Problemen anderer zu stellen, wird bei den einzelnen Gruppenmitgliedern unterschiedlich rasch entwickelt. Mit zunehmender

Vertrautheit gelingt es, Konflikte zuzulassen, auszuhalten, zu benennen und zu lösen. Der Spielleiter hat hierbei die Rolle des »Befähigers«, d.h., er vermittelt soviel Hilfe wie nötig und soviel Freiraum wie möglich.
Dieser Prozeß der Problemlösung führt zu einer zunehmenden Sensibilisierung der Gruppenmitglieder eigenen und fremden Problemen gegenüber. Jeder Beitrag hat Modellcharakter, und die Erfahrung, daß es sich selten um Probleme einzelner handelt, die nicht gleichzeitig Probleme vieler sind, hilft die Ich-Kräfte zu stabilisieren. Immer häufiger treten die Modelle einzelner Gruppenmitglieder an die Stelle des Spielleiters. Allmählich werden die Regeln, die zu den einzelnen Spielformen gehören, durchsichtig, ohne daß sie je ausdrücklich genannt wurden. Die Gruppe verselbständigt sich, stützt die Schwachen, sanktioniert, wenn Vereinbarungen nicht eingehalten werden, und hat ihre Beziehungen geklärt. Nun folgt die Überprüfung der im Schutzraum der Gruppe erprobten Verhaltensweisen in der Realität, die Rückmeldung an die Gruppe und die Korrektur von angebotenen Verhaltensmodellen. Die Gruppenmitglieder verselbständigen sich und können auf den engen Schutzraum verzichten.

2.4.2. Sozialarbeit/Sozialpädagogik als kreativer Prozeß

Wird unter Kreativität die Fähigkeit verstanden, neue Beziehungen zu sehen, von herkömmlichen Denkschemata abzuweichen und ungewöhnliche Ideen und Einfälle zu produzieren, so wird der Bezug zur Sozialarbeit deutlich. Permanente Veränderungen der gesellschaftlichen Bedingungen, der persönlichen Situationen und der Umweltgegebenheiten erfordern flexible Einstellungen und Arbeitsweisen.
Da der helfende Prozeß der Sozialarbeit/Sozialpädagogik ein Veränderungsprozeß ist, wird auf die Entstehung von Neuem gezielt oder auf die Umstrukturierung von Bekanntem. Es handelt sich um Problemlösungsprozesse, um Kreativität auf zwei Ebenen:

- einmal auf der des Helfers, der das Problem seines Klienten erkennen und Strukturierungshilfen leisten muß, um es sichtbar werden zu lassen, und der gleichzeitig Vorstellungen entwickelt, wie Hilfe möglich wird;
- zum anderen auf der Ebene des Klienten, der mit Hilfe des Sozialpädagogen/Sozialarbeiters allmählich Problembezüge gewinnt, in kleinen Schritten Lösungsmöglichkeiten kennenlernt und sich dafür oder dagegen entscheidet.

Jeder einzelne Schritt im Hilfeprozeß kann als kreative Leistung verstanden werden: die Problemfindung, die Analyse des Problems, die Entwicklung von Handlungsstrategien und die Anwendung geeigneter Mittel, die der Stabilisierung der Persönlichkeit dienen.
Da Veränderung bei anderen nicht denkbar ist, ohne daß der Helfer sich mitverändert, wäre hier ein weiterer kreativer Prozeß aufzuzeigen, wie er in der Supervision der Sozialarbeiter/Sozialpädagogen in besonderer Weise beachtet und überprüft wird.
Ohne Motivation ist schöpferische Leistung nicht vorstellbar. Es muß also zunächst eine Bereitschaft geweckt werden, sich mit Problemen zu konfrontieren, ihre Bearbeitung zu erlernen. Das Spiel ist ein Mittel, das zum Lernen hoch motiviert. Auch im Spiel zeigt sich der Mensch schöpferisch, er verändert bestehende Strukturen und schafft

Neues. – In allem Schöpferischen läßt sich ein Prozeß nachweisen, der unterschiedliche Stadien auf dem Weg zum kreativen Produkt ausweist. Es werden vier Stadien des kreativen Prozesses herausgestellt *(Ulmann*, 1968, 22ff.):

- die Vorbereitungsphase,
- die Inkubationsphase,
- die Erleuchtung und
- die Verifikation.

In der Vorbereitungsphase wird das Problem entdeckt, sorgfältig analysiert, vorhandenes Wissen wird rekapituliert und notwendiges neues Wissen erworben. Die Vorstrukturierung des Problems in der Umwelt ist eine wichtige Aufgabe des Hilfeleistenden. In der Regel kann nur die Bearbeitung eines Teilproblems geleistet werden, so daß auch das gefundene Problem noch einmal einer Strukturierung bedarf: Es muß Wichtiges von Unwichtigem geschieden werden, hierfür ist eine Fülle von Informationen notwendig. Fragen wie: »Was ist Ihr Problem?« oder »Wie kann ich Ihnen helfen?« sind allein selten geeignet, das eigentliche Problem zu finden.
Ist nun das Problem erkannt und analysiert und der relevante Wissensstoff bereitgestellt, kann die Hypothese aufgestellt werden.
Im Sozialtherapeutischen Rollenspiel wird dieser Phase des kreativen Prozesses dadurch Rechnung getragen, daß der Problembereich zunehmend strukturiert wird. Es wird niemandem abverlangt, sich auf ein Problem zu besinnen, es werden vielmehr schon fest umrissene problematische Situationen angeboten, zu der alle Gruppenmitglieder einen Bezug haben, z.B. Schul- oder Arbeitssituationen. Zunächst wird das Gemeinsame solcher Erlebnisse verdeutlicht, später werden individuelle Unterschiede betont. Die Spiele vermitteln gleichzeitig Informationen, einmal durch den Erfahrungsbereich der Gruppenmitglieder selber, dann aber auch durch das spezifische Spiel und die Auswertung.
Zwischen dem Auffinden der ersten Hypothese und dem Finden der endgültigen Lösung liegt die Inkubationsphase, die im Gegensatz zur Vorbereitungsphase Ich-fern, also weitgehend unbewußt verläuft.
Das Problem wird nun zur Seite gelegt, es wird nicht mehr gelernt, sondern es wird verlernt, vergessen. Für alle helfenden Berufe ist diese Zeit, in der sich der Klient nicht mehr aktiv mit seinem Problem auseinandersetzt, sich vielmehr seiner überdrüssig zeigt und es »überschlafen« will, bekannt. Der Schüler legt sich in dieser Phase sein Buch unter das Kopfkissen, ohne darin zu lesen, ahnend, daß das Unbewußte sich weiterhin mit der Problemlösung beschäftigt.
Im therapeutischen Bereich muß dieser Inkubationsphase besondere Aufmerksamkeit geschenkt werden, da die Steuerungsinstanzen weitgehend ausgeschaltet sind. Von daher interessiert es den Helfer zu erfahren, was sich in der Zeit zwischen den Treffen ereignet hat, wobei er auf Verstimmungen und Irritationen sorgfältig hört.
Das Sozialtherapeutische Rollenspiel berücksichtigt die Ich-Ferne dieser Phase und die Gefahr, Inhalten des Unbewußten ohne ausreichende Steuerung ausgesetzt zu sein, auf vielfältige Weise. So erfolgen zu Beginn eines Treffens regelmäßig die Rückerinnerung an die letzte Begegnung und der Austausch der Erlebnisse, die sich mittlerweile ereigneten.

Der Spielleiter achtet sorgfältig auf die Beiträge während eines Spieles und vergleicht sie – in Gedanken – mit denen des vorhergegangenen. Symbole werden nicht entschlüsselt, und in besonders »dichten Situationen« wird die Vorbereitungsphase dadurch wiederhergestellt, daß die Probleme neu definiert werden und zur Informationsebene zurückgegangen wird. Hierdurch verlangsamt sich der Verarbeitungsprozeß.
Die Erleuchtung, der schöpferische Einfall, tritt selbständig und plötzlich auf. Es handelt sich um eine klar umrissene Idee, verbunden mit dem Gefühl des Nichtgemachthabens. Wichtig ist, daß über diesen Einfall in irgendeiner Form kommuniziert wird, daß er also Gestalt annimmt.
Vor allem junge Klienten haben oft das Gefühl, daß die Idee in ihnen schlummert, sich nur nicht fassen läßt, aber durchaus vorhanden ist. Sie bedürfen der Formulierungshilfe oder des Angebotes, mit nichtverbalen Mitteln auszudrücken, was sie meinen.

2.4.3. Die Annahme des Klienten

Um eine berufliche Beziehung wirksam werden zu lassen, bedarf es der Orientierung an den Handlungsgrundsätzen des Berufes. Die Einstellung dem Schwachen gegenüber bestimmt sowohl den Modus des Helfens als auch Art und Umfang der Hilfe.
Eine Grundvoraussetzung für die Schaffung einer vertrauensvollen Beziehung ist das Akzeptieren des Klienten, die Annahme des anderen.
Damit verbunden ist eine Haltung, die nicht richtet, vielmehr versteht, die nicht verurteilt, sondern das Recht der Selbstbestimmung der Klienten und die Verschwiegenheit des Sozialarbeiters/Sozialpädagogen anderen Personen und Institutionen gegenüber sichert (*Biestek*, 1968, 29ff.). – Die helfende Beziehung beachtet den einzelnen in seiner Individualität auch dann, wenn er Mitglied von Gruppen ist. Seine persönliche Einstellung zum Problem und zur Hilfe spielt eine Rolle, seine subjektive, von Emotionen begleitete Sicht also. – Die berufliche Haltung erfordert eine kontrollierte, gefühlsmäßige Anteilnahme von seiten des Sozialarbeiters/Sozialpädagogen, die ihn einerseits vor einer narzißtischen Verschmelzung bewahrt, andererseits aber am Engagement nicht hindert.
Die Gewichtung und Differenzierung solcher Grundsätze ist abhängig von der jeweiligen Weltanschauung des Helfers. Damit wird deutlich, daß wertneutrale Hilfe nicht möglich ist. Die Entscheidung zu helfen ist bereits ein Wertbezug. Hilfe setzt an bei den Möglichkeiten des Klienten. Schrittweise nähern sich Helfer und Hilfsbedürftiger einem Ziele. Der helfende Prozeß muß reflektiert werden in all seinen Sequenzen.
Auch das Sozialtherapeutische Rollenspiel wendet sich an die Fähigkeiten des Klienten. Seine Stärken müssen erkannt und genutzt werden. Da im Spiel unterschiedliche Ausdrucksmittel bedeutsam sind, ergibt sich eine Chance für die Sprachgewandten im Verbalisieren, für die Verbal-Schwachen im Handlungsbereich, für die Realisten im problemzentrierten Spiel, für die Illusionäre bei den Phantasiebildern.
Der Spieler wird mit seinem Beitrag ernst genommen. Er lernt allmählich, daß er zwar etwas anderes als das Beabsichtigte, niemals aber etwas Falsches spielen kann. Der Spielleiter benutzt jedes Bild, das das Gruppenmitglied anbietet, er nimmt die Einfälle der Gruppenmitglieder und läßt sie erleben, daß mitunter ein Modell nicht brauchbar für diese Situation ist, sich für eine andere aber gut verwenden läßt. Er arbeitet mit der

Einfühlungsfähigkeit der Gruppe, korrigiert diese nicht, gib ihr aber durch seine eigenen Beiträge neue Impulse.
Niemand wird verurteilt. Es werden jedoch Konsequenzen deutlich, die auf bestimmtes Verhalten in unserer Gesellschaft zu erwarten sind. Die Zusammenhänge solcher Konsequenzen mit der gesamten Lebenssituation werden allmählich erhellt. Auch nonkonforme Verhaltensweisen werden als Möglichkeiten aufgezeigt. Hier gilt es in besonderer Weise zu überlegen, ob das Gruppenmitglied die hiermit verbundenen Sanktionen kennt und sich in der Lage fühlt, sie zu ertragen. – Bei der Auswahl von Verhaltensmöglichkeiten kann auf Realität nicht verzichtet werden. Es besteht nicht nur die Notwendigkeit für den Gruppenleiter, Konsequenzen zu phantasieren, sondern auch die, mit dem Klienten zusammen zu überprüfen, ob dieser sie annehmen kann und in der Lage ist, sie zu tragen. – Versuchen Gruppenmitglieder zu verurteilen, so wird sich der Spielleiter einfühlend auf die Seite des Gruppenmitgliedes stellen, das seiner Hilfe bedarf, solange andere diesen Schutz noch nicht leisten können.
Der Spielleiter ist an Werten und Normen orientiert, der Spieler aber hat das Recht auszuwählen, was er für sich für leistbar und sinnvoll hält und kann damit die Hilfe verweigern. – Im Schutz der vertrauten Gruppe können neue Verhaltensweisen risikofrei erprobt werden, so daß die Übertragung in die Realität schrittweise vorbereitet wird. Das Tempo der Verselbständigung bestimmt der Klient, wobei Motivationshilfen wichtig sind. – Verselbständigung bedeutet sich aus einer Abhängigkeit lösen, die zunächst im Sinne des Geborgenseins notwendig war, um lernen zu können. Diese Loslösung muß sorgfältig begleitet werden.

2.4.4. Die Arbeitsformen der Sozialarbeit/Sozialpädagogik

Arbeitsformen der Sozialarbeit/Sozialpädagogik, die, amerikanischen Definitionen folgend, lange Zeit als Methoden der Sozialarbeit gelehrt wurden, sind:

- die soziale Arbeit mit einzelnen,
- die soziale Arbeit mit Gruppen,
- Familienbehandlung,
- Gemeinwesenarbeit und
- Sozialtherapie.

Ihre unterschiedliche theoretische Untermauerung wird oftmals heftig kritisiert, und häufig existieren unterschiedliche Auffassungen über die Einheitlichkeit der Behandlungsverfahren.
Innerhalb der genannten Arbeitsformen werden unterschiedliche Handlungsmodelle benutzt, die personen- und gegenstandsadäquat angewandt und auf ihre Effektivität hin überprüft werden. Unterschiedliche Formen der Gesprächsführung, Krisenintervention, kommunikationstheoretische Konzepte, gruppenpädagogische und gruppendynamische Interventionen sind hierfür Beispiele.
Das Sozialtherapeutische Rollenspiel kann in allen Arbeitsformen angewandt werden, wo es sich um einzelne Klienten oder um Gruppierungen handelt. Der bevorzugte Raum ist die Gruppe. Die einzelnen Spielformen sind so angelegt, daß die Erlebnis- wie auch die Handlungsebene angesprochen werden, eine Verarbeitung frustrierender Situatio-

nen erfolgt und neue Verhaltensweisen erlernt und eingeübt werden, um einen Zugewinn an sozialer Kompetenz zu erreichen.
Ähnlich wie bei anderen Verfahren in der Sozialarbeit/Sozialpädagogik so wurde auch bei der Anwendung des Sozialtherapeutischen Rollenspiels zunächst pragmatisch vorgegangen. Man konnte beobachten, daß Menschen sich durch die Spiele entwickelten, sich von Verstrickungen im sozialen Geflecht lösten, ihre Situation veränderten und zusehends mehr soziale Kompetenz erwarben. Vor dem Hintergrund dieser Erfahrungen wurden die Spiele ergänzt, erweitert, umgestaltet.
Die Affinität des Sozialtherapeutischen Rollenspiels zur Sozialtherapie liegt auf der Hand. Das heißt, zentraler Gegenstand ist der hilfsbedürftige Mensch in seinen sozialen Bedingungen, sowohl in seiner Vergangenheit (Lebensgeschichte) als auch in seiner Gegenwart (sozialer »Ort«) und seiner Zukunft (Handlungsentwürfe). Als Bezugsrahmen bieten sich Sozialisationstheorien (*Erikson, Mead*) in Verbindung mit Interaktions- und Kommunikationstheorien (*Watzlawik, Berger/Luckmann*) an.

2.5. Die Besonderheit des Sozialtherapeutischen Bereiches

Die Spielformen sind vor allem für den Sozialtherapeutischen Bereich der Sozialarbeit entwickelt, der damit in besonderer Weise interessiert.
Unter Sozialtherapie ist sowohl eine Arbeitsform als auch ein Arbeitsbereich zu verstehen. Sie kann jedoch nicht als eigenes Verfahren bezeichnet werden wie etwa Beschäftigungstherapie oder analytische Psychotherapie. »Sozialtherapie bezieht sich auf aktuelle soziale Situationen und die gegebenen sozialen Beziehungen bei der Anwendung verschiedener therapeutischer Arbeitsformen.« (Arbeitsgruppe, Fachausbildung Sozialarbeit, 1974) Bei der Sozialtherapie handelt es sich um eine länger dauernde Behandlung, während der die Einbeziehung der Umwelt des Klienten ebenso bedeutsam ist wie die Einbeziehung der Umwelt der Sozialtherapeutischen Einrichtungen, z.B. deren Nachbarschaft, ehrenamtliche Helfer usw. – Innerhalb der Sozialtherapie wird interdisziplinär gearbeitet. Es wird jeweils festgestellt, welchen Beitrag die einzelnen Berufsgruppen hier leisten können und wollen. Ein gemeinsamer Therapieplan ist hierfür nötig. – Es handelt sich im Rahmen der Sozialtherapie um Klienten, die aufgrund multifaktorieller Ursachen erkrankt sind oder verhaltensauffällig wurden und von daher einer multidisziplinären Behandlung bedürfen.
Sozialtherapie ist eine Arbeitsform der Sozialarbeit. Dies macht deutlich, daß die Sozialarbeiter/Sozialpädagogen einen eigenständigen Platz und nicht Hilfsfunktion einer anderen Disziplin haben. Sozialarbeiter befassen sich schwerpunktmäßig mit den Veränderungsprozessen, die die Wahrnehmung der sozialen Wirklichkeit und den Umgang mit ihr betreffen. Es sind hier die Anpassung an die Realität wie auch nonkonformes Verhalten zu fördern, z.B. Distanz vom Konsumverhalten, das Einklagen von Rechten usw. Der Sozialisierungsprozeß des Klienten wird beeinflußt im Sinne des Neulernens und des Umlernens.
Die Sozialtherapie wird, wie dies bereits in der Bezeichnung zum Ausdruck kommt, von Therapie bestimmt. Es werden die unterschiedlichen Verfahrensweisen von den

einzelnen Disziplinen angeboten. Gleichzeitig werden die Arbeitsformen der Sozialarbeit/Sozialpädagogik und solche Methoden, für die die professionellen Helfer speziell ausgebildet sind, eingesetzt. Sozialtherapie wendet sich sowohl an Kleingruppen wie auch an Familien, an Paare und an Einzelpersonen. Mit der Veränderung ihres Verhaltens und der Lösung ihrer sozialen Probleme soll auch die Veränderung ökonomischer Bedingungen einhergehen (*Melzer*, 1980, 369).
Innerhalb der Sozialtherapie werden unterschiedliche therapeutische und pädagogische Konzepte eingesetzt. Im Rahmen von Gruppenbehandlungen ist das Sozialtherapeutische Rollenspiel in besonderer Weise geeignet, Störungen im Sozialverhalten, Konflikte unterschiedlicher Art, Beziehungsproblematiken zwischen einzelnen und zwischen Gruppierungen zu bearbeiten (*Aschenbrenner/Heigl/Schuler*, 1979).

2.5.1. Das sozialtherapeutische Arbeitsfeld

Zielgruppen der Sozialtherapie sind also Hilfsbedürftige in sozialen Brennpunkten, vor allem Psychischkranke, Abhängige von Suchtmitteln, Probanden der Bewährungshilfe, Strafgefangene und Strafentlassene, Nichtseßhafte und deren soziales Umfeld. – Sozialtherapie vollzieht sich sowohl im stationären wie auch im ambulanten Bereich.
Wenn Verhalten verändert und soziale Kompetenz vermehrt werden soll, ist es wichtig, die sozialen Verhältnisse mitzusehen. Dies macht die Arbeit mit der Gesamtsituation des Klienten erforderlich, d.h., es ist immer der Mensch in seinem Wechselspiel mit seiner Umwelt gemeint (*Feldmann*, 1970, 1). Die Veränderung einer Rolle des Klienten kann nicht isoliert vom Sozialgefüge geschehen, da alle Beteiligten ihre Verhaltensweisen auf ein Zusammenspiel hin geordnet haben. Verändert ein Gruppenmitglied isoliert sein Rollenverhalten, so funktioniert dieses Zusammenspiel nicht mehr, und es wird häufig nötig, daß ein anderes Gruppenmitglied in die abgelehnte Rolle gedrängt wird, um die alte Sicherheit herzustellen (*Richter*, 1972, 9).
Die Arbeit mit der gesamten Familie ist insbesondere bei Fremdplazierung bedeutsam. So sind enge Kontakte mit Entsendestellen und Kliniken unerläßlich. Nicht nur der Klient, auch seine Angehörigen sind auf die neue Situation vorzubereiten und müssen Veränderungen mitvollziehen. Ehepartner und Kinder werden an bestimmten Wochenenden mit in das Therapiegeschehen einbezogen. Auch die Entlassung und Wiedereingliederung sind wichtige Schritte, auf die nicht nur der Klient im Therapiezentrum, in der Klinik, der Strafvollzugsanstalt usw., sondern auch sein gesamtes Umfeld vorbereitet sein sollte.
Für den Klienten wie auch für seine Angehörigen und Bezugspersonen gibt das Sozialtherapeutische Rollenspiel die Möglichkeit, sich in andere Rollen einzufühlen, von hier aus entsprechendes Verhalten zu verstehen, und es bietet gleichzeitig die Möglichkeit, adäquates Verhalten zu finden und zu üben, das Verhaltensrepertoire zu erweitern, eigenes und fremdes Verhalten realistisch einzuschätzen und legale Formen der Flucht aus ausweglosen Situationen zu erlernen. – Das Sozialtherapeutische Rollenspiel hebt die lebenssichernde Funktion der Regression hervor. Sie wird hier als Rückschrittmöglichkeit gesehen, um Kraft zu sammeln. Es ist wichtig zu beobachten, inwieweit es sich um starre Schemata handelt. Darüber hinaus bietet das Sozialtherapeutische Rol-

lenspiel an, die Situationen so zu gestalten und zu erleben, wie sie sich in ihrer sozialen Verflochtenheit darstellen, so daß ein zunächst unverständliches abweichendes Verhalten einfühlbar und verstehbar wird.

2.6. Das Sozialtherapeutische Rollenspiel im Rahmen der Arbeitsformen der Sozialarbeit/Sozialpädagagik

Das Sozialtherapeutische Rollenspiel wird zwar bevorzugt in Gruppen verwendet, einzelne Spielformen und Elemente aus diesem Bereich können aber auch im Einzelbezug eine Rolle spielen (*Lechner*, 1978). Je nach fachlich begründeter Notwendigkeit kann das Sozialtherapeutische Rollenspiel allein oder auch in Verbindung mit anderen Arbeitsweisen eingesetzt werden. Es eignet sich zur Bearbeitung aktueller, abgrenzbarer und zeitlich eingrenzbarer Probleme und auch zur Reifungshilfe, wie sie bei vielschichtigen, länger andauernden Konflikten geboten ist.

2.6.1. Das Sozialtherapeutische Rollenspiel im Rahmen der Sozialen Einzelhilfe

An zwei Beispielen kann verdeutlicht werden,

a) wie das Sozialtherapeutische Rollenspiel bzw. Elemente des Situationsspiels aus diagnostischen Gründen verwendet werden,
b) wie zum Zwecke einer Verhaltensänderung Elemente aus der Gesprächsführung benutzt werden.

a) In der Erziehungsberatungsstelle äußerte eine Mutter Sorgen, die sie ihrer 5jährigen Tochter Sabine halber hätte. Das Kind zeigte sehr eigenartige Eßgewohnheiten. Sie war außerstande, diese zu schildern, gab vielmehr emotionale, undifferenzierte Beschreibungen: »Das ganze Essen fliegt durch die Luft.« Danach konnte sich die Sozialpädagogin keine klare Vorstellung von dem machen, was sich am Mittagstisch ereignet.
Sie stellte nun einen Tisch in die Mitte und bat die Mutter, die nötige Anzahl von Stühlen anzuordnen und zu sagen, wer darauf säße. Ein Teller mit einem Apfel stand auf der Tischplatte, die Mutter saß auf dem Stuhl der kleinen Sabine, die Sozialpädagogin auf dem der Mutter. Die Frau wurde aufgefordert zu zeigen, was sich nun zu Hause ereignet.
Als die Sozialpädagogin in der Mutterrolle eines Geräusches wegen den Kopf wendete, stülpte »Sabine« den Teller um. Flüssige Speisen hätten sich nun auf die Tischdecke ergossen, wie dies zu Hause der Fall war.

Erst jetzt hatte die Sozialpädagogin eine klare Vorstellung der Situation und konnte mit der Frau darüber sprechen.

b) Ein Alkoholkranker erwähnte in der Ambulanz, daß er Angst vor einer Party hätte, die zu seinem 50. Geburtstag stattfinden sollte. Er tränke nun seit 4 Jahren keinen Alkohol mehr, hätte aber noch nie in der Situation gestanden, einer so großen Anzahl von Freunden zu erklären, daß er nur alkoholfreie Getränke nähme, um damit anzustoßen. Er wüßte überhaupt nicht, was er sagen sollte, und fürchtete, daß nun das Geheimnis gelüftet würde: jeder wüßte, daß er Alkoholiker wäre.
Der Sozialarbeiter entdeckte, daß der Klient keine Argumente kannte, die seinen Verzicht auf Alkohol legitimieren könnten. So sammelte er mit ihm zusammen eine Reihe von Gründen, wie z.B. die Unverträglichkeit mit Medikamenten usw. Danach spielte er selber einen Gast, gab dem Mann ein Glas und forderte ihn auf, mit ihm anzustoßen. Der Klient fing nun an zu erklären, weswegen er nicht tränke, wobei er sich zu seiner Krankheit noch nicht bekennen konnte. Anschließend wurde das Gespräch ausgewertet.

Diese aus dem stützenden Gespräch stammenden Elemente vermochten ausreichend Modell zu geben.

2.6.2. Das Sozialtherapeutische Rollenspiel im Rahmen der Sozialen Gruppenarbeit

Bevorzugt werden Spielformen des Sozialtherapeutischen Rollenspiels in der Gruppe eingesetzt. Es kann sich dabei um eine Mitarbeitergruppe im Rahmen der Praxisberatung oder um eine Klientengruppe (*Schulze/Schmidtobreik*, 1979) handeln.
Das Beispiel zeigt die Problemverarbeitung mit der 21jährigen, stark selbstmordgefährdeten Anita, die an 52 Gruppensitzungen mit anderen psychischkranken Frauen und Männern teilnahm. Konfliktbereiche waren die Familie, der Beruf, die Beziehung zum Partner. Auf nichtbewältigte Frustrationen reagierte Anita mit übermäßigem Alkoholgenuß oder einem Selbstmordversuch. Es wurde in der Gruppe fast ausschließlich mit dem Sozialtherapeutischen Rollenspiel gearbeitet. Zusätzlich zu den wöchentlich stattfindenden Gruppensitzungen kamen in größeren Abständen Einzelgespräche, vereinzelt Hausbesuche und Telefonate.

Zu Beginn der Gruppentreffen beschäftigte sich Anita mit Erlebnissen, die Mißtrauen ausdrückten. Sie zeigte erhebliche Zweifel, sich auf jemand verlassen zu können, und brachte entsprechende Erlebnisse aus ihrer Kindheit. Während des ersten Drittels der Zusammenkünfte spielten Szenen der Bedrohung eine Rolle, vor allem der Bedrohung durch den Vater, der sie als Kind schlug und ihr erster Geliebter werden wollte. In der gleichen Zeit erfolgte ein Besuch dieses Vaters, und Anita zeigte sich in der Erwartung bereits sehr aggressiv und geängstigt. Sie übte im Rahmen der Verhaltensmodifikation unterschiedliches Abwehrverhalten und ein Gespräch, in dem sie dem Vater die Übernachtung im Hotel nahelegte. Die Distanzierung vom Vater gelang ihr und vermittelte ihr das Gefühl größerer Selbständigkeit. Im nächsten Drittel der Treffen wurden die Probleme, die mit dem Vater bestanden, von solchen abgelöst, die sich zwischen dem Freund und ihr ergaben. Erstmalig sah sie einen Zusammenhang mit ihren eigenen Verhaltensweisen, erkannte, daß sie idealisierte. In den Situationsspielen zeigte sich ihr Unvermögen, eigenes Verhalten richtig einzuschätzen und zu steuern, d.h. die Ambivalenz ihrer Gefühle dem Freund gegenüber. Sie erprobte immer wieder neues Verhalten.

Ab der 30. Gruppenstunde zeigten sich neue Verhaltensweisen: Sie hatte sich stark mit der Gruppe identifiziert und verteidigte diese gegen neue Mitglieder. Gleichzeitig korrigierte sie Fremdbilder, auch wenn diese schmeichelhaft waren, und ebenso illusionäre Wünsche. Erstmals erschienen in den Erlebnisspielen positive Kindheitserlebnisse.
Unmittelbar daran schloß sich eine Phase der Beunruhigung und Unzufriedenheit. Die Freundschaft ging in Brüche; sie beantwortete dies mit einem Selbstmordversuch, konnte nach 2 Tagen wieder aus der Klinik entlassen werden und fand bei ihrer Chefin Halt.
In einem Einzelgespräch, dem zweiten, das stattfand, zeigte Anita die Diskrepanz auf zwischen dem Wohlbefinden in der Gruppe und der Fremde und Leere in der Realität. Erneut wurden negative Gefühle den Eltern entgegengebracht und auch auf die Gruppenleiterin übertragen. Ab der 37. Gruppenstunde trat wieder eine Beruhigung ein. Sie begann, sich in der Gruppe gegen unangemessene Reaktionen anderer zu wehren; sie war selbstkritischer, fing an, sich mit der Gruppenleiterin oder mit anderen Gruppenmitgliedern zu verbünden, fühlte sich angeregt und befriedigt. Die berufliche Integration war gelungen; nachdem Anita eine Ausbildung als Altenpflegerin gemacht hatte, ist sie jetzt in der Praxis und arbeitet zur Zufriedenheit der Einrichtung. Der Abschied von der Gruppe wurde mit einem Essen begangen. In einem Einzelgespräch waren die Treffen mit ihr ausgewertet worden.

Auffällig ist bei Anita der Einbruch einer Phase der Beunruhigung in einer Zeit, in der bereits positive Verhaltensänderungen sichtbar waren und gefühlsmäßig Zufriedenheit vorherrschte. Dies macht die Marginalsituation deutlich, in die Anita durch die Behandlung in der Gruppe kam. Mit Zunahme der Normalität erfolgte eine Verunsicherung, eine Normenunklarheit und von daher die Flucht in den Alkohol und in den Selbstmord, der ihren Verschmelzungswünschen entgegenkam.
Danach erfolgte erst die eigentliche Stabilität, wohl auch dadurch ermöglicht, daß der Arbeitsbereich sich als tragfähig erwies.
Mit Anita war fast 1 ½ Jahre gearbeitet worden. Die Hilfe durch die Gruppe darf nicht unterschätzt werden. Sie war der Ort, an dem sich Anita zuerst wohl fühlte, und in die Gruppe flüchtete sie sich auch wieder, als ihre Beziehungen draußen zerbrachen.

2.6.3. Das Sozialtherapeutische Rollenspiel im Rahmen der Familienbehandlung

Die Familienbehandlung berücksichtigt die Strukturen der Familie und hat eigene Mittel, um diagnostisches Material zu bekommen und Veränderungen zu bewirken. Daneben werden aber auch Verfahren angewandt, die außerhalb der Familientherapie entwickelt wurden. Eine dieser Möglichkeiten ist das Sozialtherapeutische Rollenspiel (*Aschenbrenner-Egger*, 1980). Ein Beispiel soll dies verdeutlichen:

Eine 14jährige hatte sich beklagt, daß die Eltern sie nicht verstünden. Die Eltern wiederum hatten die Situation von ihrer Seite geschildert. Nun zeigte das Mädchen in einem Situationsspiel, wie es glaubte, sich verhalten zu haben. Der Sozialarbeiter spielte die Eltern. In einem zweiten Spiel zeigten die Eltern, wie ihre Reaktion in der Erinnerung aussah. Hierbei spielte der Sozialarbeiter das Mädchen. Beide Teile waren sehr erstaunt, wie unterschiedlich sie die Situation erinnert hatten.

Daß in und mit der ganzen Familie gearbeitet wird, ist nur eine der möglichen sozialarbeiterischen Interventionen. Erfahrungen, die der Einzelne aus der eigenen oder

Herkunftsfamilie mitbringt, nehmen in vielen von Sozialarbeitern angebotenen Gruppen breiten Raum ein.
Für die Bearbeitung der Familienthematik in Gruppen wurden eine Reihe von Erlebnisspielen neu formuliert (vgl. Seite 79 – 84).
Typische Familiensituationen und schwierige Beziehungskonstellationen können in Angehörigengruppen bearbeitet werden (*Huber/Stein* in *Aschenbrenner u.a.* 1987, S. 159ff.). Dazu auch ein kleines Beispiel:

Herr und Frau Müller konnten sich in Gruppen kaum äußern. Ihre sprachlichen Möglichkeiten waren zu wenig entwickelt, um den gewandten übrigen Gruppenmitgliedern gewachsen zu sein. Nun bat der Gruppenleiter Herrn Müller zu zeigen, was ihn an seiner 3jährigen Tochter so störte. Dieser spielte das trotzende Kind so plastisch, daß sich ein lebhaftes Gespräch über ähnliche Situationen anschloß.

Mit den Mitteln des Sozialtherapeutischen Rollenspiels können auch familiale Rollen und mit diesen verbundene Probleme reflektiert und bearbeitet werden, zum Beispiel die von Jugendlichen in der Familie, von Müttern, Vätern, Alleinerziehenden (*Herbsthofer/Müller* in *Aschenbrenner-Egger u.a.* 1987, S. 165ff.) oder Pflegeeltern (*Treiber* in *Aschenbrenner-Egger u.a.* 1987, S. 172ff.).

2.6.4. Das Sozialtherapeutische Rollenspiel im Rahmen der Sozialtherapie

Im Rahmen der Sozialtherapie wird sowohl mit einzelnen als auch mit Gruppen gearbeitet. Dafür stehen auch die Beispiele, die wir im Rahmen dieser Arbeitsformen schilderten. Es gibt eine Fülle von Material, das lange andauernde Gruppenbehandlungen und kurze Klärungen von Problemen zeigt (*Schild*, 1982).
Aus der Arbeit mit einem drogenabhängigen Jugendlichen, der stationär behandelt wurde, wird ein Situationsspiel vorgestellt:

Peter, 18 Jahre alt, war seit Jahren abhängig, hatte eine Therapie abgebrochen und war rückfällig geworden. Er wurde aber von der ihm bekannten Einrichtung erneut aufgenommen. Er stammte aus einer Familie, derer er sich schämte: Der Vater, Hilfsarbeiter, trank exzessiv, die Mutter war Putzfrau und sicherte den Lebensunterhalt. Peter selber war mit einer Gaumen-Lippenspalte geboren, die operativ kompensiert wurde. Von Gestalt klein, gedrungen, mit spärlichem Haarwuchs fühlte er sich häßlich.
In vielen Gesprächen wurden Größenphantasien deutlich. So zeichnete er sich als Kind vornehmer Eltern, die bei einem Autounfall ums Leben gekommen wären. Die Behörden hätten ihn armen Leuten in Pflege gegeben. Auch seine Berufswünsche waren illusionär: Er wollte studieren, hatte aber den Sonderschulabschluß für Lernbehinderte.
Von seinen Eltern unverstanden zu sein, ungerecht behandelt zu werden, waren häufig Klagen vor der Gruppe. Meist schloß er seine Hinweise mit den Worten: »Es gibt niemand, der so ungerecht behandelt worden ist wie ich.« Er wurde von der Gruppe bemitleidet, sein Vater galt als »Rabenvater«, den man einsperren sollte.
Da sehr viel »Ungereimtes« in seinen Berichten erkennbar war, wurde ihm angeboten, in einem Situationsspiel eine kleine Szene zu zeigen, in der der Vater ihn bedrängte:
Zuerst saß Peter vor dem Fernseher, eine Flasche Bier neben sich, die Beine auf dem Tisch, den Kühlschrank offen, da er daraus aß. Nach einer Weile kam der Vater (dargestellt von einem größeren Jungen, den Peter hierfür ausgewählt hatte), war angetrunken und forderte

seinen Sohn auf, ihm eine Flasche Bier aus dem Kühlschrank zu geben. Peter reagierte zunächst nicht, schaute angestrengt in den Fernseher und fing dann an, seinen Vater zu beschimpfen. »Du Arsch, besoffenes Schwein, schau, daß du fortkommst, Scheißkerl!« – das waren die Ausdrücke, die immer wieder in neuer Zusammensetzung gebraucht wurden. Der Vater sagte zunächst nichts, wurde dann aber ungeduldig, weil er sein Bier nicht bekam. Peter stieß nun mit dem Fuß nach ihm, versuchte den Stuhl umzuwerfen, auf dem der Vater saß, und beschimpfte ihn weiter. Daraufhin wurde er vom Vater gewarnt, der sagte, wenn er nicht sofort sein Bier bekäme, würde er zurückschlagen. Hierauf verließ Peter den Raum und schrie: »Ich bring dich noch um!«
Peter war von der Behandlung, die er durch seinen Vater erlitt, auch in der Auswertung noch betroffen. Überrascht erlebte er, daß die übrigen Gruppenmitglieder sich nicht mit ihm identifizieren konnten, sich vielmehr in den Vater einfühlten und als dieser das Verhalten Peters unter keinen Umständen gebilligt hätten.
Dieses Spiel war Anlaß zu überlegen, wodurch Peter so gekränkt wurde. Er sah zum erstenmal, daß das Verhalten seines Vaters – wenigstens in der gespielten Situation – nicht ausreichte, seine tiefe Kränkung zu erklären.
Es wurde deutlich, daß die Erwartungen Peters überprüft werden sollten. Einem stark überhöhten Vaterbild stand ein sehr schwacher Mann gegenüber; dem Traum vom Prinzen ein durchschnittlich begabter, äußerlich wenig ansprechender Jugendlicher, der lernen mußte, auf seine eigenen Kräfte zu vertrauen.
Mit der Wahrnehmung positiver Qualitäten, die durchaus vorhanden waren, hatten sich die nächsten Spiele zu befassen. Einfühlungsspiele schienen zunächst am geeignetsten, sich mit dem Bild, das andere von Peter hatten, auseinanderzusetzen. Da die Gruppe eine gute Grundeinstellung zu ihm zeigte, konnte darauf vertraut werden, daß seine positiven Seiten auch in den Bildern, die man ihm zuordnen würde, aufschienen.
Die Gruppe verspürte indessen keine Neigung, Peter in einer »Starrolle« zu akzeptieren. So mußte Peter sein Selbstbild allein korrigieren lernen. Zunächst fiel es ihm in entsprechenden Spielen sehr schwer, als Beruf den Bäcker zugeordnet zu bekommen. Später gelang es ihm aber, sich mit diesem Handwerk zu versöhnen; er erlernte es sogar und konnte die Vorteile des Handwerks bejahen. Auf die »Prinzenrolle« zu verzichten, lernte er nach und nach.

2.7. Selbstkontrolle als Voraussetzung für die Arbeit mit der Beziehung

In der Supervision der Sozialarbeiter werden die gesamte Arbeit und der Anteil eigener Probleme reflektiert. Diese Praxisberatung, die eine Kontrolle der Arbeits- und Lernsituation im Sinne der gemeinsamen Reflexion enthält, soll sowohl dem Wohle des Klienten dienen als auch institutionelle Möglichkeiten und Grenzen abklären, aber auch die Person des Helfers berücksichtigen. Unterschiedliche Auffassungen der Sozialarbeiter in der Bundesrepublik Deutschland betonen einmal mehr den einen, einmal mehr den anderen Aspekt oder verabsolutieren ein Einzelanliegen (*Melzer*, 1980, 749).
Das Sozialtherapeutische Rollenspiel versucht, durch hierfür entwickelte Spiele die Reflexion der eigenen diagnostischen Sicht zu entwickeln, gibt Möglichkeiten zur Erprobung von Handlungsstrategien und vermittelt Selbsterfahrung. Die Wertigkeit des sozialen Umfeldes wird in besonderer Weise betont, und Veränderungsmöglichkeiten werden überlegt.

2.7.1. Diagnostische Möglichkeiten

Alle Spielmöglichkeiten lassen die Einfühlung in den Klienten zu, zeigen den Zusammenhang seiner Geschichte mit den augenblicklichen Verhaltensschwierigkeiten und stellen die Umweltsituation heraus, die diese möglicherweise mitbedingte. Die diagnostischen Ergebnisse sind, wie in jeder Situation, dynamisch zu sehen, zeigen Fakten auf, die benötigt werden, um die Problematik differenzierter zu klären, und werden verändert, wenn sich neue Gesichtspunkte ergeben.
Die Spiele ermöglichen keine festumrissene Diagnose, zeigen vielmehr das diagnostische Umfeld auf, das zunehmend eingeengt wird. Die letzte Überprüfung erfährt die Diagnose aber in der Praxis.
Bei der Bearbeitung von Problemen verhilft neben dem Situationsspiel, das die Analyse einer Problemsituation ermöglicht, die Gruppeneinfühlung zum diagnostischen Material.
Auch hier muß das Ergebnis sorgfältig mit der Realität überprüft werden:

Ein Bewährungshelfer berichtete, einer seiner Probanten, Walter, würde immer wieder rückfällig. Er war oftmals nur wenige Tage in Freiheit, warf dann einen Stein in eine Auslage und rief mitunter selbst die Polizei, oder er stahl eine Kleinigkeit im Kaufhaus, machte dabei auf sich selber aufmerksam, wenn er nicht in öffentlichen Gebäuden krakeelte und so angezeigt wurde.
Walter kam mit 4 Jahren in ein Waisenhaus, da beide Eltern verhaftet worden waren. Die Gründe hierfür kannte der Bub nicht. Eine Nachbarin hatte das Kind bei sich aufgenommen und anderntags in das besagte Waisenhaus gebracht. Hier hatte Walter zunächst Heimweh. Eine Gruppeneinfühlung in Walter wurde in der Situation geleistet: Walter im Waisenhaus, an Heimweh leidend, an seine Eltern denkend, von denen er weiß, daß sie im Gefängnis sind. Der Gruppe wurde deutlich, daß das Gefängnis für Walter ein Zufluchtsort sein könnte, ein Ort, an den er möglicherweise schon immer in seinen Träumen flüchtete, wenn er sich unwohl fühlte. Auch hierüber mußte erst einmal mit dem Probanten gesprochen werden. Seine diesbezüglichen Erlebnisse waren noch nie Gegenstand der Überlegung gewesen. Weiterhin mußte selbstverständlich auch Walters Vergangenheit bearbeitet werden, nachdem er mit ihr konfrontiert worden war.

Gruppenzentrierte Spiele geben Aufschluß über das Sozialverhalten, über die Entscheidungs- und Konfliktfähigkeit und über die Möglichkeit der Gruppenmitglieder Beziehungen einzugehen und zu gestalten. Es muß betont werden, daß alle Spielformen diagnostische Beiträge liefern. Diagnostische Betrachtungen sind aber nur sinnvoll, wenn sie zu einer Veränderung des Verhaltens führen.

2.7.2. Die Verhaltensänderung

Im Rahmen der Supervision handelt es sich immer darum, in zweifacher Hinsicht optimales Verhalten anzustreben:

- für den Sozialarbeiter/Sozialpädagogen, der eine Verhaltensunsicherheit seinem Klienten gegenüber erkennt;
- für den Klienten, der mit seinen bisherigen Modellen nicht mehr zu Rande kommt oder sich die Konsequenzen, die damit verbunden sind, künftig nicht mehr einhandeln möchte.

Als Spielformen stehen unterschiedliche Formen der Gesprächsführung zur Verfügung, wobei innerhalb der Supervision dem Gespräch mit Feedback große Bedeutung zukommt, weil der Helfer erfährt, wie seine Gesprächsart und wie der Inhalt beim Teilnehmer ankommt, und weil er so den Modus und das Thema verändern kann. Durch die Verhaltensmodifikation werden unterschiedliche Verhaltensmöglichkeiten aufgezeigt, auf die in der Realität zurückgegriffen werden kann.

Eine junge, seit kurzem erst praktizierende Sozialarbeiterin hatte Angst vor Nähe. Sie war gerade dabei, sich von unterschiedlichen Bindungen zu lösen. Birgit, eine 17jährige Klientin, war von zu Hause ausgerissen, wurde von der Polizei aufgegriffen und war durch diese Sozialarbeiterin in ein Wohnheim vermittelt worden. Birgit war als »Ausreißerin« bekannt, hatte aber zum Erstaunen der Polizei und des Amtes bereits 4 Monate an einer Arbeitsstelle durchgehalten. Sie wünschte die Nähe der Sozialarbeiterin, derethalben sie am Ort blieb. Anrufe, Besuche usw. bedrängten die Berufsanfängerin, die nun zwischen brüsker Ablehnung und Duldung hin- und herschwankte.
Eine Verhaltensmodifikation bot folgende Alternativen:

- Beschränkung der Kontakte auf die Dienstzeit;
- Gespräch mit Birgit über die eigene Situation;
- Verteilung der Belastung auf andere Kollegen;
- Klärung der eigenen Belastbarkeit;
- Schließung eines Kontraktes, wobei die eigene Belastung sorgfältig erwogen wird und gleichzeitig dem Bedürfnis des bisher vernachlässigten Mädchens Rechnung getragen werden kann.

Die Sozialarbeiterin entschied sich

- für das Gespräch mit Birgit,
- wollte eine Kollegin mit in die Betreuung einbeziehen
- und einen sauberen Kontrakt schließen, wobei auch private Kontakte tragbar schienen (z.B. gemeinsamer Weg nach der Sonntagsmesse).

Dieses Beispiel beweist, daß das Verhaltensrepertoire durch die Modelle der übrigen Gruppenmitglieder reicher wurde. Die Sozialarbeiterin hatte für ihr Verhalten künftig mehr Handlungsweisen zur Verfügung. So können rigide Formen verändert und kann das Gesamtverhalten variabel gestaltet werden. Außerdem führt die Auseinandersetzung mit der Gesamtproblematik oft zu größerer innerer Sicherheit, die gelasseneres Reagieren ermöglicht. Werden eigene Anteile am Problem des Klienten sichtbar, so können sie in der Auswertung von anderen Gruppenmitgliedern als auch für sie existent erkannt werden. Dadurch kann der Supervisand häufig auf Widerstände verzichten. Es werden Hilfen erarbeitet, die es ihm möglich machen, persönliche Bedürfnisse außerhalb des Klientenbezuges zu befriedigen, mit Übertragungen umzugehen, die eigene Situation im Mitarbeiterkreis sowie im institutionellen Rahmen zu überprüfen und zu gestalten.

3. Die Klienten der Sozialarbeit/Sozialpädagogik-Probleme

3.1. Die Klienten der Sozialarbeit/Sozialpädagogik

»Klient« war zunächst der Begriff für den Hörigen, Halbfreien, Abhängigen, später für den Schutzbefohlenen, und heute ist »Klient« die übliche Bezeichnung für denjenigen, der einem Rechtsanwalt den Auftrag erteilt hat, ihn in Rechtssachen zu vertreten und zu beraten (*Mehl*, 1980, 450). Damit kann der Begriff »Klient« dem, was mit partnerschaftlicher Wechselbeziehung zwischen Hilfsbedürftigem und Helfer gemeint ist, nicht gerecht werden. Im Rahmen der Sozialarbeit/Sozialpädagogik scheint eine Umdeutung dieses Begriffs eingeleitet zu sein, die auf personale Wechselwirkung abzielt, eine Form der Hilfe meint, die das Selbsterfassen und das Selbstlösen von Problemen bewirkt und keinesfalls durch »Schutzherrnfunktion«, vielmehr durch Partnerschaft zu erreichen ist. Sozialarbeit/Sozialpädagogik hat es mit Personen zu tun, die in irgendeiner Form und aufgrund unterschiedlichster Ursachen hilfsbedürftig wurden, d.h. auch mit solchen Personen, die ihre Hilfsbedürftigkeit selber verursacht haben.

Sozialarbeit/Sozialpädagogik zielt darauf hin, diese Menschen in die Lage zu versetzen, ohne fremde Hilfe ein menschenwürdiges Leben zu führen. Hierbei ist die Schaffung eines Gleichgewichtes zwischen »den Ansprüchen auf Selbstverwirklichung und der Fähigkeit und Bereitschaft, Lebensaufgaben zu lösen« (*Bock*, 1980, 672), die Zunahme also an sozialer Kompetenz bedeutsam.

Hilfsbedürftigkeit ist im Bereich der Erziehung und Bildung, im Bereich der Problemlösung durch Beratung oder Behandlung, auf der Ebene materieller Hilfe und auf der Ebene der Planung vorstellbar. So wendet sich das Hilfsangebot der Sozialarbeit/Sozialpädagogik auch an alle sozialen Schichten. Sozialarbeit/Sozialpädagogik hat in der Arbeit mit den sozial Benachteiligten in besonderer Weise Erfahrungen gesammelt, da sich auf diese Klientengruppen über Jahrzehnte die Hilfe der Sozialarbeit weitgehend beschränkte. Dies ist im Zusammenhang mit der Veränderung gesellschaftlicher Strukturen zu verstehen. Berufliche Tradition hat dazu geführt, daß – im Gegensatz zu vielen anderen helfenden Berufen – Sozialarbeit/Sozialpädagogik immer sozial Benachteiligte als Außenseiter mit in ihr Hilfekonzept einbezieht, und zwar schon in einem Stadium, in dem diese für eine Veränderung ihrer Situation noch nicht oder noch nicht ausreichend motiviert sind, und auch da, wo Veränderung nur teilweise möglich ist. Dies stellt sich für Helfergruppen als eine besondere Chance und gleichzeitig als eine besondere Gefahr dar. Auf der einen Seite wird denen Hilfe angeboten, denen sie von allen anderen Institutionen versagt wird, auf der anderen Seite erfordert der Umgang im oben genannten Stadium zunächst einmal außerordentliche Stützung der Benachteiligten bei deren minimaler Fähigkeit, sich selber zu vertreten. Dabei muß der Helfer stets mit Vorurteilen der Umwelt rechnen. Für den, der die Interventionen des Helfers flüchtig kennenlernt, kann sich die Hilfe – ähnlich wie im pädagogischen Bezug zum noch hilfsbedürftigen Kind – als Eingriff in die Freiheit des anderen darstellen. Für den Sozialarbeiter/Sozialpädagogen ergibt sich die Gefahr aus dem Umgang mit Macht. Die gesunden Anteile der Person zu erkennen, stets zu variieren zwischen Gewähren von Freiheiten und dem Zulassen von Abhängigkeitswünschen bedarf der eigenen reifen persönlichen und beruflichen Identität.

3.2. Die Klienten in der Marginalität, vor allem während der Eingliederung

Der Hilfeprozeß zielt immer auf Veränderung:

- auf Veränderung der die Hilfsbedürftigkeit verursachenden Bedingungen und
- auf Veränderung des Verhaltens beim Klienten, das die Hilfsbedürftigkeit verstärkt.

Eine Auflösung von Sicherheiten ist die Folge, und es wird über längere Zeit die neue, angestrebte Situation als bedrohlicher, fremder empfunden als die alte, an deren Unzulänglichkeiten man sich bereits gewöhnt hat. Damit ist alle Neuorientierung von Unsicherheit begleitet.

Die Frau, die ihren Mann verloren hat, trauert um ihn auch dann, wenn die Ehe unerfreulich war; sie hat nicht gelernt, sich selber zu vertreten, und kennt die Rollenvorschriften nicht, die mit dem Witwentum verbunden sind. Der Alkoholiker, der sich für die Behandlung entscheidet, hat sich nun von seinem »Tröster« zu trennen, ohne daß er hierfür schon einen Ersatz hätte; er hat seine vertraute Umgebung, die Kneipen, und damit verbunden seine Kumpane zu verlassen und geht jetzt in eine Einrichtung, vor der er sich fürchtet, deren Arbeitsweise er nicht kennt. Ähnlich ergeht es seiner Familie, die mittlerweile sich auf seine Trunkenheit eingestellt, seine Pflichten übernommen und sich an diese gewöhnt, eine besondere Form des Umgangs mit dem Alkoholiker entwickelt und ihn abwechselnd nachsichtig und aggressiv behandelt hat. Auch ihr Verhalten wird auf die neue Situation nicht mehr passen; sie weiß gar nicht, wie sie sich dem Behandelten gegenüber verhalten soll.

Personen, mit denen die Sozialarbeit/Sozialpädagogik zu tun hat, stehen in der Regel zwischen verschiedenen Gruppen und damit auch zwischen verschiedenen »Normengarnituren« (*Feldman*, 1970, 16); sie haben deshalb einen unsicheren Status und sind sich nicht klar darüber, wie sie ihre Rolle spielen sollen. Die Marginalsituation (*Stonequist*, 1937) läßt sich in kulturellen Konflikten beobachten (z.B. bei nichtchristlichen Ausländerpopulationen in unserem Gesellschaftssystem), ebenso in Lebenskrisen (z.B. während der Adoleszenz, d.h. im Übergang von der Kindheit in das Erwachsenenalter), insbesondere aber bei sozialen Benachteiligungen.
Da die Eingliederung von Randgruppen zu einem Wechsel der Bezugsgruppen und der Gruppennormen führt, wird die Behandlung selber zum Marginalkonflikt. Die Nuancen der Verhaltensalternativen in der neuen, fremden und damit bedrohlichen Situation sind unbekannt, so daß der Klient (wie alle Menschen im Marginalkonflikt) sich starr an die Vorschriften hält und damit extreme Verhaltensweisen zeigt. Er ist nun »Päpstlicher als der Papst« (wie man es Konvertiten nachzusagen pflegt, da diese oft beim Übergang in die neue Religionszugehörigkeit ängstlich bemüht sind, deren Regeln und Gebote fehlerlos einzuhalten). Erhöhte Verletzlichkeit, Neigung zu Isolation, eine Ten-

denz, die Isolierung durch den Anschluß an Gruppen Gleicher auszuschließen, impulsives, augenblicksorientiertes Handeln, Angst, übertriebene Sensibilität und aggressives Verhalten frustrierenden Situationen gegenüber, immer wieder auch ein erhöhtes Selbstmordrisiko kennzeichnen den Marginalkonflikt (*Feldman*, 1970, 107). Im Rahmen der Sozialarbeit/Sozialpädagogik erschwert besonders das augenblicksorientierte Verhalten, verbunden mit Impulsivität, den Hilfeprozeß, weil der Klient nicht in der Lage ist, die Folgen seines Tuns in die Zukunft zu phantasieren. Eine geringfügige Kränkung des Konfliktbetroffenen z.B. kann genügen, den Arbeitsplatz zu verlassen, und er ist verwundert, wenn dies zur Kündigung führt.
Aufgabe der Sozialarbeit/Sozialpädagogik ist es, derartige Konflikte durch entsprechende Strategien zu vermindern und mit dem Klienten zusammen zu lösen. Das Sozialtherapeutische Rollenspiel beachtet die Marginalität, in der der Klient durch seine besondere Situation steht (z.B. durch seine Scheidung), die er in der Anfangssituation erfährt (z.B. als Neuling in der Gruppe) oder in die er im Verlaufe des Hilfeprozesses hineingerät. Es bereitet auf bevorstehende Marginalitäten vor, wie sie mit der Loslösung der Kinder aus dem Elternhaus, mit einem Berufswechsel oder der Entlassung aus der Klinik verbunden sind. Auch das Verlassen der Spielgruppe als Marginalität wird durch entsprechende Übungen aufgegriffen.
Da das Sozialtherapeutische Rollenspiel überwiegend in Gruppen stattfindet, bietet dies die Möglichkeit der Identifikation mit Gleichen und wirkt so einer Isolierung entgegen. Das Sozialtherapeutische Rollenspiel verläuft nach festen Regeln und gibt so Sicherheiten, die auch durch eine Ritualisierung ermöglicht werden.

3.2.1. Die Gruppe als Schutzraum

Der Gruppe, in der das Gruppenmitglied neues Verhalten im Spiel einüben kann, kommt Schutzfunktion zu. Es entsteht zunehmend ein intensiverer Zusammenhalt der Gruppe; die einzelnen Klienten entwickeln ein Gefühl der Gruppenzugehörigkeit. Problemschilderungen und gemeinsame Spiele schaffen Erlebnisse, die alle teilen. Darüber hinaus wird aus der Erkenntnis, daß die gesamte Gruppe gleiche Probleme hat, im Zusammenhang mit den einzelnen Gruppenerfahrungen eine gemeinsame Geschichte. Der Gruppe werden nun »Heimatgefühle« entgegengebracht. Dies gilt für den Raum, der häufig auf seine Verläßlichkeit hin überprüft wird (Ist noch alles an der gewohnten Stelle?), dies gilt für die Gruppenmitglieder, die, wenn sie fehlen, vermißt werden, deren Geschick überlegt wird, und dies gilt für den Leiter, auf dessen Schutz man sich verlassen möchte. Gefährdete Jugendliche haben oft in bezug auf den Raum und den Leiter besondere Bedürfnisse. Ihre Wunschbilder entsprechen den Vorstellungen von einer »heilen Familie«: gediegen sein, bestimmten ästhetischen Maßstäben, die häufig erstaunlich konservativ sind (*Weiß*, 1981), genügen.
Die Gruppe blendet einen Teil der Realität aus. Sie kann so zum Zufluchtsort werden, an dem keine unerfüllbaren Forderungen gestellt werden und an dem kein Leistungsdruck besteht. Der Umgang mit dem Spiel vermittelt das Gefühl, Zeit zu haben; man selber wird wieder wichtig. In der Gruppe ist Raum für Träume und Raum für beinahe unbeschränkte Fähigkeiten.

Die Gruppe stellt den Anspruch, für ihre Gruppenmitglieder Realität zu sein, die das Zusammensein steuert. Sie vermittelt aber auch Realität nach außen. Sie schützt vor Vereinzelung und wirkt bei Phantasien, die sich mit Handlungsstrategien befassen, ebenso als Korrektiv wie bei der Wahrnehmung von Problemen. Für Klienten, die Angst vor Nähe haben, bietet die Gruppe Möglichkeiten zur Distanzierung. Niemand ist genötigt, zu nahen Kontakt einzugehen, da ausreichend Ausweichmöglichkeiten zur Verfügung stehen. Für Gruppenmitglieder, die Nähe riskieren wollen, ergibt sich die Möglichkeit der Bündnisse, die die Erfahrung vermitteln, daß diejenigen stärker sind, die sich zusammenschließen. Sind die Beziehungen sicher genug, so wird es möglich, Bündnisse auch außerhalb der Gruppentreffen wirksam zu machen, z.B. etwas zusammen zu unternehmen.

3.2.2. Die Steuerung des Gruppenprozesses

Die Gruppe zeigt, wie ihre Individuen, eine Entwicklung auf, die durch die Beeinflussung des Gruppenprozesses gefördert oder behindert werden kann. Eine sorgfältige Beachtung des Gruppengeschehens läßt Entwicklungstendenzen erkennen und gibt Möglichkeiten, den Prozeß hilfreich zu steuern.
Im Entwicklungsverlauf der Gruppe ist bei allen individuellen Unterschieden ein vergleichbarer Ablauf zu erkennen. Es zeigen sich Phasen in unterschiedlichen Ausprägungen, die der Gruppenleitung Aufschluß über das prozeßhafte Geschehen geben.
Die Gruppenphasen werden eingeteilt in:
1. Die Orientierungsphase, 2. die Machtkampfphase, 3. die Intimitätsphase, 4. die Differenzierungsphase, 5. die Trennungsphase (nach *Bernstein/Lowy* 1971).
Die jeweilige Entwicklung vollzieht sich in der Korrespondenz zwischen den einzelnen und der Gruppe, so daß sowohl die Individuen wie auch die Gesamtheit zu beachten sind.
1. Die Orientierungsphase zeigt, daß Bedürfnisse und Erwartungen der einzelnen oftmals im Widerspruch zu Erfahrungen stehen, die jedes Gruppenmitglied aus anderen Gruppen mitbringt. Dies führt zu Spannungen. Die Neuheitssituation ist gekennzeichnet durch einen Mangel an Sicherheiten und Vertrautheit. Von der Gruppenleitung wird ein hohes Maß an Bedürfnisbefriedigung erwartet. Ambivalente Einstellungen und Verhaltensweisen sind beobachtbar. Der Wechsel von Nähe und Distanz, ein Ausweichen und gleichzeitiges Annähern im Beziehungsbereich, Interesse und gleichzeitig Verzicht allem Neuen gegenüber, Aktivität und ihre Rücknahme kennzeichnen die Fremdheitsituation.
Spiele, die dem Bedürfnis nach Sicherheit und Orientierung sowie nach Vertrauen gerecht werden, sind nun anzubieten:
Erlebnisspiele zum Kennenlernen, die Bearbeitung der Neuheitssituation mit dem Gruppenspiegel, Erlebnisspiele mit Gegenständen, die als risikoarm erlebt werden, usw. Als Orientierungshilfe ist auch die Struktur der Spiele zu sehen, die gemeinsame Aufgabe regeln, jedem Gruppenmitglied einen festen Rahmen der Beachtung sichern, wie auch den notwendigen Schutz.
Die Machtkampfphase: Sie wird einerseits bestimmt von der Konkurrenz alter und vertrauter Normen und neuen Ordnungen und Anforderungen durch die Gruppe, ande-

rerseits durch die Möglichkeit, sich mit den vertraut gewordenen Gruppenmitgliedern auseinanderzusetzen sowie dem Bedürfnis der einzelnen nach Macht und Einfluß. Es wird versucht, einen guten Platz in der Gruppe zu finden und eine befriedigende Rolle. Die Gruppe fängt nun an, sich zu strukturieren.
Zur Bewältigung der Konflikte, der Auseinandersetzung mit negativen Gefühlen wie Angst und Unsicherheit, mit den Normen und den Ansprüchen an die Leitung und deren Reaktionen sind Spiele geeignet:
Das Realitätsorientierte Gruppenspiel, das mit Normen konfrontiert, das Beziehungsspiel, das die Strukturen der Gruppe verdeutlicht, Erlebnisspiele, die die Auseinandersetzung mit Autoritäten ermöglichen, Erlebnisspiele zur Selbstdarstellung, die sich mit dem Selbst- und Fremdbild auseinandersetzen und die Möglichkeit der Zurückweisung bieten, Gruppenzentrierte Phantasiespiele, die in verschlüsselter Weise hilfreiche oder konflikthafte Beziehungen aufzeigen, der Gruppenspiegel zur Bearbeitung von Konflikten.
3. Die Intimitätsphase: Zunehmend entsteht Vertrauen in die eigenen Kräfte und die Gruppe. Das gegenseitige Sich-Öffnen ermöglicht ein verstärktes zwischenmenschliches Engagement, wenngleich Kämpfe um Aufmerksamkeit anhalten. Die Gruppe entwickelt ein starkes Gefühl der Zusammengehörigkeit, ein Wir-Gefühl, und grenzt sich damit von anderen Gruppierungen ab. Die Fähigkeit zum eigenständigen Planen und zum Treffen von Entscheidungen nimmt zu. Übertragungen werden deutlich.
Gruppenzentrierte Spiele kommen der Gruppensituation entgegen, die Fähigkeit zu eigenständigen Entscheidungen ermöglicht nun auch die Anwendung problemzentrierter Spiele. Das Gemeinsame im Erleben vermag die Erlebnisspiele zu unterstützen, vor allem im Zusammenhang mit familiären Situationen. Die Vertrautheit in der Gruppe ermöglicht es, sich in einer Weise in die anderen einzufühlen, sich ein Bild von ihnen zu machen, so daß sich Einfühlungsspiele zunehmender Beliebtheit erfreuen.
4. Die Differenzierungsphase zeigt die individuelle und die Gruppenreife. Es gibt nun nur wenige Machtprobleme, gegenseitige Unterstützung und gute Kommunikation ermöglichen gemeinsame und geplante Tätigkeiten, die Gruppe öffnet sich nach außen und durchbricht damit ihre Schranken.
Problemverständnis und die Fähigkeit, von eigenen Standpunkten abzurücken, ermöglichen nun in größerem Maße die problemzentrierten Spiele, das Erlebnisspiel mit Gruppenaktion, Erlebnisspiele zur Sinnfindung und zur Schuldbearbeitung.
5. Die Trennungsphase stellt nun den einzelnen und die Gruppe wieder vor schon überholt geglaubter Probleme. Die bevorstehende Trennung erschwert es, sich auf Neues oder Positives einzulassen, es wird das gegenwärtige Schöne geleugnet, das Vergangene glorifiziert.
Die Auswertung als Gruppenspiegel, Beziehungsspiele und Erlebnisspiele mit dem Thema positiv überwundener Trennungen können helfend angeboten werden.

3.2.3. Spielregeln geben Orientierungshilfen

Die Marginalsituation, in der der Klient sich befindet, macht erneut deutlich, daß der Verlust der Übereinstimmung mit dem Weltbild gleichzeitig zu einem Sinnverlust führt. Der Mensch braucht, um zielgerichtet und konsequent handeln zu können, einen

Orientierungsrahmen, der ihm die Einordnung aller auf ihn einstürmenden Eindrücke erlaubt; ohne diesen Rahmen würde er in Verwirrung geraten (*Fromm*, 1977, 259). Die Situation der Neuheit erfordert, daß der Klient Informationen sammeln und einordnen kann, damit er sein Bild von der Welt erweitert und seinen eigenen Standort neu bestimmt. Hierbei ist zu beachten, daß dieses Bedürfnis des Menschen nach einer Orientierung verführbar durch jene Ideologien macht, die vorgeben, ein unanfechtbares Gedankensystem zu besitzen.

Über diesen Orientierungsrahmen hinaus benötigt der Mensch ein Ziel, auf das er zugehen kann, das es ihm ermöglicht, sich selbst zu transzendieren. Dieses Ziel wird von seinem Wertbezug bestimmt.

Die Klienten im Sozialtherapeutischen Bereich haben durch ihre erlebte Marginalsituation einen Orientierungsverlust erlitten. Daher zeigen sie sich, vor allem neuen Situationen gegenüber, extrem verunsichert. Fremde Gegebenheiten bringen fast immer eine Fülle von neuen Informationen, die nun nicht einordenbar und damit auch nicht verwertbar sind. Auch die neue Gruppensituation und die Auseinandersetzung mit den dort geltenden Regeln ängstigt. Die äußere Form der Gruppentreffen – etwa Im-Kreis-Sitzen – ist nicht vertraut; über eigene Situationen zu sprechen wurde nicht gelernt; viele Klienten finden dies ungehörig. Die Reaktionsmuster, die sonst zur Bewältigung fremder Situationen dienen, sind nur bedingt zweckmäßig. Dies macht deutlich, daß ein neuer Orientierungsrahmen zu schaffen und transparent zu machen ist, damit wieder Sicherheiten entstehen und Einordnungen möglich werden.

Das Sozialtherapeutische Rollenspiel orientiert sich an Regeln, die durch das Modellverhalten des Spielleiters vermittelt werden. Jeder einzelne Spielschritt ist festgelegt, ohne daß hierdurch das Spiel erstarren würde. Der Spielleiter begleitet sein Tun sprachlich, z.B.: »Ich stelle hier einen Behälter in die Mitte, es könnte eine Truhe oder eine Kiste sein, vielleicht ist es aber für irgend jemanden ein Korb oder ein Kasten. Wenn Sie diesen Behälter lange genug anschauen, werden Sie herausfinden, was er für Sie ist.« – Hier wird der besonderen Situation des Klienten Rechnung getragen, der möglicherweise keine Spielzeugkiste kennenlernte, vielleicht nicht einmal Spielzeug im eigentlichen Sinne besaß. Er kann nun das Behältnis finden, das ihm vertraut ist zum Aufbewahren der Dinge, mit denen er spielte. – Solange die Gruppenmitglieder den Spielablauf noch nicht wissen, beginnt der Spielleiter mit dem Austausch. Er verzichtet auf seine Modellfunktion, wenn seine Aufforderung, nun zu erzählen, was man gefunden hat, von anderen wahrgenommen werden kann. Die Spiele sind so aufgebaut, daß nicht nur der Spielleiter Orientierungshilfen gibt, sondern auch die Gruppenmitglieder selber. Jeder Beitrag kann im Verlaufe bestimmter Spielformen – vor allem beim Assoziationsfeedback – dazu benutzt werden, ähnliche oder sich unterscheidende Bilder und Erlebnisse zu entwickeln oder Gefühle zu nennen, die anderen Gruppenmitgliedern ebenfalls bekannt sind.

Kein Spiel verlangt eine optimale Lösung. Negative Beispiele sind ebenso hilfreich für die Bearbeitung eines Problems wie positive. Die Angst, sich zu blamieren, wird damit gemindert. Das Gruppenmitglied, das einen Konflikt zur Bearbeitung anbietet, ist auch nicht selber genötigt, einen Handlungsvorschlag zu bringen. Es darf die Rolle des Partners einnehmen und wird nur da, wo es selber üben möchte, etwa in der Gesprächsführung, in der eigenen Rolle agieren. Auch der Gruppenleiter kennt die Marginalität, etwa den unerwarteten Gruppenkonflikt, der ihm alle Sicherheit nimmt, oder den Umgang mit einer fremden Klientengruppe. Auch ihm helfen hierbei Regeln. Er weiß, wie und wo er stützen muß, kennt Spielformen, die besondere Schwierigkeiten behandeln.

3.2.4. Die Bedeutung der Ritualisierung

Beim symbolischen Ritual wird ein Erlebnis durch eine Handlung repräsentiert (*Fromm*, 1981, 160). Wir nehmen zum Zeichen unseres Respektes den Hut ab. Dieses Beispiel macht deutlich, wie aus einer ehemals kreativen Handlung allmählich sozialer Zwang entstehen kann.

Ritualisierung wird hier nicht im pathogenen Sinne als Erstarrung verstanden, sondern als eine »Kreative Formalisierung, die sowohl impulsiven Überschwang als auch zwanghafte Selbstbeschränkung verhindern hilft, soziale Anomie ebenso wie moralische Unterdrückung« (*Erikson*, 1978, 66). Ritualisierung kann also als ein Bindeglied betrachtet werden zwischen dem Orientierungsbedürfnis des Ich in Zeit und Raum und der Vielfalt der Weltanschauungen, die eine Gesellschaft beherrschen. Die ursprüngliche Bedeutung ritualisierter Handlungen kann verlorengehen, aber selbst da, wo das Wissen um den praktischen Zweck eines Verhaltens vergessen wurde, besteht dieses als Ritual weiter und kann hilfreich sein (*Erikson*, 1978, 95).

Das Sozialtherapeutische Rollenspiel kennt – sieht man von der Ritualisierung im Spielvorgang selber ab – Rituale, die in schwierigen Situationen gleicherweise dem Gruppenmitglied wie dem Spielleiter Sicherheit geben.

In einer Gruppe von alleinerziehenden Müttern wurde ein Problem eingebracht, das im Zusammenhang mit Demütigungen stand, die ein Gruppenmitglied erfahren hatte. Frau Irma erzählte zunächst stockend, brach dann ab und weinte laut. Die übrigen Gruppenmitglieder zeigten sich erschreckt und ratlos. Der Spielleiter forderte nun auf, nahe zusammenzurükken.

Bei der Auswertung erzählte Frau Irma, wie gut ihr die Nähe getan hätte, und verwies gleichzeitig darauf, daß sie es nicht ertragen hätte, wenn sie auf das Weinen hin angesprochen worden wäre. Sie war erstaunt, von den Gruppenmitgliedern zu hören, daß auch sie diese Nähe als entlastend erlebt hätten. Es wäre so gewesen, als hätte man sich eng verbunden gefühlt.

Als die gleiche Gruppe später wieder in eine ähnliche Situation kam, blieb die Irritation aus. Die Gruppenmitglieder rückten spontan eng zusammen und wiederholten dieses Ritual bei allen ähnlichen Belastungen. Der Spielleiter konnte auf eigene Modelle verzichten.

In einer Gruppe von alkoholkranken Frauen und Männern berichtete eine selbst nicht alkoholkranke Ehefrau vom Rückfall ihres Mannes. Sie steigerte sich dabei so sehr in die tags zuvor erlebte Situation, daß sie anfing zu schreien, als sie ihren Anteil der Auseinandersetzung wiedergab, und schließlich heftig schluchzend aufhörte, wobei sie nach Atem rang. Auch hier war die Gruppe erschrocken. Vor allem die Frau, die unmittelbar neben dem erregten Gruppenmitglied saß, war verwirrt und selber den Tränen nahe. Nun setzte sich die Spielleiterin an deren Platz, legte den Arm um die Stuhllehne der Weinenden und begann ruhig das Problem zu strukturieren. Die Gruppenmitglieder beruhigten sich zunehmend, und auch die erregte Ehefrau atmete wieder normal, hörte zu weinen auf und beteiligte sich am Gespräch. Während der Auswertung erzählte die in Erregung geratene Frau, daß das anfängliche Schweigen der Gruppe sie noch mehr beunruhigt hätte und daß sie erst wieder Fassung gefunden hätte, als weitergesprochen wurde. Dies hatten die Gruppenmitglieder ebenfalls hilfreich erlebt. Auch daraus entwickelte sich ein Ritual, das die Gruppe von sich aus anwandte.

Aufgabe des Spielleiters ist es, darauf zu achten, daß diese Rituale nicht erstarren, daß sie für die jeweils aktuelle Situation hilfreich bleiben.
Zu den einzelnen Spielformen selber gehören bestimmte Rituale, etwa die Art des Sitzens im offenen oder geschlossenen Kreis, die Form des Zurückgebens oder Behaltens von Bildern, bestimmte Anordnungen im problemzentrierten Spiel, die Sitzordnung im Gespräch mit stützenden Partnern, die Sitzordnung beim Austausch der Motivklärung, die Kopfhaltung beim Gespräch mit Feedback usw. – Die Ritualisierung will Sicherheit vermehren, will das Festhalten des einmal Erreichten gewährleisten, was ebenso wichtig ist wie das Erlernen von Neuem.

3.3. Die Problemsituation als frustrierende Situation

Der Großteil der Klienten reagiert auf problematische Situationen mit sachfremden, unzweckmäßigen Mitteln, etwa mit Flucht in Krankheit oder Alkohol, mit aggressivem Verhalten, mit Regressionen oder ähnlichem. Damit wird in der Regel die Situation verschärft, auswegloser, für den Klienten frustrierend. Sie kann daher nicht sachgerecht bearbeitet werden (*Graumann*, 1971, 75). Bei Klienten der Sozialarbeit/Sozialpädagogik handelt es sich häufig um Personen, die zweckmäßige Verhaltensmodelle nicht erlernen konnten oder über eingeengte Muster verfügen, die sich nur im eigenen Milieu als tauglich erweisen. Oft fehlt es an den notwendigen materiellen Voraussetzungen, um ungünstige soziale Bedingungen aus eigener Kraft zu verändern, oder es bestehen – wie z.B. bei Kindern und Jugendlichen – unauflösbar erscheinende Abhängigkeiten. Manche Menschen erleben die Konfrontation mit einer Vielzahl schwerer Konfliktsituationen, so daß selbst bei günstigen Vorbedingungen keine Bewältigung mehr möglich erscheint, andere sind mit objektiv unveränderbaren Konflikten konfrontiert.
Darüber hinaus stellen sich lange anhaltende Konflikte als vertraut dar, und ihre Lösung wird als fremder, beängstigender Zustand erlebt. So wird die Mangelsituation erhalten, weil man sie kennt, und ihre Besserung vermieden, weil sie fremd und angstmachend erscheint. Gelingt es nicht, den Hilfsbedürftigen zu motivieren, sich am Problemlösungsprozeß zu beteiligen, so kann keine Hilfe geleistet werden. Sozialarbeit hat es vordringlich mit Motivation zu tun.
Problemlösungen werden auch durch einen geringen Zukunftsbezug der Klienten erschwert. Während Menschen mit ausreichenden Lernmöglichkeiten auf ihre positiven Erfahrungen zurückgreifen, sie für neue Situationen nutzen und damit verbundene Konsequenzen phantasieren können, schätzen Klienten der Sozialarbeit/Sozialpädagogik häufig nur das ein, was ihrer Handlung unmittelbar folgt, und zeigen sich außerstande, künftige Risiken zu kalkulieren. Bei Klienten, deren Familien seit Generationen Hilfsbedürftige sind, scheint kein ausreichendes Vertrauen in die eigenen Fähigkeiten entwickelt zu werden, so daß auch aus eigener Kraft Situationen nicht überwindbar erscheinen.
Das Sozialtherapeutische Rollenspiel berücksichtigt diese Aspekte, die die Problemlösung erschweren oder verhindern. Es werden Hilfen angeboten, um ein Problem wahrzunehmen, es zu definieren und Lösungsschritte zu erarbeiten. Es gilt zunächst, den

Erlebnisbereich zu strukturieren, solche Probleme zu verdeutlichen, die die Gruppe gemeinsam hat, und allmählich individuelle Probleme zu berühren.
Erlebnisspiele mit Problemeingabe, eine Spielform, die Konfliktsituation bildhaft in das Spiel stellt, sensibilisieren die Wahrnehmung in eine bestimmte Richtung. So können Autoritätskonflikte ausgewählt werden, d.h., die Gruppe beschäftigt sich mit solchen Bildern, die sie hilflos in der Auseinandersetzung mit Autoritäten oder wehrlos deren Attacken ausgesetzt zeigen. Die Erweiterung des Gesichtsfeldes tritt von selber ein; gleiche Probleme werden von Gruppenmitgliedern auf andere Personen übertragen, auf den Lehrer etwa oder den Chef. Da sich solche Erlebnisse nicht scharf abgrenzen lassen, ergeben sich verwandte Probleme. Im Falle des oben genannten Autoritätskonfliktes etwa könnten sich als verwandte Probleme herauskristallisieren: die Verlustangst, die Situation der Abhängigkeit oder die Angst vor Nähe. Damit stellten sich neue Problemkreise der Bearbeitung. – Ein Klient, der so gelernt hat, zu einer bestimmten Konfliktthematik Fakten (Erlebnisse) zu sammeln, hat eine erste Strukturierung seines Erlebnisbereiches vorgenommen.
Problemzentrierte Spiele beschäftigen sich mit der Problemdarstellung und der Problemlösung. Den Gruppenmitgliedern ist es oft nicht möglich, eigene Probleme zu erkennen und zu benennen, so daß in der Anfangssituation erfahrene Klienten ihre individuellen Probleme vorstellen und es Aufgabe des Spielleiters wird, das Allgemeingültige in ihnen wahrnehmbar zu machen. Im Schutzraum der Gruppe können vor allem Verhaltensalternativen erprobt werden: der Klient führt Gespräche, simuliert den Umgang mit Partnern oder seinen Kindern und erfährt die Konsequenzen, die mit dem jeweiligen Verhalten verbunden sind. Sein Verhaltensrepertoire wird hierdurch erweitert, und er lernt mit Hilfe der Gruppe risikofrei die Konsequenzen kennen, die er sich einhandeln kann, und die auswählen, die er auf sich zu nehmen sich zutraut.
Da den Gruppenmitgliedern weder zu interpretieren noch zu verurteilen erlaubt ist und weil es keine absolut richtige oder absolut falsche Lösung gibt, haben die Spiele eher Erfahrungs- als Trainingscharakter.

3.3.1. Die Strukturierung und Lösung des Problems

Es wurde hervorgehoben, daß dem Klienten die Mittel fehlen, die er brauchte, um Wohlbefinden zu bewahren oder für sich erreichbar zu machen. Das Problem als Ganzes stellt sich erdrückend, unbearbeitbar dar.
Auch der Sozialarbeiter/Sozialpädagoge kennt das Gefühl der Machtlosigkeit, wenn er einem vielschichtigen Problem gegenübersteht. Er hat aber erlernt, menschliche Probleme systematischem Denken zugänglich zu machen (*Perlmann*, 1978, 43). So weiß er, daß sich Probleme selten als Ganzes behandeln lassen, auch wenn sie als Einheit verstanden werden. Zum Zwecke der Bearbeitung ist es erforderlich, ein Teilproblem herauszugreifen und der Lösung zugänglich zu machen. Was hier ausgewählt wird, bestimmt der Klient, wobei sich die Dringlichkeit an seiner subjektiven Einschätzung mißt. Da das Sozialtherapeutische Rollenspiel in Gruppen stattfindet, wird in der Regel mehr als nur ein Problem formuliert. Dies führt dazu, daß die Gruppenmitglieder ihre Erlebnisse miteinander vergleichen, und sie finden schließlich heraus, daß Aspekte ihres Problems mit Teilen der Darstellung des anderen Ähnlichkeit haben oder gleich sind.

Bei einem Erlebnisspiel mit Problemeingabe fand Christine einen Ring und erzählte hierzu, daß es oft vorkäme, daß sie Schmuck verlöre. Sie meinte, es wäre eigenartig, sie wüßte gar nicht, wie wert ihr diese Dinge wären. Dies würde erst offenkundig, wenn sie sie nicht mehr hätte.
Franz sagte darauf, daß ihm etwas einfiele, das überhaupt nicht paßte, aber irgendwie ginge es ihm genauso mit seiner Mutter. Er hätte seit Jahren geglaubt, er könnte es neben ihr nicht aushalten, aber jetzt wäre sie schwer krank, und er beschäftigte sich mit dem Gedanken, daß sie sterben könnte. Plötzlich fielen ihm nun so viele Dinge ein, die es dann nicht mehr gäbe. Er hätte gar nicht gewußt, wie viel ihm seine Mutter bedeutete.
Gabriele, die überlegte, sich von ihrem Mann zu trennen, meinte nun, der Ring von Christine hätte sie an die schönen Zeiten erinnert, die sie mit ihrem Mann verbracht hätte. Nun fürchtete sie sich vor dem endgültigen Schritt der Scheidung. Es ginge damit auch so viel Schönes unwiederbringlich verloren.

In der Auswertung wurde dem Spielleiter deutlich, daß sich die Angst vor Verlust als Teilproblem herauskristallisiert hatte. Das globale Problem Tod/Scheidung konnte noch nicht bewältigt werden. Sowohl auf der Erlebnisebene als auch auf der Handlungsebene wurde dieser Aspekt nun behandelt.
»Alle Probleme des menschlichen Lebens neigen dazu ›Kettenreaktionen‹ auszulösen.« (*Perlmann*, 1978, 49) Diese einem Problem eigene Tendenz, Auswirkungen auf andere Lebensbereiche zu haben, hat positive wie negative Bedeutung. Bei der Bearbeitung eines Problems sollten solche Reaktionen nicht übersehen werden. Bei der Strukturierung eines Problems wird eine Entflechtung der betroffenen Lebensbereiche notwendig.

Herr Breitinger kam zur Psychosozialen Beratungsstelle, weil ihm seine Frau angedroht hatte, ihn zu verlassen. Er gab Eheschwierigkeiten an. Im Verlaufe des Gesprächs zeigte sich eine starke Abhängigkeit von Frauen und vom Alkohol. Für ihn selber war zur Zeit nur das auslösende Problem existent: die drohende Scheidung.

Das zu lösende Problem war hier aber die Abhängigkeit von Frauen und Alkohol, die in ihren Auswirkungen unter anderem auch den Lebensbereich Ehe erschwerte. Dies war zu strukturieren.
Situationsspiele eignen sich bei solchen Problemlagen sehr gut dazu, Strukturierungen zu ermöglichen. Das Feedback der Gruppenmitglieder und das des Spielleiters lassen häufig den Bezug zur eigentlichen Problematik aufleuchten. – Jedes Problem hat eine objektive und eine subjektive Bedeutung. Die Helfer erfassen den objektiven Aspekt sehr rasch; wissen aber noch nicht, wie sich der Klient in dieser Situation fühlt.

Zwei Studentinnen, die kurz vor ihrer Abschlußprüfung standen, erzählten, sie wären schwanger. Die Gruppe nahm intensiv Anteil und phantasierte die Schwierigkeiten, die sie für die beiden so kurz vor der Prüfung sah. Hier zeigte sich aber, daß das Problem keinesfalls für beide gleich lag. Susanne war unverheiratet, lebte mit ihrem Freund zusammen und freute sich sehr auf das Baby. Sie hatte bereits alles organisiert und sich errechnet, daß keine Panne eintreten könnte. Heidi war verheiratet. Sie konnte sich mit ihrer Schwangerschaft nicht abfinden und meinte, ungünstiger hätte es gar nicht sein können. Mann und Familie wollten ihr zur Seite stehen, aber sie war verzweifelt. Sie litt an dem Problem der Schwangerschaft bei objektiv günstigeren Bedingungen stärker als Susanne.

Durch das Identifikationsfeedback erfuhr Heidi, daß andere Gruppenmitglieder die Aspekte, an denen sie litt, anders wahrnahmen und anders gewichteten. Sie wurde gleichzeitig in ihrer Not ernstgenommen, hatte ein Recht darauf, sich in einer anderen Weise mit dem Problem zu konfrontieren, als es die anderen taten. So gelang es, die objektive Seite des Problems allmählich von der subjektiven zu scheiden.

Die Spielformen selber geben ebenfalls Strukturierungshilfen. Vor dem eigentlichen Spiel liegt eine Gesprächsphase, in der das Problem gesucht und konkretisiert wird. Der Ablauf des Spiels selber, gleichgültig um welche Spielform des problemzentrierten Spiels es sich handelt, ist strukturiert. Die Szene A wird im Spiel und in der Auswertung von der Szene B und C getrennt. Der Einbringer des Problems hat immer die Vergleichsmöglichkeiten zur Realität herzustellen. Es wird das, was das Spiel für den Problemsteller bedeutet, von dem geschieden, was es für die einzelnen Gruppenmitglieder bewirkt hat.
Die Klienten werden durch das Sozialtherapeutische Rollenspiel und in seinem Verlauf immer wieder mit einem System von Regelungen konfrontiert. Diese sind übertragbar auf die eigene problematische Situation außerhalb der Gruppe.

3.3.2. Risikoarme Übung von sozialen Beziehungen und Wertgeltungen im Spiel

Nur da, wo der Klient eine Dissonanz zwischen treibenden und hemmenden Kräften auf ein bestimmtes Ziel hin erlebt, werden seelische Energien aktiviert, wird Veränderung möglich (*Hege*, 1979, 91). Das Erleben von Barrieren, Unvermögen usw. entsteht aufgrund eines Wertbezuges. Der Mensch setzt sich mit einem Ziel auseinander, mißt sich an etwas, was er für gut, für erstrebenswert hält. Dies macht deutlich, daß Sozialarbeit/ Sozialpädagogik als Entwicklungsprozeß ohne Wertbezug nicht denkbar ist. Klienten weisen häufig einen Orientierungsmangel auf und kommen von daher nicht in die Lage, ihr Wertsystem zu überprüfen. Diese Auseinandersetzung mit Werten und Normen erfolgt zumeist in der Adoleszenz im Zusammenhang mit der Lösung vom Elternhaus. Orientierungsmangel erschwert oder verhindert diese Entwicklung. Klienten orientieren sich nicht selten an einem starren Wertkonzept, das nur Anpassung, nicht aber Freiheit ermöglicht. Verhaltensänderungen sind, wenn sie mit Entscheidungen verbunden sind, wertorientiert. Die Bearbeitung von Problemen hat damit nicht nur eine Neuorientierung auf der Handlungsebene, sondern auch auf der Wertebene zur Folge.
Soziale Beziehungen sind ebenfalls von Werten bestimmt. Der andere ist es mir wert, auf ihn zuzugehen, oder er ist es mir nicht wert. Meine eigene Wertschätzung spielt in diesem Bezug ebenso eine Rolle wie die des Adressaten. Die Gruppe ist ein Ort, der bei Experimenten im Umgang mit bisher wenig geschätzten Menschen Schutz bietet- der dem Neuen Spielraum gewährt.
Die Verhaltensmodifikation bietet die Chance, den Handlungsraum auszuloten, Verhalten zu üben, zu korrigieren, zu verwerfen, wieder zu entdecken usw. Es ist »nur Spiel«, d.h., es darf vieles geschehen, was die Ernstsituation verbietet. Es gibt auch Spiele, die das Wertkonzept hinterfragen, wie z.B. der Zukunftsspiegel: Hier darf das Gruppenmitglied das Verhalten zeigen, das es sich wünscht. In der Auswertung überlegen die Beteiligten aber, in welcher Beziehung diese Handlung zu ihrer Wertvorstellung steht

(*Wachinger*, 1980). Ob der Wunsch Wirklichkeit werden kann oder ob man von ihm Abstand nehmen sollte, nachdem das neue Verhalten im Versuch durchgespielt wurde, muß sich zeigen.

Der 20jährige psychischkranke Matthias war während seines Klinikaufenthaltes mehrmals in eine Psychose geraten, aber auch immer wieder aus seinen Wahnvorstellungen ausgestiegen. In der Gruppe erzählte er nach einem Erlebnisspiel, daß er sich dringend wünschte, wieder so intensive Farberlebnisse zu haben, wie dies in der Psychose geschehen wäre. Er beschrieb sie und zeigte sich hierbei erregt. Die Gruppenmitglieder reagierten mit Farberlebnissen, wie sie sie durch Drogenkonsum oder auch durch Naturerlebnisse erfahren hatten.
Der Spielleiter stellte Matthias, der sehr unter seinen Psychosen gelitten hatte, die Frage, ob ihm diese Farben eine Psychose wert seien. Er meinte: Das zwar nicht, aber er wünschte sich diese Intensität. Von der Gruppe wurde ihm nun gespiegelt, daß sich ein derartiges Erlebnis nicht ohne den Preis der Gesundheit vermitteln lasse: Drogen, Psychosen oder Gesundheit. Matthias war nun nachdenklich und sagte, so hätte er dies noch nicht bedacht. Wenn er sich eine Psychose einhandeln müßte, dann hätte er Schwierigkeiten zu entscheiden, aber der Wunsch nach den Erlebnissen wäre vorhanden.
Es folgte nun ein Gespräch darüber, was an Verzicht geleistet werden müßte, um Gesundheit zu erhalten – bei Drogenabhängigen und bei Matthias. Er wollte sich Gedanken machen, von welchen Ansprüchen er Abschied nehmen könnte.

4. Das Vorgehen des Spielleiters

Der Spielleiter steuert durch seine eigenen Beiträge und durch sein Feedback den Prozeß der Gruppe und des Spieles. Durch die Wahl der Spiele wird die Dynamik der Problembearbeitung gelenkt. Die Spielleitung kann das Gemeinsame im Erleben betonen, wenn dies hilfreich ist, und sie kann die individuellen Aspekte eines Spiel- und Gruppengeschehens herausstellen, wenn damit den Gruppenmitgliedern geholfen wird. Sie teilt Trauer, Schmerz, Angst und die positiven Gefühle mit der Gruppe und stützt die Schwachen, die am Rande stehen, und sie bietet den Gruppenmitgliedern damit ein Modell an.
Im Sozialtherapeutischen Rollenspiel hat der Spielleiter eine Atmosphäre herzustellen, in der Freude am Spiel entstehen kann. Er selber spielt mit, so daß Spielregeln nicht formuliert zu werden brauchen. Die Gruppenmitglieder lernen überwiegend am Modell. Die Klienten brauchen in besonderer Weise ein stützendes, nicht aufdeckendes Verhalten. Gelernt wird vor allem im Schutzraum der Gruppe. Bündnisse, die hier entstehen, Verhalten, das da geübt wird, müssen auf ihre Tragfähigkeit hin in der Realität überprüft werden.
Spielregeln geben Orientierungshilfen. Eine Erstarrung des Spiels ist jedoch in jedem Fall zu vermeiden.
Der Spielleiter im Sozialtherapeutischen Rollenspiel arbeitet mit Bildern und Symbolen. Seine Vorgehensweise ist nicht interpretierend. In der Gruppe entsteht eine Übereinkunft über das Verständnis der angebotenen Bilder, die nicht gedeutet, sondern vielmehr beschrieben werden.
Der Spielleiter ist ein speziell ausgebildeter Fachmann und bringt das gesamte Instrumentarium seiner Hilfsmöglichkeiten mit ein, hier das der Sozialarbeit.

4.1. Das Sozialtherapeutische Rollenspiel betont den Spiel-, nicht den Trainingscharakter

Die Betonung des Spielcharakters macht deutlich, daß das Sozialtherapeutische Rollenspiel sich am Spielverhalten der Kinder orientiert. Es werden Verhaltensweisen wiederbelebt, die während der Entwicklung zum Erwachsenen verlorengingen.
Wir verstehen »Entfremdung« als zur menschlichen Entwicklung gehörend, als Folge der Unterscheidung zwischen Subjekt und Objekt. Das Kind hat sich noch nicht getrennt von der Außenwelt, lebt im Einklang mit ihr (*Fromm*, 1981, 55). Eine solche Aufhebung der Entfremdung auf Zeit ist im Spiel möglich und wird angestrebt. Es wird hier also ein infantiles Stadium wiederholt, um Teile der Entfremdung zu überwinden.
Die Funktionslust, die beim Kind oft allein Beweggrund des Spielens ist, kennzeichnet das Spielverhalten des Erwachsenen kaum. Für ihn sind Leistungs- und Neugiermotivationen oft bestimmend, wenn er sich für Spiele entscheidet. Gelingt es, daß das Spiel ihn »gefangennimmt«, so »verliert« er sich im Spiel. Die dem Kinde eigene Ganz-

heit ist vorübergehend hergestellt. Einfallsreichtum und Ausdauer, die einmal das kindliche Spiel kennzeichneten, nehmen zu.
Wenn dem Spiel für die Gesamtentwicklung zentrale Bedeutung beigemessen wird, so müßte es auch für den Erwachsenen Möglichkeiten bieten, Ich-Identität zu fördern und soziale Kompetenz zu mehren.

4.2. Das symbolische Spiel ermöglicht die Anpassung des Wirklichen an das Ich

Piaget verweist darauf, daß das symbolische Spiel den Höhepunkt des Kinderspiels bildet. Das Kind muß sich immer Älteren anpassen, deren Interessen und Regeln es ebensowenig versteht wie die physische Welt, die es umgibt. Es ist für sein affektives und intellektuelles Gleichgewicht notwendig, über einen Tätigkeitsbereich zu verfügen, »dessen Motivation nicht die Anpassung an das Wirkliche, sondern im Gegenteil die Anpassung des Wirklichen an das Ich ist, ohne Zwang und Sanktionen« (*Piaget*, 1976, 68). Häufig erstreckt sich das symbolische Spiel auf unbewußte Konflikte und ist in solchen Fällen mit der Symbolik des Traums vergleichbar.
Für Klienten, die von ihrer Sozialisation her nicht in der Lage sind, das Ordnungssystem ihrer Umwelt zu verstehen und sich daran zu orientieren, ist diese Assimilation der Umwelt an das individuelle System, ohne Berücksichtigung der Realität, ebenso bedeutsam wie für das Kind. Eine unterentwickelte Frustrationstoleranz nötigt den Erwachsenen in gleicher Weise wie das Kind, Bedürfnisse ohne Aufschub zu befriedigen. Das Spiel versetzt den Klienten nun in die Lage, fiktiv das Ziel seiner Wünsche zu erreichen, es ermöglicht ihm »stellvertretende Wunscherfüllung« (*Oerter*, 1967, 209). Das Sozialtherapeutische Rollenspiel bietet die Möglichkeit, durch das Angebot von Symbolisierungen Grundbedürfnisse wie Geborgenheit, Macht, Geltung usw. in fiktiver Weise zu befriedigen. Dies sei an zwei Beispielen dargestellt:

Ein Patient der Psychiatrischen Klinik war frühzeitig von seinen Eltern verlassen worden und zeigte seither ein starkes, nicht realisierbares Bedürfnis nach Geborgenheit. Im gruppenzentrierten Phantasiespiel wählte er nun die Rolle des jüngsten Vogels im Nest, der allen Lockungen seiner flügge gewordenen Geschwister widerstand und die Vogelmutter permanent nötigte, ihn zu atzen.

Das zweite Beispiel beschäftigt sich mit der Überwindung einer situationsbedingten Einengung:

Als Phantasiebild wählte die Gruppe den fliegenden Teppich. Ein Gruppenmitglied, das bei der Anfahrt zur Veranstaltung große Schwierigkeiten mit dem Verkehr hatte und sich darum verspätete, setzte sich im Spiel auf seinen Teppich und überholte in der Phantasie im Auto eine endlose, wartende Fahrzeugschlange, setzte sich an deren Spitze, zog den Teppich ins Auto und fuhr weiter.

Das Symbolspiel ermöglicht nicht nur stellvertretende Wunscherfüllung, es konfrontiert auch zwangsläufig mit dem eigenen Schatten (*Jung*, 1960). Die Begegnung mit den eigenen ungelebten Möglichkeiten führt einerseits zu Angst, andererseits aber auch zu Erstaunen über unbekannte positive Dispositionen. Die Gruppe bietet in beiden Fällen Identifikationsmöglichkeiten mit Gleichen an. Einmal erfolgt eine kollektive Gewissensentlastung (*Zullinger*, 1960, 116), in dem Sinne etwa: »Was alle denken und tun, kann so schlimm nicht sein«, zum anderen entsteht stellvertretende Hoffnung: »Wenn in allen unbekannte neue Möglichkeiten liegen, warum nicht auch in mir?«

Eine körperlich sehr zarte Mutter zweier Kinder war in einer Frauengruppe. Ilonka sprach mit so leiser Stimme, daß sie häufig nicht verstanden wurde. Sie hatte Ehe- und Erziehungsprobleme und war deshalb gekommen.
Sie selber sah sich als jemanden an, der für alles Verständnis hat, von anderen aber oft mißverstanden wird, der sanft und nachgebend ist und daher häufig ausgenutzt wird.
Bei einem gruppenzentrierten Spiel wählte sie die Rolle der Katze, spielte auf der Wiese, auf der ein Vogel herumhüpfte. Beide versuchten zunächst, sich zu fangen und wieder zu fliehen. Plötzlich sprang die Katze auf den Vogel, schlug ihn mit der Pfote bewußtlos und biß ihm das Genick durch. Die übrigen Tiere der Wiese drückten ihr Entsetzen aus, versuchten, den Vogel ins Leben zurückzurufen, was nicht gelang.
Innerhalb der Auswertung wurde deutlich, daß dieses Verhalten der zarten, spielerischen Katze nicht zugetraut worden war, daß niemand, vor allem nicht der Vogel, es erwartet hatte. Ilonka versuchte zunächst zu »leugnen«. Sie meinte, es wäre nichts Außergewöhnliches passiert, jede Katze fresse Vögel. Die mit dem Vogel identifizierten Gruppenmitglieder machten deutlich, daß von dieser Katze ein solches Verhalten einfach nicht zu erwarten gewesen wäre. Sie hätte kein Jagdverhalten gezeigt, hätte sich jung und spielerisch dargestellt, nichts wäre geschehen, was den Vogel gewarnt hätte.
Nun machte Ilonka der Gruppe Vorwürfe, weil sie versuchte, in ihr Schuldgefühle zu wekken. Es wurde zunehmend klar, daß sie selber über ihr Tun erschrocken war und sich rechtfertigen wollte.
Der Gruppenleiter versuchte nun, anhand seiner Rolle aufzuzeigen, wo auch hier Möglichkeiten erschienen, die sonst kaum gelebt wurden. Dies veranlaßte die Gruppe, die eigene Situation zu überprüfen.

Ilonkas Verhalten als Katze war die Begegnung mit dem Schatten, mit einer nichtgelebten Möglichkeit, die im Spiel negativ erlebt wurde, für das Gesamtverhalten aber positiv nutzbar wäre im Sinne von Abwehr und Selbstbehauptung. Ilonka wurde gespiegelt, daß es für Außenstehende leichter ist, mit möglichen Aggressionen umzugehen, als solch eine Fülle von Sanftheit präsentiert zu bekommen, die eigene Schutzhaltungen ausschließt.

Auch Tina, die den Vogel gespielt hatte, war verwundert, daß sie sich ohne weiteres hatte töten lassen. Sie war an sich durchaus in der Lage, sich zur Wehr zu setzen. Sie war überrumpelt und erlebte eine Reaktionsmöglichkeit, die sie für sich nicht zu kennen glaubte.

4.2.1. Der Spielleiter arbeitet mit Bildern und Symbolen

4.2.1.1. Der Spielleiter arbeitet mit Bildern

Die Wiedergabe von inneren Bildern, die sich auf Gegenstände der Wirklichkeit beziehen, und die damit verbundenen Erlebnisse sind wesentlicher Bestandteil der Imaginationen im Sozialtherapeutischen Rollenspiel. Daneben interessieren aber auch Phantasiebilder, die in einer ähnlichen Weise wie im Tagtraum in Erscheinung treten.
Die inneren Bilder, gleichgültig ob es sich hierbei um Wahrnehmungen, Vorstellungen oder auch um Träume handelt, werden sprachlich gestaltet und damit konkretisiert, wobei dies nicht als intellektuelle Tätigkeit verstanden werden darf. Diese Bilder verkörpern weitgehend unbewußt das eigene Verhältnis zu Dasein und Welt; die Darstellung erfolgt zunächst unreflektiert. Die Wechselwirkung zwischen Seelenbild und äußerem Schicksal wird in der Regel nicht erkannt. Die Gestaltung, die durch die Sprache, mitunter auch durch die Zeichnung erfolgt, projiziert das Bild nach draußen, vergegenständlicht es und bietet damit die Möglichkeit, mit dieser Darstellung umzugehen. Das Bild kann nun verändert, bearbeitet werden.
Jacobi (1969, 42) verweist darauf, daß, je bewußter die Schichten sind, denen solche Bilder entstammen, desto individueller das ist, was sie vermitteln. Je tiefer die Schicht ist, desto symbolträchtiger werden die ihr entstammenden Bilder. Sie sind archaisch, kollektiv bestimmt. Dies bedeutet, daß die Inhalte dieser Bilder den Menschheitserfahrungen entstammen. Nach *C. G. Jung* kommen sie aus dem kollektiven Unbewußten, dem überpersönliche Natur zugeschrieben wird. Es handelt sich also um Urbilder, wie wir sie in Mythen und Märchen finden. Damit wird deutlich, daß diese Bildinhalte nicht auf individuelle Erlebnisse rückführbar sind, nicht dem persönlichen Unbewußten zugeordnet werden können. Diese Bilder gleichen sich in allen Kulturen, sind der ganzen Menschheit zu eigen.
Das Sozialtherapeutische Rollenspiel arbeitet mit den bewußteren Schichten, vorzugsweise also mit den individuellen Inhalten. Der Spielleiter registriert auch den kollektiven Anteil, macht ihn jedoch nicht bewußt.
Beim zeichnerisch gestalteten Bild wie bei dem sprachlich gefaßten sind die Subjektstufe und die Objektstufe zu berücksichtigen (*Jacobi*, 1969, 42). Deutungen sind auf beiden Ebenen wichtig. Auf der Subjektstufe interessieren die »innerpsychischen Funktionen und Faktoren des Herstellers« (*Jacobi*, 1969, 42), auf der Objektstufe alle Elemente des Bildes in ihrer konkreten Wirklichkeit. Die Objektstufe gibt also Auskunft über die Beziehung des Bildes – und damit seines Herstellers – zur realen Umwelt. So schildert ein Klient eine Birke, schlank, mit heller Rinde, mit zarten Blättern, und bleibt damit an der Realität orientiert. Ein anderer beschreibt diesen Baum wuchtig, einem Gestrüpp ähnelnd, und zeigt damit einen gestörten Bezug zur Wirklichkeit – aus welchen Gründen auch immer.
Die Subjektstufe spiegelt die innere Realität wider. Hier handelt es sich um Bilder aus dem Unbewußten, z.B.: »Meine Birke legt sich in den Wind. Sie paßt sich ihm an, weil sie Angst hat, gebrochen zu werden.«
Nicht immer sind Objektstufe und Subjektstufe einfach voneinander zu scheiden. Im Sozialtherapeutischen Rollenspiel wird die Deutung der Objektstufe (durch das Gruppen-

mitglied selbst) bevorzugt. Hieraus entfaltet sich die Subjektstufe von selbst. Der Gruppenleiter interpretiert nur für sich. Diese Deutung dient der Diagnose, sie wird nicht mitgeteilt.
Imaginationen dienen der Herstellung des inneren, des seelischen Gleichgewichtes, ähnlich wie im Traum.
Die Deutung dieser Bilderlebnisse beinhaltet:

- eine lösende Fähigkeit, die aus der Tatsache des Spielens kommt und schöpferische Katharsis jenseits von Deutung und Verstehen meint,
- eine »erlösende Fähigkeit« (*Jacobi*, 1969, 48), die das Ergebnis der sorgfältigen Deutung und des Verarbeitungsprozesses ist.

Jacobi verweist darauf, daß nach *C. G. Jung* das Bild eine Erklärung in sich trägt, daß der innenseelische Prozeß durch Deutungen von außen nicht gestört werden sollte, und mahnt zur Vorsicht im Umgang mit Interpretationen.
Im Sozialtherapeutischen Rollenspiel wird dieser Vorsicht in besonderer Weise Rechnung getragen: Es wird nicht von außen interpretiert. Das Bild selbst soll wirken und lösen. Es trägt ähnlich wie das Märchen »seine Moral in sich« (*Jacobi*, 1969, 49). Das Finden eines Bildes und seine Gestaltung sowie die Betrachtung und das Umgehen mit ihm können alleine schon befreiend wirken, lösende Fähigkeiten wecken, einen Veränderungsprozeß einleiten.
In dem Maße, in dem ein inneres Gleichgewicht durch diese schöpferische Katharsis entsteht, werden die Bilder verstanden, kann der Klient sie erklären. Die emporgehobenen und sprachlich gestalteten seelischen Inhalte werden also zunehmend mit dem verstehenden Bewußtsein aufgenommen. Die Bilder, die der Klient nicht erklären kann, bekommen oft eine Bedeutung für ein anderes Gruppenmitglied, das sie für sich selber deutet. Die kollektiven Anteile können so von anderen mit übernommen werden, individuelle Anteile, die Ähnlichkeiten mit denen anderer Gruppenmitglieder aufweisen, helfen allen zum besseren Verständnis. Teile einer Erklärung werden oft auch von solchen Gruppenmitgliedern bejaht, die sich der Introspektion noch verschließen. – Dieser Umgang mit Bildern wird vor allem in den wahrnehmungszentrierten Spielen, in den gruppenzentrierten Spielen und im verschlüsselten Problem besonders eindrucksvoll.
Das folgende Beispiel zeigt den Umgang mit Bildern in einem gruppenzentrierten Spiel:

Iris stellte sich bei einem Beziehungsspiel als Raubvogel dar, der in einem Wald lebte, in dem es für ihn wenig Nahrung gab. Die übrigen Gruppenmitglieder waren Singvögel, die in den Bäumen ihre Nester hatten und zum Teil brüteten. Sie zagen sich nach der Schilderung des Raubvogels auf geschütztere Teile des Waldes zurück und erregten dadurch sein Mißfallen, da er ja nicht beabsichtigte, jemandem etwas zu tun. Der Raubvogel ärgerte sich also darüber.
In der Auswertung sagte Iris, daß sie nicht verstehen könnte, daß man ihr als Raubvogel zumuten wollte, eine andere Vogelart zu wählen, wenn sie die Nähe der anderen Vögel bevorzugte.
Die Auswertung erfolgte auf der Objektstufe. Die Gruppe spiegelte dem Raubvogel, welche Ängste er verbreitete unter den ihn umgebenden Singvögeln. Auf Zugeständnisse, daß er ihre Brut verschonen wollte, könnte sich niemand verlassen, da Raubvögel sich nun einmal von kleinen Vögeln ernährten. Der Wald hätte nicht ausreichend Nahrung für ihn gehabt.

Die Subjektstufe spielte nur eine untergeordnete Rolle. Iris wurde z.B. nicht gefragt, warum sie den Raubvogel gewählt hatte, warum sie von der legitimen Möglichkeit, ihre Rolle zu verändern, nicht Gebrauch gemacht hätte. Es wurden auch keine Entsprechungen von Eigenschaften einer Frau und Eigenschaften eines Raubvogels herausgestellt. Dennoch wirkt die Auswertung der Objektstufe auf die Subjektstufe. Iris sagte z.B.: »Da ist es mir gegangen wie immer. Ich bin für die anderen immer eine Fremde.« Oder: »Ich hätte ja als Raubvogel sagen können, daß ich genug anderes Futter habe. Aber ich bin auch sonst stolz und möchte von den anderen unabhängig sein. Wenn sie nicht wollen, sollen sie...«

Es wurden hier primär die bewußten Schichten angesprochen. Iris war als Deutsche in Polen groß geworden, hatte dort Schwierigkeiten, anerkannt zu werden, und war jetzt Polin in Deutschland. Sie stand noch inmitten dieser Auseinandersetzung.
Mit den kollektiven Anteilen dieses Bildes konnte sich Iris weniger identifizieren als die Gruppe, die hier eine größere Distanz aufwies, weil es sich nicht um das eigene Bild handelte.

So hatte im Auswertungsgespräch Peter gesagt: »Den Wunsch, Raubvogel zu sein und es einmal den anderen so recht zu zeigen, kenne ich auch. Es wäre schön, wenn sie vor Angst hin- und herflattern würden. Der hat Macht!«
Petra ergänzte: »Mir würde die Einsamkeit gefallen. So majestätisch über allem kreisen. Aber dafür möchte ich den Kontakt mit den Singvögeln nicht aufgeben.«

Hierin zeigten sich deutlich archaische, kollektiv bestimmte Elemente.

Iris hatte bisher ihre Andersartigkeit weitgehend geleugnet. Sie vermittelte nach außen den Eindruck eines integrierten Menschen, zeigte sich verständnisvoll, vor allem sehr sanft. Durch dieses Bild wurde die Kompensation des Unbewußten deutlich: ein Raubvogel mit Machtanspruch, mit aggressiven Tendenzen, keinesfalls in der Lage, sich zu integrieren.

Hierin wurden gleichzeitig die Selbstheilungstendenzen beobachtet: einmal die Katharsis, die erfolgte, dann aber auch die Möglichkeit, Selbstbehauptung, Andersartigkeit usw. zu bejahen.
Die sprachliche Gestaltung hatte das Bild nach draußen projiziert und damit der Bearbeitung zugänglich gemacht. Die Vergegenständlichung der Bilder des Unbewußten ermöglichte den Umgang mit ihnen.

4.2.1.2. Der Spielleiter arbeitet mit Symbolen

Fromm (1981, 18) unterscheidet drei Arten von Symbolen: das konventionelle Symbol, das zufällige Symbol und das universale Symbol.
Zum konventionellen Symbol gehört die Sprache. Zwischen dem Wort und dem, was es symbolisiert, besteht kein Zusammenhang mehr. Wörter werden dadurch gelernt, daß sie immer wieder in Verbindung mit einem bestimmten Gegenstand angeboten werden, sie werden nicht gelernt, weil ein inhärenter Bezug zu diesen Gegenständen vorhanden wäre. Auch Bilder können konventionelle Symbole sein, wie z.B. die Flagge eines Landes, die ebenfalls nur selten einen inneren Zusammenhang zu dem, was sie symbolisiert, aufweist.
Auch beim zufälligen Symbol fehlt dieser Bezug. Hier handelt es sich um persönliche Zeichen, die einem bestimmten Individuum zu eigen sind oder auf die sich eine Gruppe

von Menschen durch Übereinkunft geeinigt hat. Mit diesen Symbolen werden innere Erlebnisse beschrieben, wie sie uns z.B. im Traum erscheinen. Zwischen dem universalen Symbol und dem, was es repräsentiert, besteht eine direkte Beziehung. Es geht auf Erfahrungen zurück, die allen Menschen eigen sind. Zwar gibt es unterschiedliche Bedeutungen, aber die sind wiederum in dem, was repräsentiert wird, selber begründet. Wasser z.B. kann lebensspendend, aber auch lebensbedrohend sein. Es ist also wichtig, die Erfahrung der Menschen zu kennen, die solche Symbole benutzen.

Da die Gruppen sich zunehmend gemeinsame Erfahrungen schaffen, wird der gemeinsame Symbolbereich größer und aufgrund der getroffenen Übereinkünfte zunehmend in gleicher Weise verstanden und ähnlich verwendet. Universale Symbole, die den archaischen Bildern entsprechen, werden nur insoweit herausgehoben, als es durch die Gruppe selber möglich ist oder aus bestimmten Anlässen notwendig wird.

Auch hier wird nicht interpretiert. Das einzelne Gruppenmitglied ist zunehmend in der Lage, mit seinen Symbolen umzugehen, immer von neuem werden Übereinkünfte geschaffen, die es ermöglichen, sich zu verständigen.

Bei einem wahrnehmungszentrierten Spiel erlebte ein 40jähriger Mann, der längere Zelt nicht seßhaft war, sich als Gitarre spielend. Er beschrieb das Gefühl der Entfremdung. Er sagte, er hätte den Eindruck, ein anderer spielte anstelle seiner. Aber das Gefühl kennte er auch außerhalb des Spiels. Es regte ihn immer sehr auf.

In dieser von ihrem Leiden her recht homogenen Gruppe Psychischkranker konnten dennoch nicht alle diese Symbolik begreifen. Da das Erlebnis des Ich-Verlustes und des Gespaltenseins nicht allen Menschen einfühlbar ist, mußte hier mit Unverständnis gerechnet werden. Der Spielleiter erkannte die Notwendigkeit, diesem kranken Mann das Gefühl des Verstehens zu vermitteln. Er erklärte nicht, interpretierte den Zustand oder das Symbol also nicht. Er stellte neben dieses unverstandene Symbol ein eigenes Bild, das eher einfühlbar erschien. Es fiel ihm ein Erlebnis aus seiner Kindheit ein, eine Situation, in der er seinem Bruder etwas weggenommen hatte. Anschließend überlegte er, ob er es wirklich gewesen wäre, der so etwas Gemeines getan hätte, oder ob es nicht ein anderer für ihn getan hätte.

Der Gruppenleiter wählte hier ein Erinnerungsbild, kein Symbol. Er versuchte, das Symbol des Gruppenmitgliedes hierdurch verstehbar zu machen.

Die Gruppenmitglieder erinnerten sich nun ähnlicher Entfremdungserlebnisse. Dies beruhigte den Mann, der das Symbol der Gitarre angeboten hatte, um seine Identitätsdiffusion zu beschreiben. Die Gruppe aber konnte dieses Symbol immer noch nicht verstehen. Obwohl der Spielleiter es letztlich praktiziert hatte (der unverstandene Gitarrespieler erlebte sein Spiel durch einen anderen übersetzt), wurde dies nicht aufgedeckt. Für die Gruppe ging es zunächst darum, den Inhalt zu begreifen, das Gefühl der Entfremdung, das in Krisensituationen von allen erfahren worden war.

Zur Symbolverwendung in einem anderen Beispiel:

Eine selbstmordgefährdete Frau brachte das Symbol eines verpuppten Schmetterlings, der erstarrt am Gebälk hängt, aber zunehmend die Frühjahrssonne spürt, die ihn belebt. Die Puppe weiß, daß sie bald gesprengt und zu einem Schmetterling verwandelt wird.

Die Frau war sehr glücklich über ihr Bild, ohne daß sie sich der Symbolik bewußt wurde.

Der Spielleiter interpretierte auch hier nicht. Es bestand kein Grund, einzelnen oder der Gruppe zu einer Erklärung zu verhelfen. Die Spielerin fühlte sich mit ihrer Schilderung wohl.

Deutlich sind hier auch die Selbstheilungstendenzen ausgedrückt, der erstarrte Schmetterling spürt die Frühlingssonne, die ihn belebt.

Es handelt sich bei dem verpuppten Schmetterling und der Sonne um ein archaisches Bild, um ein universales Symbol. Die Gruppe nimmt daran dadurch teil, daß sie das Wohlbehagen teilt, daß ihr das Bild gefällt. Das Bildsymbol mutet niemandem fremd an, ist vertraut.
Der Spielleiter selbst achtet aber sorgfältig auf die Symbolik. Er hat sich zu fragen, ob das Tempo der Veränderung dem Therapieerfolg bei dieser Frau entsprechend ist oder ob ihre Bilder durch bestimmte Spielangebote forciert werden.

4.2.1.3. Die Stärkung der problemlösenden Fähigkeiten

Den Bildern aus dem Unbewußten werden – wie den Träumen – integrationsfördernde, schöpferische Kräfte zugeschrieben. Die meisten dieser Bilder – wenigstens aber einzelne ihrer Elemente – haben »kompensatorischen Charakter zum jeweiligen Bewußtseinsinhalt«, so daß als Gegengewicht zum Chaos des Bewußtseins, wie etwa bei Identitätskrisen, wohlgeordnete Bilder auftreten können (*Jacobi*, 1969, 72). Darin zeigt sich eine latente Fähigkeit zur Selbstregulation, die im Sozialtherapeutischen Rollenspiel in besonderer Weise unterstützt wird.

In einem Einfühlungsspiel bekam Regina einen Schmetterling zugeordnet, der sehr zarte Flügel hatte, aber fröhlich von Blume zu Blume flog.
Regina, die nach einer Totgeburt in eine Krisensituation geraten war, äußerte sich: »Ja, der könnte mir gefallen, aber seine Flügel sind nicht nur zart, sie sind zerrissen, ja richtig zerfetzt.« – Nach einer kleinen Weile des Nachdenkens: »Aber er fliegt wirklich von Blume zu Blume, man kann diese Flügel kleben, man müßte nur den richtigen Saft hierfür finden.«
Regina hatte diese Äußerung völlig naiv gemacht, ohne sie auf die eigene Situation zu beziehen; auch die übrigen Gruppenmitglieder sind hierzu noch nicht in der Lage, da es erst das 3. Treffen ist.

Die zum Bild des Schmetterlings gemachten Äußerungen sind als Zeichen selbstregulierender Kräfte des Unbewußten zu werten.
Es gelingt zunächst nur in Bildern, Selbstheilung zu dokumentieren. Die äußere Situation bleibt ungeklärt und unsicher. Dennoch schaffen solche Symbole Gefühle des Wohlbefindens und führen allmählich in die Lage, als Zeichen eigener Kraft gewertet zu werden. Indem das Gruppenmitglied mit Fähigkeiten der Selbstheilung konfrontiert ist, werden verborgene Stärken wirksam, erfolgt die Auseinandersetzung mit dem Konflikt, der die Vermeidung der Selbstheilung bewirkt hat und diese Vermeidung zu seinem eigenen Bestehen notwendig macht.
In einer Zeit, die die eigene Hilflosigkeit überbetont, indem sie permanent das Heil außerhalb der Person anbietet und dieser eine konsumierende Funktion zuschreibt, wird es zunehmend wichtig, das Vertrauen in die eigene Person zu erlernen, an eigene Kräfte zu glauben, die geweckt werden können.

4.3. Der Traum von der Überwindung aller Widersprüche

Wenn Natur- und Geisteswissenschaften etwas Gemeinsames haben, dann sicherlich den Traum von der Überwindung der Schwerkraft, den beide mit unterschiedlichen Mitteln zu verwirklichen suchen: einmal mit der Flugkraft, einmal mit den »Schwingen des Geistes«; zum einen also die Nutzung der Materie, zum anderen die Mißachtung der Grenzen und damit auch der Sturz, wie sie in der Legende von Daidalos und Ikaros zum Ausdruck kommen. Dies Bedürfnis, die Gesetze der Schwerkraft durch den Geist zu überwinden, und der immerwährende Versuch, die Materie so zu gestalten, daß sie sich zum Fluge eignet, scheinen mit der menschlichen Sehnsucht nach dem Paradies zu tun zu haben. Durch ein Sich-Erheben in die Lüfte wäre die Trennung zwischen Himmel und Erde überwunden, eine Verbindung zwischen Hüben und Drüben geschaffen, die in engster Weise dem paradiesischen Zustand entspräche. Der Verlust des Paradieses bewirkte diesen Bruch und ließ die immerwährende Sehnsucht nach der Wiederherstellung dieses Zustandes des Glückes und der Einheit entstehen. Ekstatische Erlebnisse – gleichgültig mit welchen Mitteln sie erstrebt werden – wollen diese Verbindung ebenso wiederherstellen wie die narzißtische Verschmelzung.

Sehnsucht nach dem Paradies bedeutet den Traum von der Befreiung von Angst und Widerspruch, von Krankheit, Not und Tod. Gleichzeitig schließt sie aber auch die Teilhabe am Glück, das Einssein mit dem Kosmos, die Verbundenheit mit dem Göttlichen, den Besitz der Freiheit, die Aufhebung der Zeit und damit das Ende jeglicher Verlustmöglichkeit mit ein.

Auch Träume haben progressive und regressive Tendenzen. Wenn sich der Mensch nicht ins Unbekannte wagt, sich vor der Grenze zwischen Hüben und Drüben fürchtet, sucht er das Verlorene auf der Erde: das goldene Zeitalter, die heile Welt, die es einmal gegeben haben soll. Die Nostalgie wird zum Ersatz für das Paradies (*Jacoby*, 1980, 16). Die Sehnsucht nach der Ferne wird durch Heimweh ersetzt, durch Rückzug auf das, was war. – Es ist interessant zu beobachten, daß die Nostalgie zu blühen begann, als der Begriff »heile Welt« bewußt verbannt worden war. Dem einen wird sich mit Bewunderung zugewandt, dem anderen begegnet man mit Spott. – Auch die Paradiessehnsucht, die den Träumer ins Unbekannte treibt, ist Folge eines Verlustes. Während Nostalgie aber diesen Verlust im Irdischen ausgleicht, verbindet sich die Paradiessehnsucht mit dem Überirdischen, sucht sie auch den Umgang mit dem Göttlichen.

Das Sozialtherapeutische Rollenspiel bezieht diese Sehnsucht des Menschen mit ein, wenn es Phantasiebilder anbietet. Vor allem die Fähigkeit zu fliegen wird im Spiel vollzogen, wenngleich damit die Rückkehr zur Erde verbunden ist. Der Bezug zur Realität bleibt also immer gewahrt. Das »Verbleiben im All« hätte den Verlust der Identität zur Folge und deren Verwirrung. Dann würde der Traum zum Wahn.

Das Unbewußte als Kompensation zu bewußten Inhalten tritt in der Phantasie zutage. Der Flug, der Tagtraum, ist eine legitime Form, um unüberwindliche Probleme zu bewältigen. Häftlinge in Konzentrationslagern und Kriegsgefangene haben mit Tagträumen ihr unmenschliches Schicksal zu ertragen versucht. Es ist die letzte Form des Überwechselns in eine andere »Sinnprovinz«, die nur in einer Realität, die sich von ihrer Härte her unabänderlich zeigt, Berechtigung hat.

Im Sozialtherapeutischen Rollenspiel dienen die Phantasiebilder der Flucht auf Zeit. Der Traum ist hier kontrollierbar, die Inhalte erfahren Gestaltung und werden dadurch der Bearbeitung zugänglich. Der Spielleiter wird sehr sorgfältig abzuwägen haben, wann und bei welchen Klienten er solche Spiele anbietet. Er wird auch überprüfen, inwieweit die Realität innerhalb des Auswertungsgespräches wieder wirksam wird. Die Realitätskontrolle scheint in der Spielform selbst immer wieder auf, ist sozusagen »eingebaut«, muß aber vom Spielleiter überprüft werden.

In einem Zimmer einer orthopädischen Klinik lagen seit Monaten 5 Frauen unterschiedlichen Alters in Gips. Sie konnten sich ohne Hilfe der Krankenschwester nicht bewegen, vor allem konnten sie ihr Bett nie verlassen. Sie waren mißmutig, glaubten, für sie werde kein Lichtblick mehr kommen.
Nur eine von ihnen war etwas positiver gestimmt und machte den Versuch, immer wieder darauf hinzuweisen, daß es da draußen schön war. Durch ihre Vermittlung kam es zu einem Phantasiebild: Alle bliesen sich eine Seifenblase, die davonflog. Sie konnten sie begleiten. Die Frauen schilderten den Weg ihrer Seifenblase in sehr farbigen Bildern, den Weg durch Gärten, über blühende Wiesen, über Wälder und Dörfer. Sie phantasierten z.B., sie wären in ihr eigenes Haus heimgekehrt, auf einer Insel in der Sonne gelandet, säßen hoch auf einem blühenden Baum.
Die Spielleitung aber hatte zu bewirken gehabt, daß die Realität wieder zum Zuge kam, daß sie am Schluß alle wieder wußten, daß sie in ihren Betten lagen. Ihre Seifenblase war irgendwo; meist zerplatzt. Nun wurde über das Spiel und ihre Situation gesprochen. Das Auswertungsgespräch zeigte, daß die Frauen sich während des Spiels glücklich gefühlt hatten. Eine weinte, weil es so schön gewesen war. Die Kranken zeigten Angst, daß sie nie wieder am vollen Leben teilhaben könnten. Es wurde sorgfältig herausgearbeitet, daß auch ein reduziertes Leben Freuden zu vermitteln hat. Die Frauen fürchteten, nie wieder reisen zu können. Es wurden Möglichkeiten überlegt und auch praktikable Vorschläge ausgetauscht, wie man als Behinderter reisen könnte.
Für fast alle Frauen war das Spiel hilfreich, es hatte sie positiv gestimmt. Eine nur sagte, daß sie das Im-Bett-liegen-Müssen jetzt noch schlimmer empfände. Die Frau, durch deren Vermittlung das Phantasiebild zustande gekommen war, schlug vor, daß sie recht bald wieder »fliegen« sollten. Sie könnten nur auf diese Weise ihr Krankenzimmer verlassen und Erlebnisse machen, über die sie reden könnten. Über alles, was sie bisher erlebt hatten, hätten sie ja schon gesprochen. Aber bei diesem Spiel ergäbe sich immer wieder etwas Neues. Sie wollte jetzt gerne einmal übers Meer fliegen.

Innerhalb des Sozialtherapeutischen Rollenspiels lassen auch Erlebnisspiele zur Sinnfindung heilende Kräfte wirksam werden, indem sie Verbundenheit von Mensch und Kosmos hervortreten lassen.

4.4. Der Spielleiter arbeitet stützend, nicht aufdeckend

Der innere Verarbeitungsprozeß kann durch Deutungen von außen unterbrochen und gestört werden. Sozialarbeiter sind oftmals mit Klienten konfrontiert, denen introspektives Vorgehen fremd ist oder die nach abgebrochenen Analysen versuchen, alle Vorkommnisse in die ihnen gefällige Weise zu drängen und danach zu interpretieren. Auch kriminalisierte Jugendliche haben gelernt, ihren Werdegang wirkungsvoll darzustellen, die traumatischen, aber nicht verarbeiteten Erlebnisse ihrer Kindheit anzubieten. Deshalb ist es wichtig, daß der Spielleiter Bilder und Erlebnisse nicht aufdeckt, daß er vielmehr an die lösende Fähigkeit dieser Beiträge im Sinne einer Katharsis glaubt und die gesunden Anteile des Patienten stützt. Dies kann auf unterschiedliche Weise geschehen:

- Der Spielleiter akzeptiert die Schwäche des Klienten. Dies geschieht vor allem, wenn der Klient unsicher wird und Angst zu erkennen gibt, vielleicht seinen Bericht unterbricht und sagt, daß er nun nicht mehr weitererzählen möchte. Dieses Akzeptieren wird oft damit ausgedrückt, daß der Spielleiter sagt, daß er das verstehe, zu einem späteren Zeitpunkt des Spiels aber rückfragt, ob das Gruppenmitglied mittlerweile das Bedürfnis habe, weiterzuerzählen. Ein Teil der Klienten ist meist dazu in der Lage, da sie die Beiträge der anderen und die Reaktionen darauf kennen.
- Der Spielleiter kann aber auch ein Bündnis mit dem Klienten eingehen. Er setzt ein Bedürfnis des Klienten in der Gruppe durch, stellvertretend für diesen.

Alfred, ein sehr zarter junger Mann von geringem Durchsetzungsvermögen, spielte im gruppenzentrierten Phantasiespiel einen Brunnen. Er wagte es zum ersten Mal, gegen das stärkste Gruppenmitglied vorzugehen, in dem er Wasser auf dieses, das die Rolle eines Hahnes gewählt hatte, spritzte. Der Hahn war hierüber empört und wollte die Gruppe mobilisieren, dem Brunnen das Wasser abzudrehen. Nun ging der Spielleiter wortlos ein Bündnis mit dem Brunnen ein, indem er als Katze seine Pfote auf das Wasserrohr legte, um damit den Hahn erneut zu bespritzen. Nun lachte der Hahn über diesen Scherz. Alfred, der Brunnen, freute sich über seine Wirkung und lachte mit.

Eine besondere Bündnissituation schafft die Identifikation mit einem Gruppenmitglied.

Elisabeth erzählte in einem Erlebnisspiel, wie sie in einem Kaufhaus einen Pullover unter ihren Mantel geschoben und sich darüber gefreut hätte, dies geschafft zu haben. Die Gruppe war darüber empört, sagte, daß sie ihr solche Diebereien nie zugetraut hätte.
Das Sozialtherapeutische Rollenspiel erlaubt keine Verurteilungen. Der Spielleiter identifizierte sich nun mit dem erschrockenen Gruppenmitglied und sagte, daß er das Gefühl, unbedingt etwas mitnehmen zu wollen, kenne. Auch das Gefühl, seinen Mut beweisen zu müssen, wäre ihm nicht fremd. Darauf erzählten nun viele andere Gruppenmitglieder ähnliche Versuchungssituationen, so daß das Gruppenmitglied Elisabeth anfing, sich entlastet zu fühlen, zumal das berichtete Ereignis bereits Jahre zurücklag.

Nicht immer kann sich der Spielleiter mit einer Schwäche des Gruppenmitgliedes identifizieren. Mitunter wird es notwendig, sich mit den gesunden Anteilen zu identifizieren, wenn Negatives berichtet wird.

Paul berichtete von einem Autodiebstahl und schmückte die Situation aus. Der Spielleiter bemerkte, wie die übrigen Jugendlichen bewundernd zu ihm aufschauten. Sie alle hatten ähnliche Delikte begangen.
Nun identifizierte er sich ebenfalls mit der Versuchungssituation, berichtete von einem Fahrrad, das da nicht abgesperrt stände und ihm gute Dienste leisten könnte, weil er einen weiten Weg vor sich hätte. Er fing aber an zu überlegen, wie es für ihn selber wäre, wenn andere sein Eigentum mißachteten. Darin stimmte ihm die Gruppe zu: niemand wollte gern, daß ihm Dinge weggenommen oder beschädigt würden. Dies war ein Ansatz, um später weiterzuarbeiten

Sofern der Spielleiter selbst keine entsprechenden Erlebnisse aufzeigen kann, um zu helfen, kann er mit seiner Einfühlung sein Verständnis ausdrücken, z.B.: »Ich kann mir gut vorstellen, daß man da verzweifelt ist« oder »Ich glaube, da wäre es mir ganz ähnlich ergangen« oder »Ich kenne auch Situationen, in denen ich mich hilflos fühle« usw. Unter derartiger Anleitung wird die Gruppe sehr bald in der Lage sein, stützend einzugreifen, wenn schwierige Situationen entstehen. Bündnisse erfahren also eine Intensivierung durch das Teilen der Erlebnisse (dies entspricht etwa dem »Sharing« im Psychodrama) und das Teilen der Gefühle. Ein Bündnis kann auch non-verbal erfolgen: durch Zusammenrücken, durch gemeinsames Lachen, gemeinsames Weinen, durch Handauflegen usw., d.h. durch bestimmte »Ritualisierungen«.
Stützendes Verhalten ist auch während der Erprobung von Handlungsstrategien bedeutsam im Sinne von positiver Verstärkung.

- Die gesunden Anteile eines Klienten werden in der Auswertung seines Modells positiv verstärkt.
- Das negative Modell kann zum Stützen verwendet werden, im Sinne von »So schlimm ist es nicht, wir finden schon einen Ausweg«.
- Die Identifikation mit Gleichen wirkt stützend. Die meisten Probleme sind nicht Probleme einzelner, sie werden nur durch den einzelnen formuliert. Jeder der Gruppe kennt diese Schwierigkeiten und leidet darunter. Durch Aufzeigen dieser Gemeinsamkeit wird der Problematik der Schrecken der Einmaligkeit genommen.
- Das Prozeßhafte der Veränderung wird ebenfalls als Bündnis mit der Gruppe erlebt. Die optimale Handlung hat sich allmählich entwickelt. Keiner allein hat die Lösung gefunden, sie hat sich langsam aufgebaut, und alle haben dazu beigetragen. Auch negative Modelle waren hilfreich.

Stützen im Gegensatz zum Aufdecken bedeutet auch Verzicht auf Interpretationen. Der Spielleiter hört sich die Kindheitserlebnisse an, verzichtet aber darauf, dem Klienten seine Persönlichkeitsstruktur zu erläutern. Er erreicht so eine Versöhnung mit der Vergangenheit, eine allmähliche Umstrukturierung der Wahrnehmung des Klienten: Es gab auch positive Erlebnisse. Er stützt die Veränderungsmöglichkeiten der Gegenwart und benutzt hierfür häufig günstige Ansätze aus der Geschichte des Klienten.
Stützen steht auch im Gegensatz zu »Im-Stich-gelassen-Werden«. Der Leiter ist – wie in der sozialen Gruppenarbeit – als Befähiger, als Helfer zur Selbsthilfe zu sehen. Er unterstützt die Gruppe aktiv, wenn dies nötig ist. Er achtet z.B. darauf, ob langes Schweigen hilfreich ist oder Hilflosigkeit vergrößert, und unterbricht es nötigenfalls. Er strukturiert Fragen und Probleme durch seinen eigenen Beitrag weiter; er bereichert die Beiträge durch seine eigenen Identifikationen. Dabei dosiert er seine Aktivität vorsichtig und ist bemüht, nicht eigene Impulse anstelle der der Gruppe zu setzen.
Im Rahmen der Psychotherapie wird unter stützendem Verfahren die Therapie verstanden, bei der die stützende Haltung des Therapeuten bzw. eine Ich-Stützung im Vordergrund steht (*Langen*, 1969, 96). Unsere Auffassung von »Stützen« im Sozialtherapeutischen Rollenspiel deckt sich hiermit, erweitert diese Definition aber insofern, als die einzelnen Gruppenmitglieder und die gesamte Gruppe stützende Bündnisse schließen können.

4.5. Die Darbietung von Bildern und Symbolen erfolgt beschreibend

Da nicht mit Interpretationen gearbeitet wird, kommt der Darstellung von Bildern und Symbolen eine zentrale Bedeutung zu. Sie geschieht in beschreibender Form. Das Gruppenmitglied schildert das Bild, das es fand, die Situation, die zustande kam, und die Gefühle, die es bewegten. Der Spielleiter achtet darauf, daß immer das Bild dargestellt wird und nicht das Gruppenmitglied sich selbst oder einen Anwesenden anstelle des Bildes meint. Der Umgang mit Imaginationen macht eine klare Beschreibung notwendig, die durch Fragen der Gruppenmitglieder immer differenzierter und eindeutiger wird. Dieser Vorgang bewirkt eine Zunahme von Informationen unterschiedlichster Art und eine Differenzierung der Sprache.

Beschrieben wird sowohl auf der Objektstufe wie auch auf der Subjektstufe. Es werden all die Elemente geschildert, die das Objekt ausmachen, und alle diejenigen, die der eigenen Erfahrung mit ihm entstammen. Darüber hinaus beschreibt das Gruppenmitglied nicht nur Attribute, die dem Bild eigen sind, sondern auch solche, die das Bild seiner Meinung nach – aufgrund von Informationsmängeln oder aufgrund von Phantasietätigkeit – hat. Es wird also die subjektive Sicht dieses Objektes dargelegt.

In der Regel versucht die Gruppe, Korrekturen anzubringen, wenn es sich um grobe Veränderungen bekannter Objekte handelt. Da die Dinge aber ihre Bedeutung oft durch den Umgang mit ihnen bekommen, können subjektive Beschreibungen Aussagen sein, die nicht korrigierbar werden. Es bedarf dann einer Übereinkunft mit der Gruppe, um weiterhin über den veränderten Gegenstand verständlich zu sprechen.

Gertrud fand für sich das Bild des Steinbocks und beschrieb ihn inmitten der Berge. Er wurde angegriffen, ging drohend auf seinen Feind los, konnte diesen aber nicht ernstlich verletzen, weil er, der Steinbock, ja gerundete Hörner hätte.

Hier erkundigte sich die Gruppe, ob es sich um einen Steinbock oder um einen Widder handelte. Das Gruppenmitglied bestand darauf, daß es sich nicht um einen Widder handeln könnte.

Der Spielleiter sorgte jetzt dafür, daß eine Übereinkunft getroffen wurde. Gertrud meinte einen Steinbock, für den alle Attribute galten, die ein Steinbock hat, dem aber rundgebogene Hörner gegeben waren.

Bei allen Identifikationen spielten diese Hörner in ihrer Eigenart eine Rolle. Sie wurden als gegeben hingenommen. Aufgrund der getroffenen Übereinkunft konnte auch ohne Mißverständnis über den Steinbock von Gertrud geredet werden, und ebenso über den Steinbock, den sich Willi gewählt hatte. Dieser hatte spitze Stangen. Die Gruppe schied zwischen beiden und stellte in Rechnung, daß sich beide unterschiedlich verhielten.

Keinesfalls ein Informationsmangel veranlaßte diese Beschreibung des Gehörns, vielmehr handelte es sich um eine symbolische Darstellung. Gertrud brachte hierin ihre eigene Form, aggressiv zu handeln, zum Ausdruck. Auch sie vermochte nur zu drohen, aber nicht anzugreifen. Sie wurde dennoch als stark erlebt. – Dies fand sie später selbst als Erklärung für ihre Wahl.

Dieses Beispiel macht deutlich, daß Objekte nur so beschrieben werden können, wie sie uns erscheinen, nicht wie sie sind.
In dem Maße, in dem das gewählte Bild vom Gruppenmitglied mit der Realität verglichen werden kann, konfrontiert es die Person mit ihren eigenen Anteilen, und sie kann daran arbeiten, sich zu verändern. Wenn sie dies nicht möchte, kann sie sich mit den Konsequenzen auseinandersetzen, die sie sich dadurch einhandeln müßte.
Im Sozialtherapeutischen Rollenspiel wird auch erfahren, daß Bilder unterschiedliche Erlebnisqualität besitzen. Einem Gruppenmitglied macht Angst, was ein anderes kaum berührt. Damit wird die Subjektivität der Betrachtung zunehmend bewußt, und es wird gelernt, die Vielfalt der Aspekte einer Sache zu betrachten. Diese Vorgehensweise stützt die Selbstheilungstendenzen der Klienten. Bei verschiedenen Spielen wird die Frage nach ähnlichem Verhalten in der Realität direkt gestellt. Auch hierbei kann nicht interpretiert werden.

Tanja, ein Gruppenmitglied, das starke hysterische Züge zeigte und über mehr musische Fähigkeit verfügte als die zur Gruppe gehörenden Praktiker, wurde von den Gruppenmitgliedern als beängstigend erlebt. In einem gruppenzentrierten Spiel, in dem die Gruppenmitglieder Tiere darstellten, entschied sich Tanja, ein Biber zu sein. Dieser staute den Bach und verursachte so Überschwemmungen, die die übrigen Tiere bedrohten. Schließlich begann der Biber die Bäume zu fällen, auf denen ein Teil der anderen Tiere lebte. Dies führte nun zu lautem Protest der Tierwelt: »Du machst uns Angst. Du bist so viel stärker als wir. Du zerstörst unsere Wohnungen.« Dies waren die Vorwürfe, die den Biber trafen. Zunächst bestritt er dies alles, konnte sich den Beweisen aber nicht entziehen.
Nun definierte Tanja sich neu. Der Biber wurde kleiner, verzichtete darauf, mitten unter den anderen zu sein, nicht aber darauf, seine Gänge weit in deren Bereich zu treiben. Nun weigerten sich die übrigen Tiere, weiterhin mit ihm zusammen zu sein. Sie stellten Wachen auf, um jede Tätigkeit sofort beobachten zu können. Der Biber war enttäuscht, daß die Waldtiere seine Eigenart nicht akzeptieren konnten.

Es wird deutlich, wie unterschiedlich der Biber gewertet wurde. Er selbst bezeichnete sich als harmlos, die übrigen erlebten ihn als bedrohlich. Selbst als er nur noch Gänge grub, aber keine Bäume mehr fällte oder Überschwemmungen verursachte, wurde er gefürchtet. Nicht, daß er aggressiv war, machte ihn gefährlich, vielmehr, daß er es hätte sein können. Tanja wollte durch die Wahl des Bibers als ihre Rolle sowohl anders sein als die anderen wie auch zu ihnen gehören, dadurch kam es zum Konflikt.

Bei der Auswertung wurde das Bild beschrieben, der Biber also und sein Tun. Als ein Gruppenmitglied sagte: »Als sich Tanja so aufführte...«, korrigierte die Spielleiterin: »Der Biber war das.« Es ging hier nicht um die Person als Ganzes, vielmehr um einen Aspekt ihres Selbstes. Auch dem Biber würde es nicht gestattet werden, sich als Außenseiter der Gruppe zu bezeichnen. Er beschrieb vielmehr die Situation: »Die haben mich nicht gewollt, sogar Wachen haben sie aufgestellt!« Die Gruppe reagierte darauf ebenfalls »im Bilde bleibend«: »Wenn du unsere Bäume zerstörst, kannst du nicht beliebt sein.«

Es gelang dem »Biber« in diesem Spiel nicht, die elitären Anteile seines Bildes zu erkennen, die ihn von der Gruppe distanzierten. Es war ihm auch nicht möglich, die Konsequenzen seines Anspruches, die Distanz, zu ertragen. Er wollte weiterhin sowohl Nähe als auch Andersartigkeit.

Erst bei einem späteren Spiel hatte Tanja Gelegenheit, einen anderen, nicht so ängstigenden Teil ihres Selbstes ins Spiel zu bringen. Sie war Katze unter anderen Katzen, wenn auch eine königliche. Diese Rolle erlaubte es ihr, in der Gruppe zu bleiben, ohne ausgesondert zu werden. Sie wurde gelegentlich sogar bewundert.
Diese Reaktion der Gruppe wirkte als positive Verstärkung. Tanja konnte anschließend auch erstmals Bezüge zur Realität herstellen: »Ich möchte nicht sein wie alle, aber ich möchte auch nicht allein sein müssen.«

4.6. Auswahl der Spiele, dargestellt an einem Beispiel

Die Auswahl der Spiele und die Stützung durch den Leiter werden in den Protokollen über den Verlauf von 8 Sitzungen einer Selbsterfahrungsgruppe verdeutlicht.
Es nahmen daran 10 Frauen teil, Kinder-, Familienpflegerinnen und Krankenschwestern, die entweder persönliche Schwierigkeiten hatten oder unter erschwerten Bedingungen arbeiteten. Die Gruppenmitglieder kannten sich nicht. Als Methode wurde das Sozialtherapeutische Rollenspiel benutzt.
Überlegungen zum ersten Treffen:

- Die Gruppe sollte sich kennenlernen.
- Ängste, die mit dem ungewohnten Raum und der Methode, mit den fremden Gruppenmitgliedern und dem Leiter zu erwarten waren, sollten gemindert werden.
- Probleme sollten eher in der ersten Hälfte der Treffen angesprochen werden, um ausreichend Zeit zur Bearbeitung zu haben.
- Da es sich um eine Selbsterfahrungs- und keine therapeutische Gruppe handelte, sollten Hilfsangebote sorgfältig überlegt werden.

1. Sitzung:
Es wurde ein Erlebnisspiel zum Kennenlernen angeboten, »die Namenszettel«, das sich mehr mit Erinnerungen an andere Personen und deren Namen beschäftigt als mit der eigenen Person.
Dieses Spiel berücksichtigt, daß wir häufig Erfahrungen, die wir mit anderen Personen gemacht haben, auf fremde Menschen übertragen. So wurden Erlebnisse ausgetauscht, die die Gruppenmitglieder mit Menschen hatten, die den gleichen Vor- oder Familiennamen führten wie Teilnehmer. Wenn dies ausgetauscht war, nahm das betroffene Gruppenmitglied seinen Namenszettel heraus und sagte, wie es dazu steht. Auf einem Blatt stand »Terry«. Hierzu wurden überwiegend zum Nachnamen Erlebnisse gefunden und Terry erklärte, daß der Name schön sei, daß er einen Neuanfang bedeute und daß Eltern eigentlich nicht berechtigt seien, ihren Kindern Namen auszusuchen.
Beim Auswertungsgespräch fragten verschiedene Gruppenmitglieder zurück, weshalb ein Mann in der Gruppe sei und auf der Namensliste Theresa stehe. Terry (in engen Lederhosen und einer Lederjacke, mit Herrenschnitt und sportlichem Äußeren) meinte, daß sie mit ihrem Namen gebrochen habe, auch wenn sie sich wieder zu mehr Weiblichkeit bekenne. – Es wurde viel gelacht.

Überlegungen zum zweiten Treffen:

- Die Gruppe war sich vertrauter geworden.
- Da mehrere mit ihrem Namen unzufrieden waren, war eine Identifikation mit Gleichen möglich.
- Ängste waren weitgehend abgebaut.
- Nähe wurde gesucht.
- Damit diese Nähe geschaffen und gleichzeitig durch die Arbeit an Ausschnitten aus der persönlichen Biographie der Teilnehmer die Entstehung einer vertrauten Atmosphäre unterstützt wird, sollte ein Erlebnisspiel angeboten werden, das in die Kindheit zurückführt, ohne daß eine problematische Situation direkt angesprochen wird: die Spielzeugkiste. Hierbei konnten sowohl Erlebnisse aus der eigenen Kindheit reproduziert werden wie auch die Möglichkeit bestand, auf Spielzeugkisten der »Schützlinge« oder eigener Kinder auszuweichen, wenn dieser Schutz nötig wurde.

2. Sitzung:
Terry (sie wünschte so angesprochen zu werden), wurde sehr unruhig, fand einen Ball mit wunderschönen Farben, aber zwecklos, weil er die Luft nicht hielt. Im Auswertungsgespräch sagte sie, daß sie in einer sehr schwierigen familiären Situation aufgewachsen sei. Man habe ihr alles kaputt gemacht, sie sei erst ein Mensch geworden als sie von zu Hause fort sei, da war sie 13 Jahre alt. Einige ihrer Äußerungen waren verworren, sie wollte sie auch nicht klären. Es wurde der Eindruck vermittelt, als sei sie geschlagen oder sexuell mißbraucht worden.
Terry und noch zwei andere Gruppenmitglieder waren sehr rasch auf Erlebnisse gestoßen, die sie traumatisiert hatten, die aber gleichzeitig dem Bewußtsein noch nicht restlos zur Verfügung standen. In einer solchen Situation ist die Versuchung groß, an diesen Problemen zu bleiben und weiter in das Unbewußte vorzudringen. Im Auswertungsgespräch kamen Geschwisterrivalitäten, Unverständnis der Eltern und Probleme mit Spielkameraden und -kameradinnen zur Sprache. Es wurden die Probleme angesprochen, die den Gruppenmitgliedern bewußt geworden waren.
Überlegungen zum dritten Treffen:

- Aufgrund der im zweiten Treffen hervorgetretenen Problematik, die noch nicht bearbeitet werden konnte, war es nicht sinnvoll, zusätzlichen Konfliktstoff zu wecken.
- Es sollte ausreichend Stabilität erhalten bleiben, die den Gruppenmitgliedern die Teilhabe an ihren familiären und beruflichen Verpflichtungen weiterhin möglich macht.
- Der Konfliktstoff sollte deshalb bei der folgenden Sitzung stärker verschlüsselt bleiben, damit nicht weitere unverarbeitete Probleme anderer Teilnehmer mit ihrer Dynamik die Gruppe überschwemmten und sie arbeitsunfähig, hilflos machten.
- Es bot sich an, mehr auf der Handlungsebene, weniger auf der Erlebnisebene zu arbeiten und

- weniger individuumsbezogen, stärker gruppenbezogen vorzugehen, weil durch gemeinsame Erfahrung gleichzeitig mehr Stützen der Teilnehmer selbst gewährleistet wird.
- Aus diesen Gründen kam die Leiterin zu dem Entschluß, ein gruppenzentriertes Phantasiespiel anzubieten.

3. Sitzung:
Die Gruppe hatte sich auf das Thema »Jahrmarkt« geeinigt. Die Gruppenmitglieder suchten sich eine Rolle, sie sollten kein Mensch sein. Rosemarie, eine sehr lebhafte Kinderpflegerin, war ein großer roter Luftballon, zunächst an einem Brunnen festgebunden, aber dann frei. Terry war ein schwerer Koffer, der von einem Händler abgestellt worden war. Schließlich meinte Rosemarie, der Koffer könne sich doch an den Luftballon hängen und sehen, wie schön es ist zu fliegen. Nach einigen Überredungsversuchen unterschiedlich Beteiligter, entschloß sich der Koffer zu diesem Versuch und flog mit dem Ballon höher und höher (dies wurde durch Stühle und Tische, auf die man kletterte, zum Ausdruck gebracht).
Beim Auswertungsgespräch machte Terry deutlich, wie glücklich sie bei diesem Flug war. Nicht nur das Schweben, auch die Tatsache, daß sie sich an den Ballon hängen durfte, sei wunderschön gewesen. Auch die übrigen Gruppenmitglieder waren sehr entspannt, vor allem, wenn sie den Mut gefunden hatten, sich in einer statischen Rolle zu bewegen. Terry unterbrach mehrmals die Erzählungen der anderen, um erneut auf ihr Glück aufmerksam zu machen. Die Teilnehmerinnen freuten sich darüber, daß sie von sich aus Hilfen anbieten konnten.
Überlegungen zum vierten Treffen:

- Die Erfahrungen gegenseitiger Hilfe schien die Gruppenmitglieder sicherer gemacht zu haben. Die Situation hatte sich entspannt,
- durch das gemeinsame Spiel war ein starker Gruppenzusammenhalt entstanden,
- die Gruppenmitglieder hatten erlebt, daß sie Fähigkeiten haben, die ihnen kaum bewußt waren,
- sie hatten erlebt, daß Regression heilsam sein kann.
- Die Gruppenleiterin entschloß sich, wieder auf die latenten Probleme der ersten Sitzung zurückzukommen. In einem Erlebnisspiel zum Thema »Familie« sollten entsprechende Erfahrungen geäußert werden können.

4. Sitzung:
Die Gruppe zeigte sich fröhlich, alle hatten Kontakte, auch Terry. Es wurde ein Erlebnisspiel mit Familienthematik angeboten, ein Foto aus dem Familienalbum, das bei einem Streit aufgenommen sein könnte. Bei der Schilderung ihrer Erlebnisse waren viele Gruppenmitglieder stark betroffen. Kinderängste wurden geschildert und eigene Konflikte mit Eltern und Geschwistern. Terry gab ihren Beitrag als letzte. Sie war blaß als sie erzählte, daß sie einen Streit mit ihrem Mann gehabt habe, weil er vorgab, müde zu sein, als sie ihn bat, ihr mit dem Auto etwas zu besorgen. Erst auf Nachfrage sagte sie, daß ihr Mann hierbei tödlich verunglückt sei. Ihre damals 5jährige Tochter habe ihr

vorgeworfen, daß sie Schuld am Tode des Vaters habe. Hier wurde nun ein sehr differenziertes Auswertungsgespräch nötig.
Die Gruppe vermittelte Terry,

- daß es ein Unglücksfall war, den man nicht vorhersehen konnte,
- daß jede der Anwesenden schon einmal Wünsche des Partners überhört hätte, lediglich das Drama blieb aus,
- daß Kinder mit zunehmendem Alter die Realitäten stärker einschätzen lernten.

Offen blieb die Beziehungsproblematik. Das Ehepaar hatte sich im Streit getrennt, eine Versöhnung konnte nicht mehr erfolgen. Beiträge der Gruppenleiterin:

- Es besteht die Möglichkeit, sich vorzustellen, daß auch Menschen, die tot sind, noch Reifungsmöglichkeiten bekommen. Damit können auch nach dem Tode Verletzungen vergeben und Beziehungen geheilt werden.
- Wer an ein Weiterleben glaubt, kann sich auch vorstellen, daß zwischen Menschen, die sich einmal geliebt haben, Beziehungen nie ganz abreißen können und man sich des Verständnisses des anderen sicher sein darf,
- daß häufig Verletzungen gegenseitig sind, daß man die eigene Einstellung zu Schwächen des Verstorbenen überprüfen kann und damit eine gegenseitige Entschuldigung möglich wird.

Terry war zunehmend ruhiger geworden. Sie sagte, daß dieses Problem sie immer wieder beschäftige, aber sie lasse es ungern zu. Auch die übrigen Teilnehmerinnen hatten entdeckt, daß ihre Trauerarbeit den verschiedensten Familienmitgliedern gegenüber noch nicht abgeschlossen war.
Überlegungen zum fünften Treffen:

- Die Schilderungen Terrys im vierten Treffen hatten in den Gruppenmitgliedern viele eigene Erlebnisse angestoßen. In Bezug auf die zeitliche Begrenzung der Zusammenkunft und auf die Arbeitsfähigkeit der Gruppe sollten deshalb nach Möglichkeit keine zusätzlichen Probleme aktualisiert werden.
- Die einzelnen Gruppenmitglieder hatten gezeigt, daß sie schon gut mit eigenen und fremden Problemen umgehen können.
- Den Problemsituationen sollten Erlebnisse gegenübergestellt werden.
- Den Problemsituationen sollten in einem entspannenden Spiel Erfahrungen gegenübergestellt werden.
- Den Problemsituationen sollten »entspannende« Erlebnisse in einem Spiel gegenübergestellt werden, das auch das Durchbrechen verborgener Probleme zuläßt. Dies ist möglich in einem Phantasiebild, bei dem die Teilnehmer den Grad des Realitätsbezuges oder der Lenkung durch Phantasie selbst bestimmen können.

5. Sitzung:
Es wurde ein Phantasiebild vorgeschlagen, eine Ballonfahrt, die jedes einzelne Gruppenmitglied machen konnte.

Terry erklärte, sie habe keinen Ballon finden können, sie sei noch nie in ihrem Leben geflogen, auch nicht in einem Spiel.
Hier erinnerten sich die anderen an den Jahrmarkt, wo sie als Koffer flog. Sie lächelte und meinte, daß sie dies vergessen habe. Sie fand dann einen Ballon, mit dem sie spazieren ging, der sie aber nicht hochheben konnte. An den Schilderungen der Flüge der anderen nahm sie aber regen Anteil.
Das Spiel hatte die Gruppe in Urlaubsstimmung versetzt und das »Wir-Gefühl« verstärkt. Für Terry wurde die Spannung zwischen Gebunden-Sein und Sich-lösen-Wollen in einer ertragbaren Weise deutlich.
Überlegungen zum sechsten Treffen:

- Entsprechend der Intentionen des Seminares wollte die Leiterin ausloten, welche Probleme über die persönliche Geschichte hinaus aus anderen Lebensbereichen, besonders der beruflichen Sphäre, für die Teilnehmerinnen von Bedeutung waren. Bei aktuellen Schwierigkeiten sollten nach Möglichkeit Lösungsansätze erarbeitet werden.
- Die Gruppenleiterin wollte aktuelle Probleme zentral stellen, die aus dem beruflichen Bereich stammten.
- Dadurch sollte nochmals eine Distanzierung von den persönlichen Problemen möglich werden,
- Hilfen angeboten werden, zur Bewältigung von beruflichen Alltagskonflikten,
- auf eigene Schwierigkeiten im Umgang mit Kindern und Jugendlichen aufmerksam gemacht werden,
- eigene Stärken erlebt und erfahren werden.
- Die Gruppenleiterin entschloß sich, über ein gemeinsames Gespräch an die berufliche Situation der Teilnehmerinnen heranzukommen und ggf. exemplarisch mit Hilfe problemzentrierter Spiele Bewältigungsmöglichkeiten zu erarbeiten.

6. Sitzung:
Die Gruppenmitglieder schilderten konfliktreiche Situationen aus ihrem beruflichen Alltag. Ausgewählt wurden die Konflikte in einer Jugendgruppe, die sich durch einen Neuen in dieser Gruppe ergaben. Mit diesem Problem konnte sich ein Großteil der Mitglieder unserer Selbsterfahrungsgruppe identifizieren. Da die Probleme von Terry und einigen anderen Teilnehmerinnen bislang sehr große Beachtung erfahren hatten, legte die Leiterin Wert auf eine neue Gewichtung.
Es wurde ein Situationsspiel angeboten, das die Konflikte mit dem neuen Mitglied und die Reaktionen der Erzieherin zeigen und eine Analyse der Situation ermöglichen sollte. Die Teilnehmerin, die das Problem eingebracht hatte, spielte ihre eigene Rolle und war damit einverstanden, daß Terry einen der Jugendlichen spielte, die sich der Integration des Neuen widersetzten. Terry spielte diese Rolle überzeugend, war aufsässig und legte der Gruppenleitung jede nur mögliche Schwierigkeit in den Weg. Damit traf sie die reale Situation sehr gut.
Sie erklärte, wie wohl es ihr getan habe, einmal so zu sein, wie Jugendliche und einmal selber das zu tun, was sonst ihr von den jungen Menschen in der Familie angetan wird. Sie konnte sich auch gut mit der Gruppenleiterin identifizieren, die Schiffbruch erlitten hatte, da es ihr auch immer so gehe. Das Auswertungsgespräch zeigte deutlich die Un-

sicherheit der Gruppenleiterin in der Spiel- und Realsituation und machte die Ängste deutlich, die die Erzieherin in diesem Konflikt erlebte.
Überlegungen zum siebten Treffen:

- Das Situationsspiel hatte beispielhaft aufgezeigt, wo an der beruflichen Kompetenz der Teilnehmerinnen zu arbeiten war:
- die Wahrnehmung des Gruppenprozesses sollte gefördert werden,
- die betroffene Erzieherin sollte erfahren, daß die Ablehnung des Neuen mit der Gruppensituation zu tun hatte und nicht gegen sie gerichtet war,
- das Verhaltensrepertoire sollte angereichert werden, um in ähnlichen Situationen Verhalten variieren zu können.
- Mittels der »Verhaltensmodifikation« sollten Verhaltensalternativen aufgezeigt werden, die der Teilnehmerin für künftige ähnlich gelagerte Probleme hilfreiche Anregungen vermitteln.

7. Sitzung:
Jedes der Gruppenmitglieder konnte einen Ausschnitt der Szene wählen und zeigen, wie es in dieser Situation gehandelt hätte. Es wurden vielfältige Verhaltensweisen angeboten, auf die von den Jugendlichen unterschiedlich reagiert wurde. Terry brachte ein Modell ein, das eine antiautoritäre, einfühlsame und sehr verletzliche Leiterin zeigte. Sie entwickelte in der Auswertung keine ausreichenden Einsichten in ihr Verhalten, aber es tat ihr gut zu sehen, daß auch andere Schwierigkeiten haben im Umgang mit Jugendlichen.
Der Problemeinbringerin gelang es gut, Zusammenhänge zwischen ihrer Unsicherheit und der Reaktion der Jugendlichen zu erkennen.
Sie hatte sich gut mit den angebotenen Modellen identifizieren können, die Sicherheit mit Einfühlung verbanden. Auch die übrigen Gruppenmitglieder fanden Verhaltensweisen, die sie für eigene Situationen hilfreich erkannten und versuchen wollten. Die Spielform wurde als sehr hilfreich erlebt.
Überlegungen zum achten Treffen:

- die letzte Zusammenkunft sollte der Auswertung dienen:
- Die Teilnehmerinnen sollten nochmals unterschiedliche Gruppensituationen und die damit verbundenen Empfindungen erinnern,
- damit verbunden sollten die erhaltenen Lernimpulse und ihre Einführung in den Alltag und das persönliche Leben der Teilnehmerinnen durchgearbeitet werden.
- Mit der teilnehmerorientierten Auswertung wollte die Leiterin auch eine Rückmeldung über das Seminar und das eigene Verhalten verbinden.
- Für die Auswertung bot sich der Gruppenspiegel als aktivierendes Spiel an.

8. Sitzung:
Alle Teilnehmer hatten die Zusammenkünfte und die Spiele als sehr hilfreich erlebt.
Es war ein gruppenzentriertes Spiel, der Gruppenspiegel zur Auswertung eingeführt worden. Positive und negative Bilder aus den Zusammenkünften konnten gewählt werden.

Die rasche Konfrontation mit der Vergangenheit hatte gelegentlich geängstigt. Gleichzeitig wurde es als wichtig erlebt, daß »diese Dinge« zur Sprache kamen. Es wurde nochmals darüber gesprochen, wie die einzelnen mit ihren Problemen umgehen wollten. Der Wechsel zwischen erlebnis- und handlungsorientierten Spielen wurde als sehr angenehm erlebt.
Es wurde von Spielen gesprochen, die mehr ernsten und mehr »spaßigen« Charakter hatten. Dies wurde als wohltuend erlebt. Die Leitung habe Sicherheit vermittelt und es habe gut getan, daß Versuche, Beiträge der anderen zu interpretieren, zurückgewiesen wurden. Besonders hilfreich waren die Spiele erlebt worden, die die berufliche Situation behandelten.
Terry meinte, sie habe gelernt, daß sie etwas für sich tun müsse. Sie wolle zwar keine eigentliche Therapie machen, aber doch noch einmal durch Spiele ihre Probleme betrachten können, ohne daß sie zu mehr genötigt werde als sie leisten könne. Es müßte allerdings überlegt werden, ob dies für sie ausreicht.

Überlegungen zur Leitung und Schlußauswertung:
Es hatte sich um Teilnehmerinnen gehandelt, die besonders rasch ihre Probleme offenlegten. Dies wurde durch Terry unterstützt, deren Konflikte den Rahmen einer Selbsterfahrungsgruppe zu sprengen drohte. Die Leiterin hatte von daher zu überlegen, ob sie den Gruppenprozeß so steuern konnte, daß alle Gruppenmitglieder mit ihren Problemen berücksichtigt wurden und eine Bearbeitung wenigstens im Ansatz gelang. Da sie über ausreichende Erfahrungen verfügte, konnte Terry in der Gruppe bleiben. Es war darauf zu achten, daß die Konflikte einer Einzelperson nicht dominierten.
Der Leiterin gelang dies durch die teilnehmerorientierte (Sozialarbeit!) Auswahl erlebnis- und handlungsorientierter Spiele, bei denen sie Themen zur persönlichen und beruflichen Lebensgeschichte anbot und Vergangenheit (Erlebnisse), Gegenwart (Situationen) und Zukunft (Verhaltensmodifikation) mit einbezog.
Terry stand während 3 Sitzungen im Zentrum des Gruppengeschehens (1., 2. und 4. Sitzung). Beim 3. und 5. Treffen gelang es aufgrund der Veränderung der Spielformen, ihr einen der Problematik angemessenen Rahmen innerhalb des normalen Gruppengeschehens anzubieten. Hilfen wurden von den Gruppenmitgliedern, nicht von der Leiterin angeboten. Beim 6. und 7. Treffen half sie durch die Wahl einer aktiven Rolle mit, die Problematik eines anderen Gruppenmitgliedes zu bearbeiten. Eigene Schwierigkeiten wurden zwar deutlich, standen aber nicht mehr zentral.
Beim letzten Treffen beteiligte sie sich wie alle Teilnehmerinnen an der Auswertung, erkannte aber, daß sie der Hilfe bedurfte.
Die Probleme der übrigen Gruppenmitglieder waren ausreichend berücksichtigt worden, wenngleich der Prozeß am Anfang für eine Selbsterfahrungsgruppe überraschend intensiv in Gang kam.

5. Die Spiele des Sozialtherapeutischen Rollenspieles

5.1. Überblick

Vorbereitungsspiele (Einführungsspiele) werden in der Regel ungeübten Gruppen angeboten, um Spielfreude zu entwickeln und Ängste abzubauen. Es handelt sich hierbei um Spiele, die den Gruppenmitgliedern aus der eigenen Freizeitgestaltung oder der ihrer Kinder und Jugendlichen bereits bekannt sind und durch Beispiele der Spielleitung ergänzt werden.
Die Spiele des Sozialtherapeutischen Rollenspiels gliedern sich in drei große Gruppen (Gattungen) auf, die ihrerseits wieder mehrere unterschiedliche Arten von Spielen enthalten.

5.1.1. Wahrnehmungszentrierte Spiele

Sie dienen der Schulung von Selbst- und Fremdwahrnehmung, fördern die Sensibilisierung für Erlebtes, für Erhofftes und Befürchtetes, für Wünsche und Phantasien und ihre Wirkungen. Sie umfassen also die Wahrnehmungsbereiche »Ich selbst«, »die anderen«, »Ich und die anderen« in Vergangenheit und Zukunft. Außerdem wird die Umwelt in ganz bestimmter Weise in die Spiele miteinbezogen aus der Erkenntnis heraus, daß mit bestimmten Gegebenheiten bestimmte Erfahrungen zusammenhängen. Diesen Erfahrungsbereichen entsprechend gliedern sich die wahrnehmungszentrierten Spiele auf in

5.1.1.1. Erlebnisspiele, in denen das »Ich-Selbst« Ausgangspunkt für die Spielaufgaben ist. Sie unterscheiden sich in

- *Erlebnisspiele* mit realen Gegenständen, die unterschiedliche Themen ansprechen.
- Erlebnisspiele zum Kennenlernen Im Vordergrund steht hier das »Sich-bewußt-Machen« von Aspekten der eigenen Identität und deren Vermittlung an die anderen.
- Allgemeine Erlebnisspiele mit Themen, die den Menschen eines Lebensbereiches gemeinsam sein können, die sich mit Kindheit und Jugend, Familie, Schule, Beruf und Arbeitsleben, Freizeit, sozialen Beziehungen u.a. beschäftigen.
- Jahreszeitliche Erlebnisspiele mit ihren durch Klima, natürliche Veränderungen, den damit verbundenen Festen im Jahreslauf und dem zugehörigen Brauchtum gegebenen Erfahrungsräumen.
- Erlebnisspiele zur Sinneswahrnehmung machen Erlebnisse, die besonders mit Sinneserfahrungen des Hörens, Riechens, Sehens, Schmeckens, Fühlens verbunden sind, bewußt.
- Erlebnisspiele mit Selbstdarstellung, bei denen das Erinnern und Wiedererleben einer Situation mit dem handelnden sich-den-anderen-Vorstellen verbunden ist.

Eine Gruppe der Erlebnisspiele spricht ganz bestimmte Problembereiche an. Beim Arbeiten mit diesen Spielen wird unterstellt, daß die Teilnehmer in diesen Erfahrungsbereichen unerledigte Erlebnisse, vielleicht sogar Verletzungen haben, die sich bis jetzt belastend auf den Lebensvollzug auswirken, auch wenn dies dem Einzelnen nicht in jedem Falle klar ist.

- Erlebnisspiele mit Problemeingabe sprechen solche Bereiche an, die in der Eingabe entsprechend angedeutet werden: Probleme mit bestimmten familiären Konstellationen z.B. oder aus der beruflichen Welt – hier sind der Einfühlung des Spielleiters keine Grenzen gesetzt. Bei diesen Spielen geht es vornehmlich um das Bewußt-Werden solcher belastenden Erfahrungen, während bei den
- Erlebnisspielen mit doppelter Problemeingabe, in denen mißlungene und gelungene Auseinandersetzungen mit dem gleichen Problem zum Thema gemacht werden und dadurch für die Teilnehmer ihre Fähigkeit zur Bewältigung solcher Probleme aktualisiert wird.
  Erlebnisspiele zur Sinnfindung gehen von der Bedeutung aus, die bestimmte Situationen, Objekte oder Menschen für uns haben. Die Spiele lassen die Teilnehmer diese Bedeutungen mit Krisensituationen in Verbindung bringen und schaffen so die Möglichkeit, mit den eigenen Erkenntnissen und durch die Beiträge der anderen problemlösende Veränderungsansätze zu entwickeln.
- Erlebnisspiele zur Schuldverarbeitung beschäftigen sich mit der existentiellen Grunderfahrung, einem anderen etwas schuldig geblieben zu sein, für ihn, gewollt oder ungewollt, etwas als gut oder notwendig Erkanntes nicht getan zu haben.

Die Überprüfung der Realitätsentsprechung dieser Schuldgefühle und der eigenen und fremden Anteile entwickeln evtl. Möglichkeiten der Wiedergutmachung oder Bereinigung. Dies sind die Aufgaben dieses Spiels.

- Erlebnisspiele mit Bedeutungsfeedback dienen dazu nicht eindeutig zu interpretierenden Eindrücken und Erlebnissen, (z.B. Träume, Phantasiebilder) eine mögliche Bedeutung zu unterlegen. Sie werden deshalb mit ihrer subjektiven Interpretation anderen vorgelegt, die ihrerseits eigene Bedeutungsassoziationen anbieten. Diese Anreicherung hilft den Teilnehmern oftmals, näher an die oft unbewußten Inhalte dieser Bilder heranzukommen und an ihrer Beziehung zum Alltäglichen zu arbeiten.
- Erlebnisspiele mit Gruppenaktionen schaffen einen imaginären Spielraum für die ganze Gruppe, einen Erlebnisraum mit gemeinsamem Ausgangs- und Endpunkt. Die Erlebnisse werden in diesen Spielen durch eigenes Handeln unterstützt und dadurch angereichert.

Allen Erlebnisspielen eigen ist, daß sie an die Eingabe realer oder imaginärer Gegenstände gebunden sind (»Wir sehen eine Spielzeugkiste«). Mit diesen Gegenständen verbinden sich Erlebnisse zusammen mit den sie begleitenden emotionalen Qualitäten. Stimmungen, Gefühle, Phantasien werden unmittelbar nicht eingegeben.
Ob Erlebnisspiele im offenen oder im geschlossenen Kreis gespielt werden, hängt von der Art der gewählten Spiele und ihrer Eingabe, damit von dem sozialpädagogischen Vorgehen des Leiters ab.

5.1.1.2. Einfühlungsspiele. Bei diesen Spielen steht der andere im Mittelpunkt. Nicht die eigenen Erlebnisse, sondern was der andere in mir auslöst ist ihr zentraler Inhalt. Diese Eindrücke, meist intuitiver Natur, werden dem anderen durch Bilder als Medien übermittelt: Blumen z.B., Musikinstrumente, Küchengeräte und vieles mehr. Weil Intuition viel mehr umfaßt als wir mit unserem analytischen Bewußtsein erkennen können, werden diese Bilder nicht gedeutet, entschlüsselt. Die Rückmeldungen über die zugeteilten Bilder lassen erkennen, wieweit Fremd- und Selbstwahrnehmungen übereinstimmen, was u.U. zu Korrekturen und zu gegenseitig neuer Sicht führen kann.

5.1.1.3. Phantasiebilder geben den Teilnehmern die Möglichkeit, die Realität zu verlassen, sich ihrer Wünsche und Phantasien bewußter zu werden. Unterschiedliche Medien stehen für diese Phantasiereisen zur Verfügung. Immer aber schließen diese Spiele mit der Ablösung vom Medium und der Wiederherstellung des vollen Bezuges zur konkreten Wirklichkeit.

5.1.2. Gruppenzentrierte Spiele

Diese Spiele beziehen im wesentlichen die Gesamtheit der Gruppe ein. Sie sind als Erlebnisraum, als Ort gegenseitiger Aktionen und, für den Leiter, als Erkenntnisquelle für Stand und Dynamik der Gruppe wirksam.

5.1.2.1. Beziehungsspiele stellen die sozialen Beziehungen in der Gruppe dar, den Stand des einzelnen und den Zusammenhang der Gruppe. Dieses Ergebnis ist keine statische Momentaufnahme, sondern entsteht in einer dynamischen Auseinandersetzung um Stellenwert, Standort und individueller Ausprägung der Persönlichkeit der einzelnen Teilnehmer.

5.1.2.2. Der *Gruppenspiegel* dient in seinen verschiedenen Themenstellungen der Klärung von Gruppensituationen und gibt den Teilnehmern und damit den Leitern eine Information über die gegenwärtige Situation der Gruppe. Gegenwart, Vergangenheit und Zukunft der Gruppe können zum Inhalt des Gruppenspiegels werden.

5.1.2.3. Gruppenzentrierte Phantasiespiele werden in der Gruppe szenisch gestaltet. Die Gruppe erfüllt imaginäre Räume mit Leben, indem sich die Gruppenmitglieder in Gegenstände, Stimmungen usw. »einfühlen« und aus diesem Erleben heraus handeln und Kontakt miteinander aufnehmen. Diese Phantasiespiele geben die Möglichkeit, hinter der Maske des Themas, (z.B. Speicher) Wünsche, Befürchtungen, auszuagieren, neues, unvertrautes Verhalten in seiner Wirkung auf andere zu erproben und aus den Erfahrungen für den Alltag neue Einstellungen, neues Verhalten zu lernen.

5.1.2.4. Realitätsorientierte Gruppenspiele bieten einen Erlebnisraum an, in dem die Gruppenmitglieder als Personen (anders als beim gruppenzentrierten Phantasiespiel) und als Gruppe grundsätzlich real sein könnten, (z.B. bei einem Kurzurlaub auf

Hawaii, in einem S-Bahn-Abteil). Das Verhalten, die Kontakte untereinander wirken unmittelbarer, sind, wenn auch durch die Situation gedämpft oder verschleiert, näher an der Gruppensituation oder an den Übertragungen aus dem Alltag. Auch hier geht es darum, die gewonnenen Erfahrungen mit dem Alltag zu verbinden.

5.1.3. Problemzentrierte Spiele

bearbeiten aktuelle Probleme der Gruppenmitglieder anhand konkreter Situationen. Die Auseinandersetzung in der Gruppe liefert das Material, das auf seine Übertragbarkeit in den Alltag überprüft und dessen Anwendung draußen unter verschiedenen Aspekten vorbereitet wird.

5.1.3.1. Die Gruppeneinfühlung bietet über den Prozeß der Identifikation die Möglichkeit, sich an Motive, Gefühle und Gedanken einer in ein konkretes Problem involvierten Person anzunähern.

5.1.3.2. Das Situationsspiel soll anhand einer repräsentativen Problemsituation den Teilnehmern eine dem Erleben des Problemgebers entsprechende Darstellung des Problems geben. Meist ist das Situationsspiel Ausgangspunkt für weitere problemlösende Aktivitäten der Teilnehmergruppe.

5.1.3.3. Die Verhaltensmodifikation schließt meist an ein Situationsspiel an und gibt durch die unterschiedlichen Beiträge der Teilnehmer problemlösende oder sichtverändernde Handlungsalternativen, deren Übertragbarkeit in den Alltag des Problemgebers von diesem bewertet wird.

5.1.3.4. Die Motivklärung bietet durch ihren Aufbau dem Problemgeber die Möglichkeit, durch die Beiträge der anderen Teilnehmer neue, für ihn bisher unbekannte oder nicht akzeptable Motive eines bestimmten Verhaltens zu erfahren.

Daraus können sich die Sicht oder die Bewertung eines Problemes für den Problemgeber verändern, neue Ansätze für eine positive Entwicklung ergeben.

5.1.3.5. Die Gesprächsführungen gehen davon aus, daß bei Schwierigkeiten im Zusammenhang mit Gesprächen die Probleme in vier Bereichen liegen können:

- im Inhalt, in der Klarheit der Argumente,
- im fehlenden Mut, in einem Gespräch wirksam aufzutreten,
- in der Unsicherheit darüber, wie jemand beim Gesprächspartner »ankommt« und
- in einem unklaren, manchmal gegenüber dem Inhalt widersprüchlichen Ausdrucksverhalten.

Dementsprechend unterscheiden sich die Spielformen der Gesprächsführungen:

5.1.3.5.1. Das stützende Gespräch mit der Ausarbeitung von Argumenten und Argumentationslinien,

5.1.3.5.2. das Gespräch mit stützenden Partnern zum Aufbau von Mut und Selbstvertrauen,

5.1.3.5.3. Das Gespräch mit Feedback, in dem der Gesprächspartner unmittelbar Aussagen über die Wirkungen von Argumenten des Problemgebers gibt und

5.1.3.5.4. das Gespräch mit Verhaltensmodifikation mit dem Schwerpunkt »Ausdrucksverhalten«.

5.2. Zur Darstellung der Spiele

Die Spiele werden, einem einheitlichen Raster folgend, vorgestellt.
Der »Zielbereich« nennt die Aspekte des Erlebens und Verhaltens, die im Brennpunkt der jeweiligen Spielform stehen; Vergangenheit, Gegenwart und Zukunft von Wahrnehmungen oder Erwartungen, Einstellungen und Verhalten werden unterschiedlich angesprochen.
Die »Gattung« ordnet das jeweilige Spiel den Hauptgruppen der Spiele des Sozialtherapeutischen Rollenspieles, den wahrnehmungszentrierten, gruppenzentrierten und problemzentrierten Spielen zu.
Der »Titel« nennt den Namen des Spieles, unter dem es im Kanon der zugelassenen Spiele bei ASIS verzeichnet ist.
Das »Anwendungsgebiet« bezieht sich entweder auf bestimmte Teilnehmerkreise, Problemstellungen oder differenziert den Zielbereich noch stärker.
Der »Spielort« gibt an, ob ein Spiel im geschlossenen Teilnehmerkreis zu spielen ist oder in einen Bühnenraum, der sich vor dem Halbkreis der nicht spielenden Teilnehmer befindet. In diesem Fall finden Such- und Erwartungsprozesse oder das jeweilige Spiel in der anderen Hälfte des Spielraumes, dem Bühnenraum, statt, während nicht direkt involvierte Teilnehmer in einem der Spielfläche zugeordneten Halbkreis sitzen. In diesen Halbkreis kehren die Spieler nach Beendigung ihres Prozesses oder des Spieles zurück. Für die Auswertung wird der Kreis wieder geschlossen.
Die Zeile »Unterlagen/Material« gibt im wesentlichen an, ob ein Spiel mit realen oder imaginären Eingaben zu spielen ist. Immer werden Gegenstände, real oder imaginär, eingegeben, an die sich Erlebnisse mit bestimmten Erlebnisqualitäten binden können oder konkrete Probleme, mit denen Gefühle, Einstellungen, Erwartungen verbunden sind. Dies macht den sozialpädagogischen Eigenwert des Sozialtherapeutischen Rollenspieles aus und unterscheidet es deutlich vom Psychodrama.
In den »Spielschritten« wird das Ablaufmuster der einzelnen Spiele konkretisiert. Zentral ist in jedem Fall die Einstimmung. Sie hat die Aufgaben, die Aufmerksamkeit der Teilnehmer zu aktivieren, deren Interesse an einer Sache bzw. einem Thema zu wecken und die Bereitschaft zur Aktivität anzuregen.
Bei den Spielschritten ist immer darauf zu achten, daß sie in der Sprache der Teilnehmer, nicht in einer abgehobenen Fachsprache, vermittelt werden.

Die »Hinweise für den Leiter zur Durchführung« geben, nicht bei allen Spielen ist dies nötig, besondere Tips, machen auf Besonderheiten aufmerksam, ebenso wie die »Hinweise für den Leiter zur Auswertung«. Der »Auswertung« genannte Spielschritt ist ja neben dem Spiel ein ganz wesentlicher Teil.
Was an Psychodynamik, an sozialen Beziehungen, an traumatischen oder an frohmachenden Erfahrungen im Spiel aktiviert wurde, wird hier, in angemessener Weise durch den Leiter angeregt, ins Gespräch gebracht. Manchmal ergibt sich aus einer Auswertungsphase die Notwendigkeit eines zweiten, weiterführenden Spieles, wenn die Teilnehmer noch dazu in der Lage sind.
Unter »analogen Spielen« werden Spiele aufgeführt, die in Struktur und Zielsetzung vergleichbar sind. Hier können Teilnehmer an der Ausbildung ihre eigenen Notizen einfügen.

5.3. Die Spiele im einzelnen

5.3.1. Die Wahrnehmungszentrierten Spiele

5.3.1.1. Erlebnisspiele mit realen Gegenständen

Um den Umgang mit imaginären Bildern vorzubereiten und zu erleichtern, werden Spiele mit realen Gegenständen angeboten. Bei Personen, die sich nur schwer auf Imaginationen einstellen können, bleiben die realen Eingaben betont.

X Reale Gegenstände in der Mitte

Zielbereich: Aktualisierung von Erlebnissen anhand konkreter Gegenstände; gegenseitiges Kennenlernen; neuen Gruppenmitgliedern Einstieg erleichtern

Gattung: Wahrnehmungszentrierte Spiele
Erlebnisspiele zum Kennenlernen

Titel: Reale Gegenstände in der Mitte

Anwendungsber.: als Einstieg, bzw. in der Anfangsphase von Gruppen

Spielort: im Kreis

Unterl./Mat.: reale Gegenstände der Gruppenmitglieder

Spielschritte:
1. Eingabe: Jeder legt einen Gegenstand in die Mitte, den er bei sich trägt. Wenn dies geschehen ist, wird versucht, die Lage der Gegenstände so zu korrigieren, daß alles gut zu sehen ist.
2. Aufforderung Wir schauen uns nun diese Gegenstände an und schließen dann die Augen. Wir brauchen uns die einzelnen Dinge nicht zu merken. Das eine oder andere wird ins Gedächtnis kommen und uns werden Erlebnisse dazu einfallen, vielleicht kommen uns auch nur Gedanken dazu.
   Wenn wir einen Gegenstand gefunden haben, mit dem wir ein Erlebnis verbinden oder zu dem uns Gedanken einfallen, öffnen wir die Augen wieder.
3. Austausch
   a) Was haben wir gefunden?
   Mit welchem Erlebnis verbindet es sich?
   Dann wird gefragt, ob jemand zum gleichen Gegenstand noch etwas eingefallen ist. (= Assoziationsfeedback)
   b) Wenn keiner mehr zu diesem Gegenstand etwas zu sagen hat, wird er vom Eigentümer aus der Mitte herausgenommen. Der nächste Gegenstand wird angesprochen.
4. Gefühlsfeedback und Auswertungsgespräch

Hinweise f. d. Leiter
zur Durchführung:

zur Auswertung:

Steine, die wir gefunden haben

Zielbereich: Über konkrete Eingaben Phantasiebilder entwickeln, Aktualisierung von Erlebnissen aus verschiedenen Lebensbereichen

Gattung: WahrnehmungszentrierteSpiele
Erlebnisspiel mit realen Gegenständen

Titel: Steine, die wir gefunden haben

Anwendungsber.: Anregung der Phantasie durch reale Gegenstände, Anfangssituationen

Spielort: Kreis

Unterl./Mat.: Reale Eingaben: unterschiedliche Steine (Größe, Form, Farbe) an unterschiedlichen Orten gefunden.

Spielschritte:
1. Eingabe: Es werden in Größe, Form und Farbe unterschiedliche Steine in die Mitte gelegt
2. Aufforderung: Einen Stein zu finden, der uns irgendwann begegnet ist oder einen Stein, der diesem ähnlich scheint. Mit ihm haben wir etwas erlebt.
3. Austausch
   Schilderung des Steines, Erzählen des Erlebnisses
4. Assoziationsfeedback
5. Aufforderung zur Rückgabe oder zum Behalten,
   Wegtragen der Eingabe
6. Gefühlsfeedback und Auswertungsgespräch

Hinweise f.d. Leiter zur Durchführung: Gute Erfahrungen bei Obdachlosen

zur Auswertung: Themen:
Steine, die im Wege liegen – Stein des Anstoßes usw.

Erfahrungen und Abwandlungen bei unterschiedl. Zielgruppen:

5.3.1.2. Erlebnisspiele zum Kennenlernen

In der Begegnung mit anderen wird gerade in der Anfangsphase die eigene Identität zum Thema.
Die Erlebnisspiele zum Kennenlernen bieten der Gruppe hierzu Hilfestellung.
Grundlagen können tatsächliche oder mögliche Identitätsnachweise sein, (z.B. der Name, der Reisepaß). Damit werden Erinnerungen und Erlebnisse angeregt und es werden Auseinandersetzung mit der eigenen Identität ermöglicht. »Der Reisepaß« betont dabei die Selbstwahrnehmung, während »die Namenszettel« zunächst die Fremdwahrnehmung ansprechen.

Der Reisepaß

Zielbereich: Aktualisierung von Erlebnissen aus verschiedenen Lebensbereichen, Bewußtmachen und Darstellen der eigenen Identität, gegenseitiges Kennenlernen, neuen Gruppenmitgliedern den Einstieg erleichtern

Gattung: Wahrnehmungszentrierte Spiele
Erlebnisspiele zum Kennenlernen

Titel: Der Reisepaß

Anwendungsber.: als Einstieg bzw. in der Anfangsphase von Gruppen
Auseinandersetzung mit der eigenen Identität

Spielort: im Kreis

Unterl./Mat.: Stapel mit Reisepässen, Personalausweisen (imaginär)

Spielschritte:
1. Eingabe eines imaginären Stapels von Ausweisen, Reisepässen, Führerscheinen usw.
2. Aufforderung, in diesem Stoß einen eigenen Ausweis zu finden den man besessen hat oder noch besitzt, sich alle Eintragungen (z.B. Personalien) anzuschauen, ebenso die Reisestempel, die man in jedem Ausweis finden wird und die über unsere Reisen (auch über solche, die wir nur wünschten) berichten. Es wird sich mit allem ein Erlebnis verbinden.
3. Austausch
   Schilderung der gefundenen Pässe, der Eintragungen, der Erlebnisse
4. Assoziations-Feedback
   ausgelöst durch die Beiträge der anderen
5. Aufforderung zur Rückgabe oder zum Behalten
   Wegtragen der Eingabe
6. Gefühlsfeedback und Auswertungsgespräch

Hinweise f.d. Leiter zur Durchführung: Auf die Namensnennung achten
Bei Bedarf auch andere Identitätsausweise ermöglichen

zur Auswertung: Themen können sein:
- Was bedeutet der Ausweis für mich?
- Was bedeutet reisen für mich?

Erfahrungen und Abwandlungen bei unterschiedl. Zielgruppen:

Analoge Spiele: Namenszettel, Hausglocken, Arbeitspapiere

Die Namenszettel

Zielbereich: Bewußtmachen und Darstellen der eigenen Identität, Kennenlernen der Gruppenmitglieder, Auseinandersetzung mit Vorurteilen.

Gattung: Wahrnehmungszentrierte Spiele
Erlebnisspiele zum Kennenlernen

Titel: Die Namenszettel

Anwendungsgebiet: Als Einstieg bzw. in der Anfangsphase von Gruppen. Auseinandersetzung mit der eigenen Identität.

Spielort: Im Kreis

Unterl./Mat.: Zettel und Stifte, jedes Gruppenmitglied schreibt deutlich seinen Namen (Vorname oder Vor- und Zuname) auf den Zettel und legt ihn in die Mitte des Kreises

Spielschritte:

1. Einstimmung:
   Zu den Namen, die vor uns liegen, fallen uns Personen ein, die wir kennen oder gekannt haben, die so oder so ähnlich geheißen haben.
2. Aufforderung sich die Namen anzuschauen und sich einen auszuwählen, mit dem man ein entsprechendes Erlebnis verbindet.
3. Austausch
   a) Alle Erlebnisse, die jeweils zu einem Namen erinnert werden.
   b) Aufforderung an das Gruppenmitglied, dessen Name im Gespräch war, den Zettel herauszunehmen und mitzuteilen, welche Bedeutung der Name für es hat.
4. Gefühlsfeedback und Auswertungsgespräch

Hinweise f.d. Leiter zur Durchführung: Falls zu einem Namen keine Erlebnisse einfallen, stützt der Leiter mit seinem Beitrag, bei außergewöhnlichen Namen kann der Hinweis auf ähnlich klingende Namen oder Bedeutungen hilfreich sein.

zur Auswertung: Auseinandersetzung mit Selbst- und Fremdwahrnehmung, mit Vorurteilen, die mit Namen verbunden sind und mit der eigenen Namensgebung.

Erfahrungen und Abwandlungen bei unterschiedl. Zielgruppen:

Analoge Spiele: Hausglocke, Reisepaß, Arbeitspapiere

5.3.1.3. Allgemeine Erlebnisspiele

Die allgemeinen Erlebnisspiele konfrontieren mit Aspekten der eigenen Geschichte, dienen der Verdeutlichung und Korrektur der Selbstwahrnehmung, der Integration abgespaltener Erlebnisinhalte, der Annahme der eigenen Lebensgeschichte. Die Gruppenmitglieder stellen sich die Fragen: Wer bin ich? Was habe ich erlebt? Inwieweit decken sich meine Erlebnisse mit denen anderer? Inwieweit unterscheide ich mich von ihnen? Wie stehe ich heute zu meiner Vergangenheit? Welche Bedeutung messe ich meiner Geschichte im Hinblick auf mein augenblickliches Verhalten bei?

Allgemeine Erlebnisspiele sprechen solche Erlebnisse an, die den Menschen ein und derselben Kultur gemeinsam sind, sich auf Kindheit, Jugend und Erwachsenenwelt beziehen, Schule, Freundesgruppen, Beruf und Freizeit beinhalten und vor allem die besondere Situation der Familie herausstellen und Begegnungen mit alten Menschen zum Inhalt haben. Es wird die Erfahrung gemacht, daß die Angehörigen einer Kultur auch ähnliche Erlebnisse haben. Dies führt zu einem ersten Erlebnis der Verbundenheit.

Spiele aus den allgemeinen Erlebnisspielen ermöglichen es aber auch, über die Befindlichkeit des Augenblickes oder über die einer kurz vorangegangenen Epoche zu sprechen, wie dies z.B. der »Schnappschuß« vorsieht.

Durch den Austausch der Erlebnisse fördern die Spiele in besonderer Weise das gegenseitige Kennenlernen der Gruppenmitglieder und es entwickelt sich rasch ein Gefühl der Zusammengehörigkeit.

○ Die Spielzeugkiste

Zielbereich: Aktualisierung von Erlebnissen aus dem Lebensbereich Familie, Bewußtmachen der eigenen Entwicklung, der Identität und ihrer familiären und beruflichen Anteile

Gattung: Wahrnehmungszentrierte Spiele
Allgemeine Erlebnisspiele
Lebensbereich Kindheit und Jugend

Titel: Die Spielzeugkiste

Anwendungsber.: Bearbeitung von umrissenen Bereichen der Entwicklungsgeschichte

Spielort: im Kreis

Unterl./Mat.: Reale oder imaginäre Kiste oder ein anderer Behälter mit Spielzeug

Spielschritte:
1. Eingabe einer Spielzeugkiste (oder eines Behälters) mit Spielzeug aus der eigenen Kinderzeit.
2. Aufforderung, in dieser Kiste zu kramen und ein Spielzeug zu finden, das man besaß, das man sich wünschte oder das andere hatten. Es wird sich mit dem Spielzeug ein Erlebnis verbinden.
3. Austausch
   Schilderung der Spielzeugkiste, des Spielzeugs und des Erlebnisses
4. Assoziationsfeedback
   ausgelöst durch die Beiträge der anderen
5. Aufforderung zur Rückgabe oder zum Behalten
   Wegtragen der Eingabe
6. Auswertungsgespräch und Gefühlsfeedback

Hinweise f.d. Leiter zur Durchführung: mit dramatischen Beiträgen rechnen, beachten, daß mitunter Gruppenmitglieder mit sehr unüblichen Gegenständen spielten oder kein eigenes Spielzeug besaßen.

zur Auswertung: Bei entsprechenden Gruppen (Müttern, Erzieherinnen) Überlegungen zum Spielzeug bei eigenen Kindern anstellen

Erfahrungen und Abwandlungen bei unterschiedl. Zielgruppen:

Analoge Spiele: Werkzeugkiste, Knopfschachtel, Korb mit Modellen von Häusern, in denen wir einmal wohnten, Kleiderkiste, Schuhkorb, Faschingskoffer, Nähkästchen, Schlüsselkorb, Kruschlade, Reisekoffer, Korb mit Wollknäuel, Schultasche

Der Schulanfang

Zielbereich: Aktualisierung und Bearbeitung von Erlebnissen im Kindergarten- und Schulalter, Bewußtmachen der eigenen Entwicklung, Konfrontation mit bewältigten und noch nicht bewältigten Situationen.

Gattung: Wahrnehmungszentrierte Spiele
Allgemeine Erlebnisspiele
Lebensbereich Kindheit und Jugend

Titel: Der Schulanfang

Anwendungsber.: Auseinandersetzung mit der eigenen Lebensgeschichte in Kindergarten und Schule, ihren fördernden und konfliktträchtigen Situationen, und der damit verbundenen Gefühle.

Spielort: im Kreis

Unterl./Mat.: Reale oder imaginäre Fotoalben, imaginäre Bilder aus Kindheit und Jugend

Spielschritte:
1. Eingabe eines Fotoalbums oder von Bildern vom Schulanfang
2. Aufforderung, die Bilder zu betrachten, ein Bild herauszunehmen, es wird sich damit ein Erlebnis verbinden
3. Austausch
   Schilderung des Albums, des Bildes und des Erlebnisses
4. Assoziationsfeedback
   ausgelöst durch die Beiträge der anderen
5. Aufforderung zur Rückgabe oder zum Behalten der Bilder, Wegtragen der Eingabe
6. Auswertungsgespräch und Gefühlsfeedback

Hinweise f.d. Leiter zur Durchführung: Gruppe sollte vertraut sein; besondere Schwierigkeiten: Sonderschulbesuch, durchgefallen – Selbstwertprobleme

zur Auswertung: Gemeinsamkeiten der Erlebnisse aufzeigen
Leistung und Selbstwertgefühl

Erfahrungen und Abwandlungen
bei unterschiedl. Zielgruppen: Bei Jugendgruppen kann unter Umständen für dieses Thema wenig Interesse bestehen

Analoge Spiele: Kindergarten – Kindergeburtstag – Schule – Ferien – Zeugnisverteilung – Gruppenerlebnisse – Schulabschluß – Klassenfahrten usw.

Die gemeinsame Mahlzeit der Familie

Zielbereich: Aktualisierung von Erlebnissen aus dem Lebensbereich Familie, Bewußtmachen der eigenen Entwicklung und der familiären Anteile, Konfrontation mit bewältigten und nichtbewältigten Situationen

Gattung: Wahrnehmungszentrierte Spiele
Allgemeine Erlebnisspiele
Lebensbereich Familie

Titel: Die gemeinsame Mahlzeit der Familie

Anwendungsber.: Bearbeitung von Erlebnissen und Konflikten aus dem familiären Bereich

Spielort: im Kreis

Unterl./Mat.: Reale oder imaginäre Alben oder Behälter mit imaginären Fotos

Spielschritte:

1. Eingabe eines Fotoalbums oder von Bildern einer gemeinsamen Mahlzeit, u. U. des Mittagtisches in der Familie
2. Aufforderung, sich die Bilder anzusehen, eines auszuwählen; mit ihm wird sich ein Erlebnis verbinden
3. Austausch
   Schilderung der Alben und Bilder und der Erlebnisse
4. Assoziationsfeedback
   ausgelöst durch die Beiträge der anderen
5. Aufforderung zur Rückgabe oder zum Behalten der Bilder, Wegtragen der Eingabe
6. Auswertungsgespräch und Gefühlsfeedback

Hinweise f.d. Leiter zur Durchführung: Thema sorgfältig abschätzen: Auswahl gegenwärtiger oder frühere Essenssituationen; die Gruppe sollte bereits vertraut sein; besondere Schwierigkeiten berücksichtigen

zur Auswertung: Gemeinsamkeiten der Erlebnisse betonen; stärker an der Gemeinsamkeit der Probleme als an der Einzelproblematik orientiert bleiben; Betroffenheit akzeptieren und aufgreifen; Überlegung, ob problemzentriert weitergearbeitet wird

Erfahrungen und Abwandlungen bei unterschiedl. Zielgruppen:

Die Familienchronik

Zielbereich: Aktualisierung von Erlebnissen aus dem Lebensbereich Familie; Bewußtmachen von familiären Zusammenhängen

Gattung: Wahrnehmungszentrierte Spiele
Allgemeine Erlebsnisspiele
Lebensbereich Familie

Titel: Die Familienchronik

Anwendungsber.: Bearbeitung von Teilaspekten der Familiengeschichte unter dem Gesichtspunkt der Stärkung der Identität

Spielort: im Kreis

Unterl./Mat.: Imaginäre Mappe oder Behälter mit imaginären Papieren, Bildern, Zeitungsausschnitten, Todes-, Geburts- und Hochzeitsanzeigen, Urkunden, Familienbuch, usw.

Spielschritte:
1. Eingabe einer Mappe, auf der ein Name steht oder eines sonstigen Behältnisses, in dem sich Dokumente der Familien vielleicht auch vergilbte Briefe und Schriftstücke aller Art, auch Fotos befinden können.
2. Aufforderung, sich die Mappe anzuschauen, die Papiere durchzublättern und sich etwas herauszunehmen.
   Mit diesem wird sich ein Erlebnis verbinden.
3. Austausch
   Schilderung der Mappe/des Behälters, des herausgenommenen Gegenstandes und des Erlebnisses.
4. Assoziationsfeedback
   ausgelöst durch die Beiträge der anderen
5. Aufforderung zur Rückgabe oder zum Behalten der Bilder oder Dokumente, Wegtragen der Eingabe
6. Auswertungsgespräch und Gefühlsfeedback

Hinweise f.d. Leiter zur Durchführung: Dramatik beachten und evtl. in Richtung Beruhigung mit eigenen Eingaben steuern, Spiel nur in vertrauten Gruppen anbieten, im Assoziationsfeedback stützende Beiträge

zur Auswertung: Identifikation mit gleichen ermöglichen
Schuldgefühle bearbeiten, Selbstwertgefühl stärken

Erfahrungen und Abwandlungen
bei unterschiedl. Zielgruppen: Jugendliche haben häufig noch keinen Bezug zur Familienchronik

Analoge Spiele: Arbeitspapiere

Begegnung mit alten Menschen

Zielbereich: Aktualisierung von Erlebnissen aus dem Lebensbereich Familie, Bewußtmachen der Bedeutung alter Menschen für die eigene Entwicklung und der Gefühle von Gemeinsamkeit, Unterschiede, Verbundenheit und Trennung.

Gattung: Wahrnehmungszentrierte Spiele
Allgemeine Erlebnisspiele
Lebensbereich Familie

Titel: Begegnung mit alten Menschen

Anwendungsber.: Bearbeitung von Erlebnissen und Konflikten mit alten Menschen unter besonderer Berücksichtigung der familiären Situation.

Spielort: im Kreis

Unterl./Mat.: Reale oder imaginäre Alben oder Behälter mit Fotos

Spielschritte:
1. Eingabe von realen oder imaginären Alben oder Behältern mit Fotos alter Menschen, die uns begegneten oder in irgendeiner Weise bedeutsam waren.
2. Aufforderung, sich die Bilder anzusehen und eines auszuwählen, mit ihm wird sich ein Erlebnis verbinden.
3. Austausch
   Schilderung des Bildes und der Erlebnisse
4. Assoziationsfeedback ausgelöst durch die Beiträge der anderen
5. Aufforderung zur Rückgabe oder zum Behalten der Bilder, Wegtragen der Eingabe
6. Auswertungsgespräch und Gefühlsfeedback

Hinweise f.d. Leiter zur Durchführung: Familiensituation beachten

zur Auswertung: Auf Besonderheiten des Verhaltens alter Menschen eingehen.

Erfahrungen und Abwandlungen bei unterschiedl. Zielgruppen:

Analoge Spiele:

Häuser, in denen wir einmal wohnten

Zielbereich: Aktualisierung von Erlebnissen aus dem Lebensbereich Familie, Bewußtmachen von Wohnungen und Häusern für die eigene Entwicklung, Konfrontation mit bewältigten und nichtbewältigten Situationen.

Gattung: Wahrnehmungszentrierte Spiele
Allgemeine Erlebnisspiele
Lebensbereich Familie

Titel: Häuser, in denen wir einmal wohnten

Anwendungsber.: Bearbeitung von Erlebnissen und Konflikten aus dem familiären Bereich, unter besonderer Berücksichtigung der Wohnsituation

Spielort: im Kreis

Unterl./Mat.: Imaginäre Alben mit Fotos von Häusern oder imaginärer Korb mit Modellen von Häusern

Spielschritte:
1. Eingabe von imaginären Bildern oder Modellen von Häusern, in denen wir einmal wohnten. Aufzählen der unterschiedlichen Möglichkeiten: Hochhäuser, Bauernhäuser, Villen, Gartenhäuser usw. mit oder ohne Umgebung.
2. Aufforderung, sich die Bilder oder Häuser anzusehen und eines zu finden, in dem man einmal gewohnt hat. Es wird sich damit ein Erlebnis verbinden.
3. Austausch Schilderung des Hauses und des Erlebnisses
4. Assoziationsfeedback ausgelöst durch die Beiträge der anderen
5. Aufforderung zur Rückgabe oder zum Behalten der Bilder oder Häuser, wegtragen der Eingabe
6. Auswertungsgespräch und Gefühlsfeedback

Hinweise f.d. Leiter zur Durchführung: Vorgeschichte der Gruppenmitglieder beachten (z.B. Flüchtlingssituationen, Menschen, die in Heimen aufwuchsen oder sich gerade getrennt haben)

zur Auswertung: Betroffenheit akzeptieren und aufgreifen, Probleme mit jetziger Wohnung beachten, unerfüllbare Wünsche verstehen. Besondere Beachtung der alten Menschen in Alten- und Pflegeheimen.

Erfahrungen und Abwandlungen bei unterschiedl. Zielgruppen:

Analoge Spiele:

Chef und Kollegen

Zielbereich: Aktualisierung von Erlebnissen aus dem Lebensbereich Arbeit und Beruf, Bewußtmachen der Entwicklung der eigenen Identität und der familiären und beruflichen Anteile

Gattung: Wahrnehmungszentrierte Spiele
Allgemeine Erlebnisspiele
Lebensbereich Arbeit, Beruf und Freizeit

Titel: Chef und Kollegen

Anwendungsber.: Problematische Situationen mit Kollegen oder dem Chef, Bearbeiten von Minderwertigkeitsgefühlen, Konflikten am Arbeitsplatz, Autoritäts- und Gruppenkonflikte

Spielort: im Kreis

Unterl./Mat.: Reale oder imaginäre Alben, Kisten oder andere Behälter, imaginäre Fotos

Spielschritte:
1. Eingabe eines Fotoalbums oder von Bildern aus umrissenen Situationen des Berufes; hier Situationen mit Kollegen oder dem Chef
2. Aufforderung, sich die Bilder anzusehen, eines auszuwählen, mit dem sich ein Erlebnis verbindet.
3. Austausch

Schilderung der Alben, der Bilder und der Erlebnisse

4. Assoziationsfeedback ausgelöst durch die Beiträge der anderen
5. Aufforderung zur Rückgabe oder zum Behalten der Bilder, Wegtragen der Eingabe
6. Auswertungsgespräch und Gefühlsfeedback

Hinweise f.d. Leiter zur Durchführung: Steuerung des Gruppenprozesses durch eigene Beiträge, die auf Beruhigung oder Dynamik abzielen können.

zur Auswertung: Auseinandersetzung mit Wunsch und Wirklichkeit, Beachtung innerbetrieblicher Abläufe und Realitäten, Klärung, ob problemzentriertes Spiel notwendig wird

Erfahrungen und Abwandlungen
bei unterschiedl. Zielgruppen: Bei Jugendlichen wird wegen der noch geringen Erfahrungen mit Konfliktlösungsmöglichkeiten problemzentriertes Spielen empfohlen

Analoge Spiele: Pause im Betrieb, Betriebsausflug, Feierabend, der Weg nach Hause, Sonntagabend, Konflikte mit Freunden, Urlaub, gemeinsame Feste, Sport

Die Arbeitspapiere

Zielbereich: Aktualisierung von Erlebnissen aus dem Lebensbereich Arbeit und Beruf, Bewußtmachen der Auseinandersetzung mit fachlichen und sozialen Anforderungen.

Gattung: Wahrnehmungszentrierte Spiele
Allgemeine Erlebnisspiele
Lebensbereich Arbeit, Beruf und Freizeit

Titel: Die Arbeitspapiere

Anwendungsber.: Verdeutlichung der Spannung zwischen individuellen Bedürfnissen und beruflichen Anforderungen, Wahrnehmung der Entwicklung beruflicher Identität.

Spielort: im Kreis

Unterl./Mat.: Imaginäre Mappe mit Urkunden und Schriftstücken aus dem Berufsleben (Zeugnisse, Bewerbungen, Stellenangebote, Fotos und Briefe usw.)

Spielschritte:
1. Eingabe einer imaginären Mappe mit unterschiedlichen Unterlagen aus dem Arbeitsbereich
2. Aufforderung, sich diese Unterlagen anzusehen, sich etwas auszuwählen mit dem sich ein Erlebnis verbindet
3. Austausch
   Schilderung der gefundenen Unterlage und des Erlebnisses
4. Assoziationsfeedback ausgelöst durch die Beiträge der anderen
5. Aufforderung zur Rückgabe oder zum Behalten der Unterlagen, Wegtragen der Eingabe
6. Auswertungsgespräch und Gefühlsfeedback

Hinweise f.d. Leiter zur Durchführung:

zur Auswertung: Beachtung von Frustrationen, Herstellung einer Balance zwischen Wunsch und Realität

Erfahrungen und Abwandlungen
bei unterschiedl. Zielgruppen: Hilfestellung bei Jugendlichen im Hinblick auf Wahrnehmung von Beratungsmöglichkeiten und bei der Verarbeitung von Minderwertigkeitsgefühlen. Bei alten Menschen Herausstellung von neuen Möglichkeiten der Selbstverwirklichung

Analoge Spiele:

Der Betriebsausflug

Zielbereich: Aktualisierung von Erlebnissen aus dem Lebensbereich Arbeit, Beruf und Freizeit. Bewußtmachen von Problemen, Nähe-Distanz, Gemeinschaft und Individualität, Beachten unterschiedlicher Fähigkeiten im Berufs- und Freizeitbereich

Gattung: Wahrnehmungszentrierte Spiele
Allgemeine Erlebnisspiele
Lebensbereich Arbeit, Beruf und Freizeit

Titel: Der Betriebsausflug

Anwendungsber.: Klärung beruflicher Beziehungen und Möglichkeiten von Neuorientierungen

Spielort: im Kreis

Unterl./Mat.: Imaginäre Alben mit Fotos von Betriebsausflügen

Spielschritte:
1. Eingabe eines imaginären Albums mit den Fotos von verschiedenen Betriebsausflügen
2. Aufforderung, sich die Bilder anzusehen, sich ein Bild auszuwählen, mit dem sich ein Erlebnis verbindet
3. Austausch
   Schilderung des Albums, des Bildes und des Erlebnisses
4. Assoziationsfeedback ausgelöst durch die Beiträge der anderen
5. Aufforderung zur Rückgabe oder zum Behalten der Bilder, Wegtragen der Eingabe
6. Auswertungsgespräch und Gefühlsfeedback

Hinweise f.d. Leiter zur Durchführung: Spiel nur möglich, wenn Erfahrungen mit Betriebsausflügen vorliegen

zur Auswertung: Sensibles Beachten von Hinweisen auf »Frauenprobleme«, auf Abhängigkeiten von Jugendlichen und auf Konflikte (Eß- und Alkoholprobleme)

Erfahrungen und Abwandlungen bei unterschiedl. Zielgruppen:

Analoge Spiele:

Schnappschuß

Zielbereich: Bewußtes Erfassen von Zeit, Aktualisierung von bedeutsamen Erlebnissen innerhalb eines festgelegten Zeitrahmens

Gattung: Wahrnehmungszentrierte Spiele
Allgemeine Erlebnisspiele

Titel: Schnappschuß

Anwendungsber: Kann nach einer längeren Unterbrechung eine Gruppe erlebensmäßig wieder zusammenführen, kann Teilnehmern helfen, ein Gefühl für Zeit und Abläufe zu entwickeln, kann anstehende Problembereiche bei den Teilnehmern verdeutlichen und sammeln

Spielort: im Kreis

Unterl./Mat.: imaginäre Fotos, die von einem imaginären Fotografen innerhalb der umschriebenen Zeitperiode gemacht wurden.

Spielschritte:
0. Hinweis auf den imaginären Fotografen, Umschreibung der Zeit in der die Bilder entstanden sind, evtl. auch wichtiger Situationen
1. Bilder werden in den Kreis gebracht
2. Bilder anschauen, mit einem wird sich ein Erlebnis verbinden
3. Austausch
   die gefundenen Bilder beschreiben und die Situation dazu darstellen
4. Assoziationsfeedback
   ausgelöst durch die Bilder der anderen
5. Aufforderung zur Rückgabe oder zum Behalten der Bilder
   Wegtragen der Eingabe
6. Auswertungsgespräch und Gefühlsfeedback

Hinweise f.d. Leiter zur Durchführung: Statt der Zeit können auch Orte, Situationen Gegenstand der Schnappschüsse sein

zur Auswertung: Themen ergeben ich aus den vorgestellten Erlebnissen.

Erfahrungen und Abwandlungen
bei unterschiedl. Zielgruppen: Das Spiel führt die Teilnehmer zusammen, verdeutlicht deren Motivationslage, wenn ab Beginn der Fotoserie die Abfahrt zur Gruppenveranstaltung oder die Zeit der ersten intensiveren Gedanken an die Gruppe bis zum Eintritt in den Gruppenraum gewählt wird.

Analoge Spiele: Kruschkiste, Zettelkasten

5.3.1.4. Jahreszeitliche Erlebnisspiele

Ob wir den Wechsel der Jahreszeiten und die damit verbundenen Feste bewußt wahrnehmen oder nicht, er findet statt und wir müssen uns in vielen Dingen des alltäglichen Lebensvollzuges (Kleidung, Essen) auf ihn einstellen.

In früheren Zeiten erlebten die Menschen den Wechsel der Jahreszeiten und die damit verbundenen Bräuche und Rituale intensiv und sie erlebten sich selber in diese Kräfte der Natur hineingenommen. Die moderne Lebensweise hat den Menschen zunehmend von der Natur und ihrem Wechsel entfremdet.

Jahreszeitliche Spiele schaffen einen Raum, in welchem Menschen nachdenken, ausdrücken und gedanklich weiterentwickeln können, wie Jahreszeiten und jahreszeitliche Feste erlebt wurden und sich veränderten.

Sie zeigen wie im jeweiligen Lebensabschnitt solche Feste gelebt, gefeiert und gestaltet werden können.

Das Osternest

Zielbereich: Erfahrungen mit dem Osterfest; Auseinandersetzungen mit dem Sinn des Osterfestes; Gestaltungsmöglichkeiten für das Fest.

Gattung: Wahrnehmungszentrierte Spiele
Jahreszeitliche Erlebnisspiele

Titel: Das Osternest

Anwendungsber.: Bearbeitung von Erlebnissen im Zusammenhang mit Ostern. Überlegungen zu einer zeitgerechten Art der Feier dieses Festes.

Spielort: im Kreis

Unterl./Mat.: Reales Nest oder Teller mit Eiern und Ostersüßigkeiten; Palmzweiglein für jedes Gruppenmitglied.

Spielschritte:
1. Das Osternest (der Teller) und die kleinen Palmzweiglein werden in die Mitte gelegt.
2. Aufforderung sich das Nest anzuschauen. Die darin befindlichen Gegenstände werden sich mit Erlebnissen von Ostern verbinden. Jeder nimmt hierfür stellvertretend ein Zweiglein heraus.
3. Schilderung des Gegenstandes, der zum Erlebnis führte und Austausch der Erlebnisse.
4. Assoziationsfeedback, ausgelöst durch die Beiträge der anderen.
5. Aufforderung zur Rückgabe oder zum Behalten des Zweigleins, Wegtragen der Eingabe
6. Auswertungsgespräch und Gefühlsfeedback

Hinweise f.d. Leiter zur Durchführung: Die Palmzweige stehen symbolisch für die Gegenstände; bei Spielschritt 5 wird alles weggetragen. Bei Teilnehmern aus anderen Kulturkreisen Verdeutlichungshilfen geben.

zur Auswertung: Je nach Gruppe können Möglichkeiten einer zeitgemäßen Gestaltung des Festes erarbeitet werden. Informationen unterschiedlicher Art können helfen, einen Sinn für Ostern zu finden.

Erfahrungen und Abwandlungen bei unterschiedl. Zielgruppen:

Analoge Spiele: Weihnachtsteller, Nikolaussack

Der Nikolaussack

Zielbereich: Erfahrungen mit dem Nikolausfest, Auseinandersetzung mit dem Sinn des Nikolausfestes, Gestaltungsmöglichkeiten für das Fest

Gattung: Wahrnehmungszentrierte Spiele
Jahreszeitliche Erlebnisspiele

Titel: Der Nikolaussack

Anwendungsber.: Bearbeiten von im Zusammenhang mit Nikolaus stehenden Erlebnissen, Überlegungen zu einer zeitgemäßen Art der Feier dieses Festes

Spielort: im Kreis

Unterl./Mat.: realer Sack oder Teller mit Süßigkeiten, eine Rute, brennende Kerze(n), Zweiglein usw.

Spielschritte:
1. Der reale Sack mit der Rute, den Süßigkeiten und den Zweigen wird in die Mitte des Kreises gelegt
2. Aufforderung sich die Gegenstände zu betrachten, mit einem dieser Gegenstände wird sich ein Erlebnis verbinden; stellvertretend für den Gegenstand wird ein Zweiglein herausgenommen
3. Austausch Beschreibung des Gegenstandes und Schilderung des Erlebnisses
4. Assoziationsfeedback, ausgelöst durch die Beiträge der anderen
5. Aufforderung zum Zurückgeben oder Behalten der Zweiglein – Wegtragen der Eingabe
6. Auswertungsgespräch und Gefühlsfeedback

Hinweise f.d. Leiter zur Durchführung: Zweige stehen symbolisch für die Gegenstände; bei Spielschritt 5 wird alles weggetragen

zur Auswertung: Es können dramatische Erlebnisse hervorgerufen werden, denn die Begegnung mit dem Nikolaus war für viele Kinder Begegnung mit Autorität, Macht und Ohnmacht, Angst und Beschämung. Je nach Gruppe können Möglichkeiten einer zeitgemäßen Gestaltung des Festes erarbeitet werden. Die Erzählung der Nikolauslegenden und Informationen und Brauchtum können helfen, den Sinn des Nikolausfestes zu entdecken.

Erfahrungen und Abwandlungen bei unterschiedl. Zielgruppen: Das Thema »Männer« kann sich hier aktualisieren.

Analoge Spiele: Der Weihnachtsteller, das Osternest

Christbaumkugeln

Zielbereich: Erfahrungen mit Weihnachten, Auseinandersetzung mit dem Sinn des bevorstehenden Weihnachtsfestes, Gestaltungsmöglichkeiten für das Weihnachtsfest

Gattung: Wahrnehmungszentrierte Spiele
Jahreszeitliche Erlebnisspiele

Titel: Christbaumkugeln

Anwendungsber.: Bearbeitung von Weihnachtserlebnissen, Auseinandersetzung mit der Sinnfrage von Weihnachten, mit Möglichkeiten des Feierns

Spielort: im Kreis

Unterl./Mat.: Imaginärer Korb mit Christbaumkugeln und sonstigem Christbaumschmuck

Spielschritte:
1. Ein imaginärer Korb mit Christbaumkugeln wird in die Mitte gestellt
2. Aufforderung, sich die Christbaumkugeln anzuschaun und jene herauszunehmen, in der sich ein Erlebnis mit Weihnachten spiegelt.
3. Austausch
   Schilderung der Kugel und des Erlebnisses
4. Assoziationsfeedback ausgelöst durch die Beiträge der anderen
5. Aufforderung zum Behalten oder zur Rückgabe der Kugel, Wegtragen der Eingabe
6. Auswertungsgespräch und Gefühlsfeedback

Hinweise f.d. Leiter zur Durchführung: Weihnachten ist für viele Menschen, vor allem für solche mit besonderen Problemen, ein sehr belastetes Fest. Es werden in der Regel Bitterkeiten und Enttäuschungen mit der Sinnlosigkeit des Festes ausgetauscht.

zur Auswertung: Festgestaltung planen oder Alternativen überlegen

Erfahrungen und Abwandlungen bei unterschiedl. Zielgruppen:

Analoge Spiele: Weihnachtsteller, Nikolaus, Osternest

5.3.1.5. Erlebnisspiele zur Sinneswahrnehmung

Unsere Zeit stellt an Sinneswahrnehmung höchste Anforderungen. Das Fernsehen, ein wesentlicher Faktor in Bildung und Erziehung, lehrt uns eher schnell und oberflächlich zu schauen. Akustische Reize sind laut und spektakulär, dem Verlauf der Handlung zu folgen erfordert schnelles Denken und Assoziieren. Gefühlseindrücke sind durch das Medium distanziert erlebbar. Die Orientierung im Straßenverkehr oder die schnelle Art des Reisens im Auto oder Flugzeug, viele kurzlebige Begegnungen vermitteln oberflächliche Eindrücke.

Die Folge dieser Fähigkeit des Schnellseins ist eine Reduzierung des Weltbildes und derWelterfahrung auf Oberfläche, die besonders Menschen mit Sinnesausfällen betrifft.

Sinn findet der Mensch, wenn er die Ganzheit, soweit sie seinen Sinnen zugänglich ist, im Wesen fühlen und erleben kann.

Das Einlassen auf die Sinne und die dem jeweiligen Menschen eigene und unverwechselbare Erlebnisqualität und Welterfahrung, erfordern Zeit, sie führen zur Aufmerksamkeit und Konzentration, sowie zur Veränderung der Weltsicht.

Im Erlebnisspiel »Das Feinschmeckerbüfett« z.B. können Erfahrungen mit Schmekken, Essen und Trinken zur Auseinandersetzung mit dem Thema Ernährung und Aussehen führen.

Andere Spiele stellen das Hören in den Mittelpunkt, wieder andere Gerüche oder die Vielfalt der Farben, die individuell und eigenwillig unser Wesen ausdrücken. In diesen Spielen werden Prozesse angestoßen, in denen Vergangenes als Unverwechselbares angenommen, aber auch die Welt als ein Ort vielfältigen Lebens begriffen werden kann. Das Einlassen auf die Sinneserfahrungen entfaltet Selbstheilungskräfte.

Die Musiktruhe

Zielbereich: Sinneswahrnehmungen, Bewußtwerden und Sensibilisieren für Sinneswahrnehmungen und damit zusammenhängende Erlebnisse. Erweiterung der Erlebnisfähigkeit: »Hören«

Gattung: Wahrnehmungszentriertes Spiel
Erlebnisspiel zur Wahrnehmung von Sinneseindrücken

Titel: Die Musiktruhe

Anwendungsber.: Erlebnisse mit Musik, Wirkungen von Tönen und Musik, Musik hören, Musik machen. Bedeutung von Musik in bestimmten Lebenssituationen

Spielort: Im Kreis

Unterl./Mat.: Musiktruhe mit Schallplatten, Kassetten, Musikbändern etc. (imaginär)

Spielschritte:
1. Die Musiktruhe wird pantomimisch in die Mitte des Kreises gestellt
2. Aufforderung, sich die Musiktruhe mit dem Inhalt anzuschauen und zuzuhören und die Kassette herauszunehmen (etc.). Es werden sich Erlebnisse damit verbinden.
3. Austausch
   Beschreibung der Musiktruhe, der Kassette, der Melodie und des Erlebnisses
4. Assoziationsfeedback
   ausgelöst durch die Erlebnisse der anderen
5. Aufforderung zum Behalten oder zur Rückgabe, Wegtragen der Eingabe
6. Auswertungsgespräch und Gefühlsfeedback

Hinweise f.d. Leiter zur Durchführung: Schlüsselmusik bei Drogenabhängigen, belastende Musikerfahrungen werden oft im Zusammenhang mit Sterbefällen erinnert.

zur Auswertung: Menschen, bei denen durch Erkrankungen eine Einengung des Erlebens besteht, können durch dieses Thema Impulse bekommen, diesen Bereich wieder in das Leben zu integrieren.

Erfahrungen und Abwandlungen bei unterschiedl. Zielgruppen:

Analoge Spiele:

Der Krug mit Gerüchen

Zielbereich: Sinneswahrnehmungen, Bewußtwerden und Sensibilisieren für Sinneswahrnehmungen und damit zusammenhängende Erlebnisse, Erweiterung der Erlebnisfähigkeit: »Riechen«

Gattung: Wahrnehmungszentriertes Spiel
Erlebnisspiel zur Wahrnehmung von Sinneseindrücken

Titel: Der Krug mit Gerüchen

Anwendungsber.: Erlebnisse mit Gerüchen, Wahrnehmung von Gerüchen, Wirkung von Gerüchen

Spielort: Im Kreis

Unterl./Mat.: Krug mit Gegenständen, die riechen (imaginär oder real)

Spielschritte:
1. Ein Krug, mit wohlriechenden Dingen (z.B. Blätter, Gewürze, Blumen) gefüllt, wird in die Mitte gestellt, wenn er geöffnet wird, strömen Gerüche heraus.
2. Aufforderung, zu riechen, und einen Gegenstand herauszunehmen. Es werden sich Erlebnisse einstellen, die sich mit diesem Gegenstand und dessen Geruch verbinden.
3. Austausch
   Beschreiben des Kruges, des Gegenstandes und seines Geruches und des Erlebnisses, das mit diesem Geruch verbunden ist.
4. Assoziationsfeedback
   ausgelöst durch die Erlebnisse anderer
5. Aufforderung zum Behalten oder zur Rückgabe
   Wegtragen der Eingabe
6. Auswertungsgespräch und Gefühlsfeedback

Hinweise f.d. Leiter zur Durchführung:
- Sich darauf einstellen, daß Gerüche und Intimität nah beisammen sind.

zur Auswertung:
- Gerüche und Intimität als Thema
- sich nicht riechen können, auch hinsichtlich der Beziehungen in der Gruppe
- trotz der Eingabe -wohlriechend-, können belastende Geruchserfahrungen kommen

Erfahrungen und Abwandlungen bei unterschiedl. Zielgruppen: Bei bestimmten Gruppen (z.B. Jugendlichen, psychisch Kranken) kann es sinnvoll sein, einen realen Krug mit Dingen, die riechen, in die Mitte zu stellen.

Analoge Spiele:

Die Farbtöpfe

Zielbereich: Sinneswahrnehmungen
Bewußtwerden und Sensibilisieren für Sinneswahrnehmungen und damit zusammenhängende Erlebnisse;
Erweiterung der Erlebnisfähigkeit: »Sehen«

Gattung: Wahrnehmungszentrierte Spiele
Erlebnisspiele zur Wahrnehmung von Sinneseindrücken

Titel: Die Farbtöpfe

Anwendungsber.: Erlebnisse mit Farben, Wirkung von Farben, Ausdrucksmöglichkeiten mit Farben, Bedeutung von Farben im Lebensvollzug

Spielort: Im Kreis

Unterl./Mat.: Tablett mit Farben (real oder imaginär)

Spielschritte:
1. Ein Tablett mit Farbtöpfen wird in die Mitte gestellt.
2. Aufforderung sich die Farben anzuschauen, eine Farbe auszuwählen und den entsprechenden Farbtopf herauszunehmen. Mit der Farbe wird sich ein Erlebnis verbinden.
3. Austausch
   Beschreiben des Farbtopfes, der Farbe und des Erlebnisses
4. Assoziationsfeedback
   ausgelöst durch die Erlebnisse der anderen
5. Aufforderung zum Behalten oder zur Rückgabe
   Wegtragen der Eingabe
6. Gefühlsfeedback und Auswertungsgespräch

Hinweise f.d. Leiter zur Durchführung:
- gelegentlich wollen Teilnehmer die Farben/Farbtöpfe nicht berühren
- differenzierte Farbeingaben

zur Auswertung: Es ist möglich, daß die Gruppe nach diesem Spiel mit Farben arbeiten möchte.

Erfahrungen und Abwandlungen bei unterschiedl. Zielgruppen:

Analoge Spiele:

Die Stoffschachtel

Zielbereich: Sinneswahrnehmungen
Bewußtwerden und Sensibilisieren für Sinneswahrnehmungen und damit zusammenhängende Erlebnisse
Erweiterung der Erlebnisfähigkeit »Fühlen«

Gattung: Wahrnehmungszentrierte Spiele
Erlebnisspiele zur Sinneswahrnehmung

Titel: Die Stoffschachtel

Anwendungsber.: Erlebnisse mit Tasten und Fühlen, Bedeutung von Tasterfahrungen

Spielort: Im Kreis

Unterl./Mat.: imaginäre oder reale Schachtel mit verschiedensten Stoffen

Spielschritte:
1. Die Schachtel mit den Stoffen wird in die Mitte gestellt, unterschiedliche Stoffe mit ihren Fühlqualitäten beschreiben
2. Aufforderung, sich die Stoffe anzuschauen, einen herauszunehmen, ihn mit den Händen, vielleicht auch mit dem Gesicht zu fühlen.
   Mit dem Stoff wird sich ein Erlebnis verbinden.
3. Austausch
   (bei imaginärer Stoffschachtel Beschreibung der Schachtel) Beschreibung des Stoffes und des damit verbundenen Erlebnisses
4. Assoziationsfeedback
   ausgelöst durch die Erlebnisse der anderen
5. Aufforderung zum Behalten oder zur Rückgabe des Stoffes, Wegtragen der Eingabe
6. Gefühlsfeedback und Auswertungsgespräch

Hinweise f.d. Leiter zur Durchführung: Bei Eingabe einer realen Stoffschachtel darauf hinweisen, daß der Stoff, den ein anderer schon herausgenommen hat, imaginär noch einmal herausgenommen werden kann.

zur Auswertung:

Erfahrungen und Abwandlungen
bei unterschiedl. Zielgruppen:

Analoge Spiele:

Das Feinschmeckerbüfett

Zielbereich: Sinneswahrnehmungen Bewußtwerden und Sensibilisieren für Sinneswahrnehmungen und damit zusammenhängende Erlebnisse Erweiterung der Erlebnisfähigkeit »Schmecken«

Gattung: Wahrnehmungszentrierte Spiele
Erlebnisspiele zur Wahrnehmung von Sinneseindrücken

Titel: Das Feinschmeckerbüfett

Anwendungsber.: Erlebnisse mit Essen und Trinken, Wahrnehmung von Geschmack, Bedeutung von Essen und Trinken

Spielort: außerhalb des Kreises

Unterl./Mat.: Außerhalb des Kreises wird das Feinschmeckerbüfett durch einen Tisch angedeutet (Speisen und Getränke imaginär)

Spielschritte:
1. Schilderung des Feinschmeckerbüfetts auf dem alle köstlichen Speisen und Getränke bereitgestellt sind.
2. Aufforderung, zum Büfett zu gehen und es sich anzuschauen, zu riechen, zu schmecken und sich das Getränk oder das Gericht auszuwählen, das besonders anspricht und mit dem sich ein Erlebnis verbindet.
3. Austausch (im Kreis)
   Was wurde mitgenommen. Aussehen? Geruch? Geschmack? Erlebnis?
4. Assoziationsfeedback
   ausgelöst durch die Beiträge der anderen
5. Aufforderung zum Behalten oder zur Rückgabe
6. Gefühlsfeedback und Auswertungsgespräch

Hinweise f.d. Leiter zur Durchführung: Beim Verlassen des Kreises gibt das Gruppenmitglied Sicherheiten auf. Gedanken werden in Handlungen umgesetzt. Es muß sich exponieren und gewinnt über den Weg der Selbstdarstellung Autonomie. Gruppenphase beachten!

zur Auswertung: Bei diesem Spiel können Probleme mit Eßstörungen zutage treten. Die veränderten kulturellen Essensgebräuche zwischen jung und alt werden deutlich. Die Bereicherung des Speisezettels durch Auslandsreisen und Begegnung mit Ausländern kann aufgegriffen werden.

Erfahrungen und Abwandlungen
bei unterschiedl. Zielgruppen: Das hier angesprochene Thema kann durch gemeinsames Kochen und Essen weitergeführt werden.

Analoge Spiele: Das Bonbonglas (im Kreis)
Der Obstteller

5.3.1.6. Erlebnisspiele mit Selbstdarstellung

1. Anders als in den übrigen Erlebnisspielen – das Erlebnisspiel mit Gruppenaktion ausgenommen – werden bei dieser Spielform zwei wichtige Besonderheiten wirksam:

a) das individuelle Heraustreten aus dem Kreis und
b) das Handeln, im wörtlichen Sinne das Sich-in-Szene-Setzen, vor der Gruppe.

Das Heraustreten aus dem Kreis, aus der Gruppe, gibt der zu schildernden Situation nicht nur für die Mitspieler, sondern auch für den Betreffenden selbst eine eigene Dynamik. Die Bedeutung der Situation wird betont, die Aufmerksamkeit der anderen wird gerichtet. Gleichzeitig wird der schützende Kreis, der sichernde Halt der Mitspieler verlassen, die Konfrontation mit dem eigenen Erleben erfolgt für sich selbst und die anderen in einer sehr unmittelbaren Weise. Dies wird besonders dadurch gefördert, daß sich der Spieler in das Bild begibt. Er nimmt wieder die Position und die Haltung ein, die er seiner Erinnerung nach in dem wesentlichen Teil der damaligen Szene eingenommen hat. Auch die extrem zurückhaltende Gestaltung der Szene in Form eines imaginierten Bilderrahmens und das Verbot, in eine Spielhandlung überzuleiten, verhindern nicht, daß psychodramatische Effekte aktiviert werden, ein Phänomen, das vom Spielleiter eine besondere Sensibilität und fachlich qualifiziertes Eingehen auf die Situation erfordert.

2. Bei der Spielform »Die Blumen« werden die Gruppenmitglieder ihr »Selbstbild« zeichnerisch auf der Symbolebene (Blumen) gestalten.

⟲ Das große Fotoalbum

Zielbereich: Darstellen eines Selbstbildes und Aktualisieren eines Erlebnisses in einer bestimmten Umgebung, das in Körperhaltung, Gedanken und Gefühlen ausgedrückt wird.

Gattung: Wahrnehmungszentrierte Spiele
Erlebnisspiele mit Selbstdarstellung

Titel: Das große Fotoalbum

Anwendungsber.: Selbstbarstellung in Bildform; intensive Identifikation mit der dargestellten Szene

Spielort: Halbkreis

Unterl./Mat.: Großes, bis zur Decke reichendes Buch (imaginär)

Spielschritte:

1. Buch wird mit Hilfe eines Gruppenmitglieds vor den offenen Kreis getragen. Der Leiter stimmt in die Art der möglichen Bilder ein (nach jedem Bild wird die Seite umgeblättert)
2. Aufforderung, sich in einer Umgebung in einer bestimmten Körperhaltung zu sehen und zu erforschen, wie man sich sieht und fühlt.
3. Darstellung: Die einzelnen Gruppenmitglieder begeben sich (nacheinander) in's Bild (Fotoalbum) und stellen sich in einer Szene in einer bestimmten Körperhaltung dar. Dabei beschreibt sich die jeweilige Person und schildert die Szene. (Nach jedem »Bild« wird umgeblättert, das nächste Gruppenmitglied kommt.)
4. Assoziationsfeedback (Was von den anderen Bildern könnte bei meinem Bild (bei mir) auch sein?)
5. Buch wird wieder hinausgetragen (pantomimisch)
6. Gefühlsfeedback und Auswertungsgespräch (im Kreis)

Hinweise f.d. Leiter zur Durchführung: Das Umblättern kann von den Teilnehmern übernommen werden, die sich gerade dargestellt und beschrieben haben.

zur Auswertung: Wie sehe ich mich im Moment?

Erfahrungen und Abwandlungen bei unterschiedl. Zielgruppen:

Analoge Spiele:

Die Blumen

Zielbereich: Darstellung eines Selbstbildes in verschlüsselter Form, Auseinandersetzung mit den eigenen Bedürfnissen und Wesensmerkmalen auf der Symbolebene

Gattung: Wahrnehmungszentrierte Spiele

Titel: Die Blumen

Anwendungsber.: Selbstdarstellung auf einer Symbolebene, intensive Beschäftigung mit dem Selbstbild

Spielort: im Kreis

Unterl./Mat.: Papier und Stifte

Spielschritte:

1. Eingabe
   Die Gruppenmitglieder werden aufgefordert, auf ein Blatt eine Blume zu zeichnen, die ihnen besonders gefällt, von der sie glauben, daß es ihre Blume ist. Sie überlegen dabei, wie die Blume aussieht, wie sie wächst, ob sie alleine blüht oder neben anderen, genügsam ist oder guten Boden braucht, sich wehren muß gegen Schädlinge usw.
2. Aufforderung
   Die Gruppe sitzt danach im Kreis, ein Bild wird dabei in die Mitte gelegt, die Blume und ihre Eigenart werden beschrieben.
   Jedes Gruppenmitglied legt sein Bild in die Mitte und beschreibt seine Blume
3. Austausch
4. Assoziationsfeedback
   Was von den Schilderungen der anderen ist auch für meine Blume wichtig?
5. Aufforderung zum Behalten oder zur Rückgabe der Bilder, Wegtragen der Eingabe
6. Gefühlsfeedback und Auswertungsgespräch

Hinweise f. d. Leiter zur Durchführung:

zur Auswertung: Was von meiner Blume paßt auch für mich?

Erfahrungen und Abwandlungen bei unterschiedl. Zielgruppen:

Analoge Spiele: Das Selbstporträt

5.3.1.7. Erlebnisspiele mit Problemeingabe

zielen auf spezielle Probleminhalte: Religiöse Probleme, Trennungs- und Verlusterlebnisse, Probleme mit Autoritäten, mit Macht und Machtteilung usw. können das Spiel bestimmen. Darüber hinaus können durch bestimmte Bildvorgaben, die wiederum real oder als Imagination erfolgen, weitere spezielle Probleme formuliert werden. Diese Themen werden durch bestimmte Bildvorgaben, die real oder als Imagination erfolgen, bearbeitet.

Solche Bildvorgaben können sich auf Probleme mit

- Familienangehörigen,
- Arbeit und Beruf,
- Partnerschaft,
- Freundeskreis

und anderes beziehen.

Abschied

Zielbereich: Aktualisieren und Bearbeiten von Problemen im Zusammenhang mit bestimmten Personen oder Situationen

Gattung: Wahrnehmungszentrierte Spiele
Erlebnisspiele mit Problemeingabe

Titel: Abschied

Anwendungsber.: Bearbeitung der Erlebnisseite von Problemen, Auffinden von Lösungsmöglichkeiten

Spielort: Im Kreis

Unterl./Mat.: Imaginäres Fotoalbum oder imaginärer Kasten mit Bildern vom Abschied

Spielschritte:
1. Ein Fotoalbum oder ein Kasten mit Bildern von Abschiedssituationen wird in die Mitte gelegt.
2. Aufforderung sich die Bilder anzuschauen, eines herausnehmen, mit dem wird sich ein Erlebnis verbinden.
3. Austausch
   Beschreiben des Albums, der Situation auf dem Bild und des Erlebnisses
4. Assoziationsfeedback ausgelöst durch die Erlebnisse der anderen
5. Aufforderung zum Behalten oder zur Rückgabe der Bilder, Wegtragen der Eingabe
6. Gefühlsfeedback und Auswertungsgespräch

Hinweise f.d. Leiter zur Durchführung:

zur Auswertung: Auf brauchbare Lösungsvorschläge der Gruppenmitglieder achten, positiv verstärken. Gruppenmitglieder stützen, »Wir-Gefühl« vermitteln. Im Auswertungsgespräch Eingabethema wiederaufgreifen. Auf Trauersituationen eingehen

Erfahrungen und Abwandlungen bei unterschiedl. Zielgruppen:

Analoge Spiele:

Probleme mit dem Vater

Zielbereich: Aktualisieren und bearbeiten von Problemen im Zusammenhang mit bestimmten Personen oder Situationen

Gattung: Wahrnehmungszentrierte Spiele
Erlebnisspiele mit Problemeingabe

Titel: Probleme mit dem Vater

Anwendungsber.: konkrete oder unverarbeitete Probleme mit dem Vater oder anderen männlichen Autoritäten (Übertragungen)

Spielort: Im Kreis

Unterl./Mat.: imaginäre Fotos, Tagebuchnotizen zum Thema

Spielschritte:
1. Bilder in den Kreis legen
2. Aufforderung, sich die Bilder/Notizen anzusehen, eines herausnehmen, mit ihm wird sich ein Erlebnis verbinden.
3. Austausch
   Beschreibung des Fotos/der Notiz und des Erlebnisses
4. Assoziationsfeedback ausgelöst durch die Beiträge der anderen
5. Aufforderung zur Rückgabe oder zum Behalten des Bildes/der Notiz, Wegtragen der Eingabe
6. Gefühlsfeedback und Auswertungsgespräch

Hinweise f.d. Leiter zur Durchführung: Bei der Schilderung traumatischer Erlebnisse stützen. Wirgefühl vermitteln

zur Auswertung: Erinnerungen an Mißhandlungen oder sexuellen Mißbrauch sind möglich.
Evtl. schließt sich ein Spiel zur Schuldverarbeitung oder ein problemzentriertes Spiel an.

Erfahrungen und Abwandlungen bei unterschiedl. Zielgruppen:

Analoge Spiele: Probleme mit der Mutter, mit Freunden, Lehrern oder mit Chef oder Kollegen usw.

5.3.1.8. Erlebnisspiele mit doppelter Problemeingabe

haben die Herstellung einer Balance des Selbstgefühles, die Aufdeckung von Ressourcen des einzelnen und der Gruppe und die Erleichterung der Problembewältigung durch Lernen am Modell zum Ziel. Die Balance des Selbstgefühls kann durch Erinnerungen an ungelöste und gelöste Problemsituationen erreicht werden. Die Aussicht, bestimmte Problemlösungen (wieder) zu erlernen, oft auch die Erkenntnis, daß anderen gewisse Problemlösungen ebenfalls nur schwer gelingen, unterstützen diese Entwicklung. Diese Spielform sieht zwei unterschiedliche Eingaben vor:

a) eine frühere Problemsituation, in der die Bewältigung des Problemes befriedigte oder gelang, oder
b) eine frühere Problemsituation, in der die Bewältigung unbefriedigend verlief oder mißlang.

Es handelt sich jeweils um solche Problemsituationen, die allen Gruppenmitgliedern vertraut sind (Trennung, Macht und Geltung, Rivalität usw.). Im Auswertungsgespräch wird auf die Problemlösungstechniken eingegangen, die schon einmal zum Erfolg führten und auf die Gründe, die dieses Verhalten heute erschweren. Es werden ferner Verhaltensweisen überlegt, die bei anderen Gruppenmitgliedern in ähnlichen Situationen zum Erfolg geführt haben. Die Übertragung auf die eigene Lebenssituation wird herausgestellt.

Das Erlebnisspiel mit doppelter Problemeingabe (je nach eingegebenem Problem)

Zielbereich: Wahrnehmen und Bewußtmachen gegensätzlicher Empfindungen bei bewältigten und nichtbewältigten Problemsituationen. Erkennen der eigenen Lösungskräfte und Durchbrechen erstarrter Lösungsansätze.

Gattung: Wahrnehmungszentrierte Spiele
Erlebnisspiele mit doppelter Problemeingabe

Titel: (je nach eingegebenem Problem)

Anwendungsber.: Bearbeitung der Erlebnisseite von Problemen. Auffinden von Lösungsmöglichkeiten.

Spielort: Im Kreis

Unterl./Mat.: Fotoalbum oder Kasten mit Bildern (imaginär)

Spielschritte:

1. Zwei Fotoalben werden in die Mitte gelegt
   a) ein Album wird geöffnet: Situation mit positivem Erleben; Aufforderung, Bild herauszunehmen.
   b) Zweites Album wird geöffnet: »Gleiche« Situation, jedoch mit negativem Erleben; Aufforderung, Bild herauszunehmen.
2. Austausch der negativen Erlebnisse (b)
3. Austausch der positiven Erlebnisse (a)
4. Assoziationsfeedback
5. Aufforderung zum Behalten oder zur Rückgabe der Bilder Wegtragen der Eingabe
6. Gefühlsfeedback und Auswertungsgespräch zum Problem

Hinweise f.d. Leiter zur Durchführung: Unbedingt Reihenfolge beachten! Mit einer Häufung von Problemen ist zu rechnen.

zur Auswertung: Unter Umständen Lösungsmöglichkeiten betonen.

Erfahrungen und Abwandlungen bei unterschiedl. Zielgruppen:

Analoge Spiele:

5.3.1.9. Erlebnisspiele zur Sinnfindung

Erlebnisspiele zur Sinnfindung wenden sich zunächst Erlebnissen zu, die mit Sinneseindrücken verbunden sind oder verbunden waren, versuchen sowohl Erlebnisse der Lebensfülle wie die innerer Leere darzustellen und Schrittweise die Probleme von Sinnverlust, Sinnsuche und Sinnfindung anzusprechen.
Etwas einen Sinn zu geben wird nach Jung verstanden als etwas oder jemandem eine Bedeutung zu geben. Dabei wird berücksichtigt, daß wir in Krisen keine Deutungen parat haben und daß auf die »turbulente Lebenssituation« keine hergebrachte Sinngebung passen will (*Jung*, S. 43)
Die Erlebnisspiele zur Sinnfindung gehen auf da Möglichkeiten ein, etwas oder jemand in seiner Einmaligkeit zu erleben, die Bedeutung, die die Umwelt für uns hat, die dingliche wie die soziale, zu erahnen oder zu erkennen. Es wird zunächst die Bedeutung des konkret Anschaulichen betont, das Gegenständliche mit dem Sozialen verbunden und schließlich eine spirituelle Dimension angesprochen. Die Struktur der Spiele berücksichtigt die Ambivalenz der Gefühle in Krisenzeiten, bietet Objekte an, die unser Eigen sein könnten, betont den Zusammenbruch unseres Vertrauens und hebt letztlich die Möglichkeit heraus, etwas zu erhoffen. Während zunächst Erlebnisse angesprochen werden, die eine irgendwie geartete Beziehung zu Menschen und Dingen beinhalten, wird im Auswertungsgespräch die Handlungsebene angesprochen. Unsere Erfahrungen mit Krisen und ihrer Bewältigung sind gefragt und zeigen, daß auf hilfreiche Modelle zurückgegriffen werden könnte, daß über erprobte Fähigkeiten verfügt werden und man auf sich und andere vertrauen könnte.

Irgendwo auf der Welt ist ein Mensch für mich

Zielbereich: Bewußtwerden der eigenen Wertorientierung und Auseinandersetzung mit sinngebenden Objekten

Gattung: Wahrnehmungszentrierte Spiele
Erlebnisspiel zur Sinnfindung

Titel: Irgendwo auf der Welt ist ein Mensch für mich

Anwendungsber.: Bearbeitung von Wert- und Sinnkrisen

Unterl./Mat.: Reale oder imaginäre Bilder von Menschen (Frauen, Männer und Kinder aller Rassen)

Spielort: Im Kreis

Spielschritte:

1. Eingabe
   Bilder von Menschen (imaginär oder real) aller Völker, aller Schichten, Männer, Frauen, Kinder
2. Einstimmung
   Auf der Welt lebt eine große Zahl von Menschen und wir selber kennen viele Frauen, Männer und Kinder unterschiedlicher Kulturen, arme und reiche, sympathische und unsympathische. Manche stehen uns näher, manche ferner, manche könnten uns aber näher kommen, wenn wir dies wünschten oder wenn wir sie mehr beachten würden.
   Dennoch haben wir immer wieder das Gefühl, daß es für uns keinen Menschen gibt, daß wir alleine und verlassen sind. Würden wir daran glauben, daß unter den vielen, vielen Menschen auch einer uns nahe kommen könnte, wäre dies so. Irgendwo auf der Welt ist ein Mensch für mich.
3. Aufforderung
   sich die Bilder anzuschauen, sich eines von einem Menschen auszusuchen, das uns besonders anspricht. Es wird sich mit dem Bild ein Erlebnis verbinden.
4. Austausch Bildschilderung und Erlebnis
5. Assoziationsfeedback
6. Aufforderung zur Rückgabe oder zum Behalten der Bilder, Wegtragen der Eingabe
7. Auswertungsgespräch und Gefühlsfeedback

Hinweise f.d. Leiter zur Durchführung: Spiel nur in vertrauten Gruppen anwenden

zur Auswertung: Gespräch über Beziehung und Beziehungsstörungen
Hilfen betonen

- Kennen wir solche Situationen, wo wir uns von allen Menschen verlassen fühlen?
- Wie gehen wir damit um? Können wir auf andere zugehen, Hilfe erbitten, Mißverständnisse klären? Was hilft uns in solchen Situationen?

Erfahrungen und Abwandlungen bei unterschiedl. Zielgruppen:

Analoge Spiele:

Irgendwo auf der Welt ist eine Tür für mich offen

Zielbereich: Bewußtwerden der eigenen Wertorientierung und Auseinandersetzung mit sinngebenden Objekten

Gattung: Wahrnehmungszentrierte Spiele
Erlebnisspiel zur Sinnfindung

Titel: Irgendwo auf der Welt ist eine Tür für mich offen

Anwendungsber.: Bearbeitung von Wert- und Sinnkrisen

Spielort: Im Kreis

Unterl./Mat.: Reale oder imaginäre Bilder von Türen

Spielschritte:

1. Eingabe
   Imaginäre oder reale Bilder von unterschiedlichen Türen
2. Einstimmung
   - Auf der Welt gibt es viele Türen. Solche, die immer offen stehen und solche, die immer verschlossen bleiben.
   - Wir haben oft das Gefühl, daß uns keine Türe mehr offen steht, daß wir ausgeschlossen sind.
   - Würden wir daran glauben, daß uns irgendeine der vielen Türen offen steht, wäre dies so.
     Irgendwo auf der Welt ist eine Tür für mich offen.
3. Aufforderung
   sich die Bilder anzusehen, eine Türe zu finden mit der wir ein Erlebnis verbinden
4. Austausch
   Bildschilderung und Erlebnis
5. Assoziaitionsfeedback
   ausgelöst durch die Beiträge der anderen
6. Aufforderung zur Rückgabe oder zum Behalten der Bilder, Wegtragen der Eingabe
7. Auswertungsgespräch und Gefühlsfeedback

Hinweise f.d. Leiter zur Durchführung: Spiel nur in vertrauten Gruppen anwenden

zur Auswertung: Gespräch über die Bedeutung von Türen
Hilfen betonen
- Kennen wir solche Situationen, wo Türen verschlossen sind?
- Wie gehen wir damit um? Was hilft uns dabei, offene Türen zu finden?

Erfahrungen und Abwandlungen bei unterschiedl. Zielgruppen:

Analoge Spiele: Irgendwo in der Welt ist ein Mensch für mich

5.3.1.10. Erlebnisspiele zur Schuldbearbeitung

Das Erlebnisspiel zur Schuldbearbeitung beschäftigt sich mit Erlebnissen schuldhaften Ungenügens, mit Erfahrungen des Schuldigseins, also mit der Verletzung verinnerlichter Werte.

Schuldgefühle, die als schlechtes Gewissen, Angst, Sorge, Depressionen auftreten, werden in Verbindung mit konkretem Verhalten gesehen und reflektiert, es geht hier vornehmlich darum, jemand etwas schuldig geblieben zu sein.

Unterscheidungen zwischen krankhaften Schuldgefühlen und schuldhaftem Versagen, zwischen eigenen und fremden Anteilen am Schuldigwerden, werden angeregt, Korrekturmöglichkeiten überlegt und es wird eine Balance zwischen Ideal-Selbst und Real-Selbst angestrebt, die anerkennt, daß schuldig werden zum Leben gehört.

O Der leere Korb

Zielbereich: Aktualisierung von Schulderlebnissen Entwicklung der Fähigkeit, Schuldgefühle wahrzunehmen, einzuordnen und in Beziehung zu eigenen Handlungen zu bringen. Schuldbearbeitung und Suche nach Möglichkeiten der Schuldentlastung.

Gattung: Wahrnehmungszentrierte Spiele
Erlebnisspiele zur Schuldbearbeitung

Titel: Der leere Korb

Anwendungsber.: Klärung noch offener Alltagssituationen unter dem Aspekt Schuld bei Fehlen von Schuldeinsicht, Verdrängung von Schuldgefühlen, bei neurotischen oder sonst fehlgeleiteten Schuldgefühlen.

Spielort: Im Kreis

Material: Realer oder imaginärer leerer Korb

Spielschritte:

1. Einstimmung in Situationen, in denen wir etwas schuldig blieben, Aufzählen von Möglichkeiten,
2. Aufforderung, für diese Versagenssituation ein Zeichen zu finden, einen Gegenstand, ihn evtl. zu verpacken und auf den Schoß zu legen, Erlebnis beachten
3. leerer Korb wird in die Mitte gestellt (möglichst real)
4. Austausch
   Schilderung des Gegenstandes, der gefunden wurde, oder des Zeichens, das gewählt wurde, und des Erlebnisses, das sich damit verbindet. Der Gegenstand wird anschließend in den Korb gelegt.
5. Assoziaitonsfeedback
6. Wegbringen des Korbes
7. Gefühlsfeedback und Auswertungsgespräch

Hinweise f.d. Leiter zur Durchführung: Hilfen sind nötig, Schuld zu erkennen und Möglichkeiten der Bearbeitung zu finden. Psychodramatische Effekte beachten.

zur Auswertung: Auswertungsthemen ergeben sich durch die Beiträge der Gruppenmitglieder. Gespräch über individuelle und kollektive Schuld kann nötig werden.

Erfahrungen:

Analoge Spiele:

5.3.1.11. Erlebnisspiele mit Bedeutungsfeedback

Unter den Erlebnisspielen gibt es solche, die sich nicht mit der Darstellung des Erlebten begnügen, sondern nach den dahinterliegenden Bedeutungen fragen. (Erlebnisspiele mit Bedeutungsfeedback)
Bedeutungen sind kulturell vermittelte, äußerst subjektiv geprägte und von den jeweiligen historischen Lebenssituationen und den gegenwärtigen Lebenslagen abhängige Erscheinungen. So bedeutet z.B. ein gefällter großer Baum für den einen die Schädigung der Natur, für jemand anderen eine ansehnliche Menge Holz für den Kamin, für einen dritten eine Einkommensquelle und für einen vierten schwere körperliche Arbeit. Hinter diesen bereits so verschiedenen Bedeutungen verbergen sich womöglich noch tiefere Sinnhaftigkeiten: abgeschnitten vom Leben, Gewalttätigkeit, Tod; oder aber Sehnsucht nach Nähe, Wärme, Geborgenheit; vielleicht aber auch das Bedürfnis nach Sorglosigkeit, Unabhängigkeit, Freiheit.
Ein so »einfaches« Bild wie der gefällte Baum eröffnet uns – bei entsprechend professioneller Führung – möglicherweise Zugänge zu existentiellen Fragen, die uns innerlich beschäftigen, äußerlich aber nicht in Erscheinung treten.
Noch differenzierter und mannigfaltiger werden die Bedeutungen bei Gegenständen mit bereits innewohnendem starken Symbolgehalt. Ein Ring z.B., ein Rad, eine Kugel, ein Würfel, ein Stein oder auch ein bestimmtes Tier, eine Pflanze oder ein Musikinstrument lassen unzählige Bedeutungen zu. In einem Bedeutungsfeedback statt einem Assoziationsfeedback kommen die verschiedenen Bedeutungen zum tragen.
Für einen Klienten, der so in einem Erlebnisspiel mit Bedeutungsfeedback die vielfältigen Bedeutungen seines gefundenen Gegenstandes kennenlernen kann, besteht jetzt die Möglichkeit, aus der eigenen eingeschränkten subjektiven Bedeutungsbefangenheit herauszutreten. Aber auch die anderen Gruppenmitglieder erleben eine Erweiterung ihrer eigenen Erfahrungen. Während sich also das Assoziationsfeedback mit neuen eigenen Erinnerungen zu den Erlebnissen der Gruppenmitglieder beschäftigt, führt das Bedeutungsfeedback zum Symbolwert eines Gegenstandes.
Dabei kann die Gruppe selbst, aus der eigenen Lebenssituation heraus, jene Symbolwerte entwickeln, die für den Zustand der Gruppe und ihrer Mitglieder aussagekräftig sind. Der Gruppenleiter wird in der Auswertung des Spiels versuchen, die existentiellen Bedeutungen hervorzuheben, bewußt zu machen und damit Zugang zu bisher Verborgenem zu ermöglichen.
In einer Zeit, in der unsere Lebensbereiche immer mehr digitalisiert werden, wird die Beschäftigung mit Symbolen, die Auseinandersetzung mit analogen Zeichen notwendig für ganzheitliches Denken.

Der Glückshafen

Zielbereich: Bewußtmachen von Wunsch- und Glücksvorstellungen. Kennenlernen der Symbolgehalte von Gegenständen und deren mögliche »relative« Bedeutung; subjektive und kollektive kulturelle Bedeutungen.

Gattung: Wahrnehmungszentriertes Spiel: Erlebnisspiel mit Bedeutungsfeedback

Titel: Der Glückshafen

Anwendungsber.: Der Mensch mit seinen Wünschen und seinen Vorstellungen vom Glück, vom glücklich Sein.

Spielort: Im Kreis

Unterl./Mat.: Ein »Hafen« = ein Topf (imaginär)

Spielschritte:
1. Einstimmung mit Erklärung von »Glückshafen«
2. Ein Hafen wird in die Mitte gestellt, es sind Dinge darin, die überraschen und glücklich machen können.
3. Aufforderung, hinein zu greifen und einen beliebigen Gegenstand herauszuholen.
4. Austausch: Beschreibung der Gegenstände
5. Austausch der Bedeutungen:
   a) Was bedeutet der Gegenstand für mich?
   b) Was würde der Gegenstand für die anderen bedeuten, wenn sie ihn gefunden hätten?
   c) Welche der anderen Bedeutungen kann ich in meine integrieren? Welche nicht?
6. Aufforderung zum Behalten oder zur Rückgabe des Gegenstandes. Wegtragen der Eingabe
7. Auswertungsgespräch und Gefühlsfeedback

Hinweise f.d. Leiter zur Durchführung: Bei Punkt 4 auf genaue Beschreibung des Gegenstandes achten; bei spontanen Bedeutungsäußerungen auf die nächste Runde verweisen. Alle subjektiven Bedeutungen sind zulässig.

zur Auswertung: Mögliche Themen:
- Zusammenhang zwischen Gegenständen und Glück.
- Was macht mich glücklich?
- Wie gehe ich mit Glück um?
- Wie stehe ich zu Glück?

Erfahrungen und Abwandlungen
bei unterschiedl. Zielgruppen: Ähnliche Spiele: Der Krabbelsack; der Geschenkkorb

Analoge Spiele:

Strandgut

Zielbereich: Bewußtmachen von verborgenen, geheimen Wünschen und Ängsten Kennenlernen der Symbolgehalte von Gegenständen und deren mögliche »relative« Bedeutung und Auseinandersetzung mit ihren Auswirkungen auf die Lebensgestaltung, subjektive und kollektive/kulturelle Bedeutungen.

Gattung: Wahrnehmungszentrierte Spiele
Erlebnisspiele mit Bedeutungsfeedback

Titel: Strandgut

Anwendungsber.: Der Mensch mit seinen Wünschen und Ängsten, auf etwas zu stoßen, was er bewußt nicht gesucht hat; es liegt im Verborgenen, im Sand vergraben.

Spielort: Außerhalb des Kreises

Unterl./Mat.: Strand (imaginär)

Spielschritte:
1. Gestaltung der Szenerie und Schilderung des Strandes
2. Aufforderung, sich zum Strand zu begeben, am Strand entlang zu gehen, einen Gegenstand finden, der dort liegt oder im Sand vergraben liegt, diesen mit an den Platz nehmen.
3. Austausch: Beschreibung der Gegenstände
4. Austausch der Bedeutungen:
   a) Was bedeutet der Gegenstand für mich?
   b) Was würde der Gegenstand für die anderen bedeuten, wenn sie ihn gefunden hätten?
   c) Welche der anderen Bedeutungen kann der Finder in seine integrieren? Welche nicht?
5. Aufforderung zum Behalten oder zur Rückgabe des Gegenstandes
6. Auswertungsgespräch und Gefühlsfeedback

Hinweise f.d. Leiter zur Durchführung: Der Leiter geht als letzter vom Strand auf seinen Platz. Weiterarbeit ab Spielschritt 3 im Kreis

zur Auswertung: Wenn keine Bedeutung gefunden wurde, bietet der Leiter ein Modell an, was es für ihn bedeuten würde.
– Wie gehe ich mit geheimen Wünschen und Ängsten um?

Erfahrungen und Abwandlungen bei unterschiedl. Zielgruppen:

Analoge Spiele:

Der Geschenkekorb

Zielbereich: Bewußtwerden von verborgenen, geheimen Wünschen und Ängsten, Kennenlernen des Symbolgehaltes von Gegenständen und deren mögliche Bedeutung, subjektiver, kollektiver/kultureller Art.

Gattung: Wahrnehmungszentrierte Spiele
Erlebnisspiel mit Bedeutungsfeedback

Titel: Der Geschenkkorb

Anwendungsber.: der Mensch mit seinen Wünschen und Ängsten

Spielort: im Kreis

Unterl./Mat.: imaginärer Korb, gefüllt mit eingepackten Geschenken, deren Inhalt nicht sichtbar ist.

Spielschritte:
1. Eingabe
   Hier steht ein Korb, der voller Geschenke ist. Liebevoll eingepackt, lauter kleine Päckchen sind in diesem Korb, wir können gar nicht sehen, was da drinnen ist.
2. Aufforderung
   »Aus diesem Korb dürfen Sie sich Ihr Päckchen suchen. Die Form kann Ihnen den Inhalt nicht verraten. Suchen Sie sich aus diesen hübsch verpackten Geschenken eines für sich aus, bringen Sie es an Ihren Platz, packen es aus und schauen, was drinnen ist.
3. Austausch
   Beschreibung des Gegenstandes
4. Austausch der Bedeutungen
   Was bedeutet der Gegenstand für mich?
   Was würde der Gegenstand für die anderen bedeuten, wenn sie ihn gefunden hätten?
   Welche der genannten Bedeutungen können meine ergänzen? Welche nicht?
5. Aufforderung zum Behalten oder zur Rückgabe des Gegenstandes, Wegtragen der Eingabe
6. Gefühlsfeedback und Auswertungsgespräch

Hinweise f. d. Leiter zur Durchführung: alle subjektiven Bedeutungen sind zulässig

zur Auswertung: Hat der Gegenstand etwas mit Wünschen und Ängsten zu tun? Welche Bedeutung haben für mich Geschenke?

5.3.1.12. Erlebnisspiele mit Gruppenaktion

Wir alle haben gelegentlich den Wunsch, eine andere Identität anzunehmen, eine fremde Rolle zu spielen, um unerfüllte Wünsche und nicht gelebte Anteile in uns auszuleben bzw. auszuprobieren. Die Erlebnisspiele mit Gruppenaktion schaffen für den einzelnen und die Gruppe eine Möglichkeit, durch Spontanität und Kreativität Distanz zur Realität und eine fiktive Wunscherfüllung zu erreichen, ohne die im Alltag zu erwartenden Bestrafungen befürchten zu müssen.

Da alle Gruppenmitglieder in diese fiktive Verwandlung einbezogen sind und in den Wunschrollen und ihrer Ausstattung agieren, wird eine beschämende Demaskierung vermieden.

Der Bezug zur Realität wird durch die Rückgabe der Ausstattung und der Loslösung von der Rolle wieder hergestellt und im Auswertungsgespräch betont.

Kostümverleih

Zielbereich: Schaffung einer Balance im Konflikt zwischen Wunsch-Realität. Konfrontation mit ungelebten Möglichkeiten, Angebot fiktiver Wunscherfüllung, Erleben eigener Spontaneität und Kreativität.

Gattung: Wahrnehmungszentrierte Spiele
Erlebnisspiele mit Gruppenaktion

Titel: Kostümverleih

Anwendungsber.: Für den einzelnen:
Erkunden von abgespaltenen Lebensmöglichkeiten, Verwirklichung im fiktiven Rahmen,
Reflexion realer Möglichkeiten oder Akzeptanz des Verzichtes.
für die Gruppe:
Identifikation mit Gleichen, die Bedeutung des anderen bei der Verwirklichung neuer Modelle.

Spielort: Halbkreis und Bühne – Raum für Kostümfest

Unterl./Mat.: Imaginärer Kostümverleih unter Umständen reale Möglichkeiten für das Kostümfest (Essen – Trinken – festliche Gestaltung des Raumes)

Spielschritte:
1. Gestaltung des Kostümverleihs (abgegrenzter Bereich – Regale – Auslagen usw.)
2. Vorstellung der Räume, Kostüme und Zubehör
3. Aufforderung zu kommen, zu probieren, mit dem Verleiher zu verhandeln und Kostüme (für 24 Stunden) auszuborgen.
4. Verleihbedingung: mitzuteilen was erlebt wurde
5. Kostümfest
6. Rückgabe der Kostüme und Mitteilung über Erlebnisse
7. Austausch:
   a) Wie bin ich zu meiner Rolle gekommen?
   b) Wie habe ich mich in der Rolle gefühlt?
   c) Wie habe ich die anderen erlebt?
   d) Gibt es Parallelen im Verhalten zur Realität?

Hinweise f.d. Leiter zur Durchführung: Beachten, daß für das Kostümfest ausreichend Zeit zur Verfügung steht.
Der Leiter entscheidet, ob er selber am Fest beteiligt ist, oder der Übersicht halber darauf verzichtet.

zur Auswertung: Überlegungen, ob Lebensgestaltung akzeptiert wird oder neue Möglichkeiten angestrebt werden.

Erfahrungen und Abwandlungen
bei unterschiedl. Zielgruppen: Das Kostümfest eignet sich gut für »Abschiedsveranstaltungen« und Gruppenfeste

Analoge Spiele:

5.3.2. Einfühlungsspiele

Einfühlungsspiele üben die Fremdwahrnehmung und deren Korrektur und fördern die Identitätsdarstellung. Die Gruppenmitglieder beschäftigen sich mit dem anderen und dessen Erlebniswelt, wobei überlegt wird: Wer bist du? Was könntest du erlebt haben, was wünschen, was befürchten? Inwieweit könnten deine Erlebnisse und Erfahrungen auch meine sein?
Diese Vorstellungen und Einschätzungen werden in den Bildern den Gruppenmitgliedern zugeschrieben. Das betroffene Gruppenmitglied vergleicht diese mit dem Bild, das es von sich selber hat, nimmt das zugeschriebene Bild an, weist es zurück oder lernt die Anteile und Bedingungen zu nennen, unter denen es diesem Fremdbild entsprechen kann und will.

Zuordnen von Blumen (oder anderen Symbolen)

Zielbereich: Differenzierung der Fremdwahrnehmung; Bewußtwerden der Identität durch den Vergleich von Selbst- und Fremdwahrnehmung; Korrektur der Fremdwahrnehmung.

Gattung: Wahrnehmungszentrierte Spiele
Einfühlungsspiele

Titel: Zuordnen von Blumen (oder anderen Symbolen)

Anwendungsber.: Zur Klärung von Gruppensituationen, Auseinandersetzung mit der subjektiven Wahrnehmung der Gruppenmitglieder

Spielort: Im Kreis

Unterl./Mat.:

Spielschritte:

1. Vorbereitungsphase
   a) Einigung der Gruppe auf ein Symbol/Bild, das zugeordnet werden soll.
   b) Erinnerung, der zu diesem Symbol/Bild möglichen Zuordnungen
   c) Aufforderung, für ein bestimmtes Gruppenmitglied Symbole/Bilder zu suchen.
2. Austauschphase
   a) Benennung des Gruppenmitglieds, dem ein Symbol/Bild zugeordnet werden soll.
   b) Beschreibung des Symbols
   c) Feedback des Gruppenmitglieds
   d) Weitere Bilder für dieses Gruppenmitglied
3. Korrekturphase
   a) Veränderung der Einstellung zu den zugeordneten Symbolen
   b) Gewichtigkeit der erhaltenen und abgegebenen Symbole/Bilder
   c) Gefühlsfeedback

Hinweise f.d. Leiter zur Durchführung: Ermunterung zur differenzierten Auseinandersetzung und Korrektur des zugeordneten Bildes. Darauf achten, daß »im Bild« geblieben wird, d.h. die Gruppenmitglieder dürfen nur ihr Bild beschreiben, nicht das Gruppenmitglied selbst.

zur Auswertung:
- keine Interpretationen zulassen
- im Auswertungsgespräch keine weiteren Zuordnungen zulassen

Erfahrungen und Abwandlungen
bei unterschiedl. Zielgruppen: Nicht spielen in neuen Gruppensituationen

Analoge Spiele: Zuordnen von Bäumen, Instrumenten, Gewässer, Spielzeug, Berufe, Urlaubsbilder usw.

5.3.3. Phantasiebilder

Phantasiebilder spiegeln unsere Wünsche und Sehnsüchte wider. Sie zeigen uns, wer und was wir gerne sein wollten oder was wir gerne täten, wohin wir uns flüchten möchten, in welcher Weise wir uns und die Welt verändern würden, wenn wir hierzu die Macht hätten. Sie haben einen Bezug zum Tagtraum. Im Phantasiebild werden Bilder und Symbole benutzt. Sie geben die Möglichkeit zur legalen Regression, zur Überwindung fremder Mächte durch eigene Größenphantasien, zur Milderung von Versagungsgefühlen. Sie führen aber gleichzeitig immer wieder in die Realität und konfrontieren uns mit unserem Schatten, unseren Ängsten und Befürchtungen, unserer Eigenkontrolle und selbstauferlegten Beschränkungen.
Die Spiele lassen sich nach dem Grad der Intensität ordnen: die mehr an der Realität orientierten (z.B. Reiter, Schiffschaukel) und die mehr die Phantasie beanspruchenden Spiele. Alle Phantasiebilder werden im geschlossenen Kreis gespielt. Imaginationen und realistische Phasen wechseln einander ab.
Der Spielleiter beachtet:

- die Phase der Vorbereitung, in der das Material, das benötigt wird (zum Reiten usw.) zu suchen ist;
- eine realitätsorientierte Phase, die von Handlung bestimmt ist (durch die Aufforderung aufs Pferd zu steigen usw.)
- eine Phase, in der Imaginationen vorherrschen
- eine wieder stärker realitätsorientierte Phase, in der das Erlebnis mitgeteilt wird;
- eine Phase, in der die Realität die Imagination beeinflußt (z.B. Wo ist das Pferd jetzt, wo bin ich?)
- den Austausch dieser Phase und ein sich anschließendes Auswertungsgespräch.

Das Blumenglas

Zielbereich: Kennenlernen eigener Phantasien im Zusammenhang mit einem ausgewählten Medium; prozeßhaftes Erfahren der Entwicklung von Bildern und Erleben; Entwicklung von Kreativität und Phantasie

Gattung: Wahrnehmungszentrierte Spiele
Phantasiebilder

Titel: Das Blumenglas

Anwendungsber.: Besonders für die Verbindung von Phantasie und Natur

Spielort: Im Kreis

Unterl./Mat.: Imaginäres Blumenglas und Blumenzwiebel

Spielschritte: (mit geschlossenen Augen = gA, mit geöffneten Augen = oA)
0. Einführung mit Hinweis auf diese besondere Art der Blumenkultur
1.gA: Blumenglas suchen, das paßt und gefällt
gA: Blumenzwiebel suchen bzw. beschaffen
2.oA: Austausch über Blumenglas und Blumenzwiebel (Aussehen, wo gefunden)
3.gA: imaginär Glas mit Wasser füllen, die Zwiebel aufsetzen und bedecken. Wenn Pflanze aufhört zu wachsen, die Augen öffnen
4.oA: Erlebnisse austauschen
5.gA: Konfrontation mit dem Phantasiebild (»Was ist mittlerweile aus Glas und Pflanze geworden? Wo sind sie? Und wo bin ich?«)
6.oA: Austausch der Konfrontationserlebnisse
7.oA: Austausch der Gefühle, die von unserem eigenen Erlebnis und denen der anderen ausgelöst wurden.

Hinweise f.d. Leiter zur Durchführung: Bei unerfahrenen Teilnehmern darauf hinweisen, daß in Schritt I nicht mehr getan werden soll, als Glas und Zwiebel zu besorgen. Deutlich machen, daß sich kein Teilnehmer auf eine bestimmte, reale Pflanze oder Blume einstellen soll (Phantasiespiel)

zur Auswertung: Auffangen von Mißerfolgserlebnissen (kranke, welke Pflanzen)

Erfahrungen und Abwandlungen bei unterschiedl. Zielgruppen:

Analoge Spiele:

Der Reiter

Zielbereich: Kennenlernen eigener Wünsche im Zusammenhang mit einem ausgewählten Medium
Entwicklung von Kreativität und Phantasie
Umgehen mit Wünschen, Sehnsüchten und Phantasien

Gattung: Wahrnehmungszentrierte Spiele
Phantasiebilder

Titel: Der Reiter

Anwendungsber.: Für alle Altersstufen; besonders geeignet in Belastungssituationen zur Förderung von Kreativität und Phantasie

Spielort: Im Kreis

Unterl./Mat.: Imaginär ein Reittier

Spielschritte: (mit geschlossenen Augen = gA): (geöffnete Augen = oA)
0. Einführung: Wunsch zu reiten/Vielfalt der Reittiere (z.B. Pferdearten, Kamele, Esel)
1. gA: Reittier suchen
2. oA: Austausch über das Reittier (Aussehen, Art, wo gefunden)
3. gA: auf das Reittier setzen – sich mit ihm in Bewegung setzen – Spannendes und Schönes erleben
4. oA: Austausch der Erlebnisse
5. gA: Konfrontation mit dem Phantasiebild
Wo ist mein Reittier?/Wo bin ich?
6. oA: Austausch der Konfrontation
7. Austausch der Gefühle, die von unserem eigenen Erlebnis und dem der anderen ausgelöst wurden

Hinweise f.d. Leiter zur Durchführung: Schwierig mit Teilnehmern, die Kontakt zur Realität leicht verlieren; Teilnehmern mit Hilfe der Gruppenmitglieder das Wieder-Zurückkommen ermöglichen

zur Auswertung:

Erfahrungen und Abwandlungen bei unterschiedl. Zielgruppen:

Analoge Spiele: Schiffahrt bzw. Schiffschaukel, Ballonfahrt; alle Phantasiebilder des 1. Ausbildungsabschnitts

Das Wollgrasflöckchen

Zielbereich: Kennenlernen eigener Phantasien im Zusammenhang mit einem ausgewählten Medium; Umgehen mit dem Grenzbereich zwischen Phantasie und Realität; Entwicklung von Kreativität und Phantasie.

Gattung: Wahrnehmungszentrierte Spiele
Phantasiebilder

Titel: Das Wollgrasflöckchen

Anwendungsber.: Besonders bei Teilnehmern, die ihre Phantasie noch steuern wollen, ggf. mit Angst vor Realitätsverlust

Spielort: Im Kreis

Unterl./Mat.: Imaginäres Wollgrasflöckchen

Spielschritte: (mit geschlossenen Augen = gA, mit geöffneten Augen = oA)

1. gA: Einführung mit Hinweis auf Vorkommen und Lebensweise des Wollgrases
1. gA: Wollgras/Wollgrasflöckchen suchen
2. oA: Austausch über Fundort, Aussehen
3. gA: Wollgrasflöckchen in die Hand nehmen, vom Wind forttragen lassen, ihm folgen. Wenn es aufhört zu fliegen, die Augen öffnen
4. oA: Erlebnisse austauschen
5. gA: Konfrontation mit dem Phantasiebild (»Wo ist mittlerweile unser Wollgrasflöckchen? Und wo bin ich?«)
6. oA: Austausch der Konfrontationserlebnisse
7. oA: Austausch der Gefühle, die von unserem eigenen Erlebnis und denen der anderen ausgelöst wurden.

Hinweise f.d. Leiter zur Durchführung: Manche Teilnehmer brauchen ein wenig naturkundliche Informationen

zur Auswertung: Ggf. große Realitätsnähe aufgreifen

Erfahrungen und Abwandlungen bei unterschiedl. Zielgruppen:

Analoge Spiele: Pusteblume

5.3.4. Gruppenzentrierte Spiele

Diese Gattung von Spielen thematisiert die aktuelle Situation in der Gruppe und erleichtert so deren Bearbeitung. Gleichzeitig fördern diese Spiele die Einsicht in prozessuale und strukturelle Gesetzmäßigkeiten von Gruppen sowie deren Wechselwirkung mit dem individuellen Erleben und Verhalten der Gruppenmitglieder. In den Spielen spiegeln sich die Phasen der Gruppenentwicklung, die Beziehungen der Gruppenmitglieder untereinander und zum Leiter, Bündnisse und Cliquenbildungen, die Position des Spielleiters, Gruppenbräuche und Gruppennormen, Außenseiter- und Starrollen, als auch die Art und Weise, wie die Gruppe Entscheidungen fällt oder mit ihren Konflikten umgeht.
Beim »Gruppenzentrierten Phantasiespiel« und beim »Realitätsorientierten Gruppenspiel« zeigen sich diese Gruppenphänomene in der Phase der freien Spielentfaltung und werden in der anschließenden Auswertungsphase erkannt und eingeordnet.
Daraus ergibt sich folgende Struktur dieser beiden Spiele:

1. Einführung in die Szenerie
2. Aufforderung, eine Rolle zu übernehmen, sich in das Spiel zu begeben und sich in seiner Rolle zu beschreiben
3. Spielphase
4. Auswertungsphase mit den Schritten
   - Rollenfeedback
   - Beziehungsfeedback
   - Auswertungsgespräch

Die Auswertung klärt im »Rollenfeedback« Fragen der individuellen Rollenwahl und Rollengestaltung. Im »Beziehungsfeedback« wird die gewählte Rolle zu den Rollen der anderen Gruppenmitglieder in Beziehung gesetzt und hinterfragt. Im »Auswertungsgespräch« geht es um das Erkennen und Bearbeiten der aktuellen Gruppensituation oder um die Bearbeitung von Erfahrungen und Problemen der einzelnen Gruppenmitglieder in der Gruppe und um Parallelen zum Erleben in anderen Gruppen.
Im »Beziehungsspiel« wird ein Aspekt des Gruppenlebens, die Beziehungen zueinander und zum Spielleiter, in den Mittelpunkt der Betrachtung gestellt. Daraus ergibt sich eine spezifische Strukturierung des Ablaufs (vgl. die genaue Spielbeschreibung S. 132). Mit den oben beschriebenen Gruppenspielen hat es das dynamische Spielgeschehen gemeinsam.
Das Beziehungsspiel und die »Gruppenspiegel« genannten strukturierten Gesprächsübungen verbindet die Fokussierung eines Gruppenaspektes. Erwartungen an die Gruppe und verschiedene Erfahrungen, die die Mitglieder in der Gruppe machen, werden thematisiert und nach den Strukturregeln des Erlebnisspiels (vgl. Erlebnisspiele mit doppelter Problemeingabe S. 111) bearbeitet.
Die Gruppenzentrierten Spiele lassen sich auch danach unterscheiden, ob sie eine Symbolebene zuhilfe nehmen (Gruppenzentriertes Phantasiespiel, Beziehungsspiel) oder

sich umweglos auf die Realität in der Gruppe (Gruppenspiegel) oder außerhalb (Realitätsorientiertes Gruppenspiel) beziehen. Wenn sich in diesem Punkt auch die Wege unterscheiden, bleibt doch die sozialtherapeutische Zielsetzung die gleiche. Unsere Erfahrung lehrt uns, daß der scheinbare Umweg über spielerisches Symbolisieren oft der direktere Weg zur Einsicht in die komplexen Zusammenhänge zwischen individuellem Verhalten und Gruppenwirkungen ist.

5.3.4.1. Beziehungsspiele

Beziehungsspiele zielen auf die Herausstellung eines einzelnen Aspektes des Gruppenprozesses, nämlich der Beziehungen, wobei die Struktur der Gruppe, die Positionen und Rollen der Mitglieder deutlich werden. Diese Spielform benutzt Symbole, um Abwehrmöglichkeiten der Gruppenmitglieder zu legalisieren und Ängste zu reduzieren.

Neben der diagnostischen Bedeutung, die dieses Spiel für die Gruppe hat, wirkt die Auseinandersetzung der Gruppenmitglieder untereinander sympathiefördernd, so daß gleichzeitig eine Aufarbeitung von Beziehungsproblematiken erfolgt.

Das Beziehungsspiel

Zielbereich: Erlebnisse und Verhalten in Gruppen
Verdeutlichen der Gruppenstruktur, der Positionen und Rollen der einzelnen Gruppenmitglieder

Gattung: Gruppenzentrierte Spiele

Titel: Das Beziehungsspiel
(je nach eingegebenem Gruppensymbol)

Anwendungsber.: Zu diagnostischen Zwecken in allen mittel- und längerfristig arbeitenden Gruppen einsetzbar
Als Interventionsmittel geeignet
- zur Klärung der Position und Rolle der einzelnen Gruppenmitglieder,
- zur Klärung und zur Unterstützung der Gruppe in der Machtkampfphase,
- zur Verdeutlichung von Beziehungsstörungen für eine anschließende Bearbeitung,
- zur Dokumentation von Veränderung in den Gruppenbeziehungen.

Spielort: Im Kreis

Unterl./Mat.: Größerer Papierbogen, Bleistifte, Radiergummi und kräftige Filzstifte o. ä.

Spielschritte:
1. Suchen eines Gruppensymbols (z.B. Blumenstrauß, Dorf, Waldstück, usw.) Aufzeichnen der Umrisse durch die Gruppe. Sind wir mit dem Gruppensymbol einverstanden?
2. Finden eines individuellen Symbols: Was bin ich in diesem Dorf etc.? Reaktion der übrigen Gruppenmitglieder: Darf das Gruppenmitglied das sein?
3. Plazierung des individuellen Symbols: Wo im Dorf möchte ich stehen? Reaktion der Gruppenmitglieder
4. Korrekturphase:
   Sind wir so mit unserem Gruppensymbol und mit dem individuellen Symbol einverstanden?
   Wünschen wir uns noch Veränderungen und welche?
   Das Gruppensymbol kann nicht mehr verändert werden, aber Kritiken können eingebracht werden.
5. Auswertung:
   Offen für Erlebnisse bei der Konfrontation des individuellen Symbols. Wie ist es uns ergangen bei der Wahl unseres Symbols mit der Reaktion der Gruppenmitglieder auf sie? Was haben die Aktivitäten der anderen in uns ausgelöst? Wie konnten wir mit den Konflikten umgehen? Überlegungen zur Gruppenrealität

Hinweise f. d. Leiter zur Durchführung: Im Spielschritt 2 kann die Darstellung der individuellen Symbole und deren Korrektur in zwei getrennten Runden durchgeführt werden.
Spielschritt 2 und 3 können bei erfahrenen Gruppenmitgliedern verbunden werden.
Die Begriffe »Gruppensymbol« und »individuelle« Symbole werden in der Anweisung konkret benannt (z.B. Bergdorf, Posthaus)

zur Auswertung: Hilfestellung geben bei der Bearbeitung von Konflikt- und Außenseitersituationen

Erfahrungen und Abwandlungen
bei unterschiedl. Zielgruppen: Bei geeigneten Gruppensymbolen (z.B. »Orchester«) kann die Plazierung der individuellen Symbole (hier: »Instrumente«) zueinander auch durch die Anordnung der beteiligten Personen auf einer definierten Fläche außerhalb des Kreises (hier »Orchestergraben« oder »Bühne«) erfolgen.

Analoge Spiele:

5.3.4.2. Gruppenspiegel

Die Gruppenspiegel zielen noch enger, als die Beziehungsspiele es tun, auf eine eingeschränkte Thematik, etwa die Neuheitssituation in der Gruppe oder die Gruppenauswertung. Sie haben also besondere Gruppeninhalte zu spiegeln, dient deren Bearbeitung und gibt diagnostische Hinweise.

Der Gruppenspiegel arbeitet mit realen oder imaginären Eingaben, z.B. Gruppenfotos, und vergleicht die erste Eingabe mit einer zweiten gegensätzlichen, z.B. eine angenehme mit einer unangenehmen Gruppensituation oder die Neuheitssituation mit der jetzigen usw.

Der Neue in der Gruppe

Zielbereich: Erlebnisse und Verhalten in Gruppen
Bewußtwerden der Ambivalenz in der Situation eines Neulings in einer Gruppe

Gattung: Gruppenzentrierte Spiele
Die Gruppenspiegel

Titel: Der Neue in der Gruppe

Anwendungsber.: Thematisierung der Neuheits-Situation für die Gruppe
Entlastung von neuen Mitgliedern in der Gruppe

Spielort: Im Kreis

Unterl./Mat.: Fotoalbum mit zwei Teilen (imaginär) oder zwei Stapel mit verschiedenen Bildern (imaginär)

Spielschritte:

1. Einstimmung
2. Hereinbringen von Fotos von Situationen, die die Gruppenmitglieder in der Rolle des Neulings indieser Gruppe zeigen
   a) Bilder mit positiv getönten Erlebnissen in der Neulingssituation
   b) Bilder mit negativ getönten Erlebnissen in der Neulingssituation
3. Austausch
   zu b) Schilderung der Bilder und Erlebnisse aus der unangenehm empfundenen Situation
   zu a) Schilderung der Bilder und Erlebnisse aus der als angenehm empfundenen Situation
4. Assoziationsfeedback
5. Entscheidungen über Rückgabe oder Behalten der Bilder, wegtragen der Eingabe.
6. Gefühlsfeedback und Auswertungsgespräch

Hinweise f.d. Leiter zur Durchführung:

zur Auswertung: Überlegung zu konstruktiven Verhalten von neuen Gruppenmitgliedern
Überlegungen zu Prozessen, die Neue in der Gruppe fördern oder behindern

Erfahrungen und Abwandlungen

bei unterschiedl. Zielgruppen: Erforderlichenfalls ist eine Ausweitung des Erfahrungsbereiches auf Neulings-Situationen in anderen Gruppen ratsam.

Analoge Spiele: Der Gruppenspiegel zu anderen Themen:

- Der Außenseiter
- Gruppenkonflikte
- Auswertung einer Gruppe
- Erwartungen an eine Gruppe

Der Außenseiter

Zielbereich: Erlebnisse und Verhalten in Gruppen
Bewußtwerden von Ausgrenzungserlebnissen und Isolationssituationen in Gruppen

Gattung: Gruppenzentrierte Spiele
Die Gruppenspiegel

Titel: Der Außenseiter

Anwendungsber.: Bei geringer Akzeptanz individueller Verschiedenartigkeit bzw. erkennbaren Ausgrenzungstendenzen in der Gruppe und bei Einzelnen

Spielort: Im Kreis

Unterl./Mat.: Fotoalbum mit zwei Teilen (imaginär) oder zwei Stapel mit verschiedenen Bildern (imaginär)

Spielschritte:

1. Einstimmung
2. Hereinbringen (imaginärer) Fotos von Situationen, die mit der Zugehörigkeit des Einzelnen zur Gruppe zu tun haben
   a) Bilder mit Erlebnissen der Zugehörigkeit und des Gebrauchtwerdens
   Aufforderung, aus diesen Fotos eines oder mehrere auszuwählen
   Bilder mit Erlebnissen des Nichtverstandenwerdes oder
   Ausgeschlossenwordenseins
   b) Aufforderung, aus diesen Fotos eines oder mehrere auszuwählen
3. Austausch
   zu a) Schilderung der Bilder und Erlebnisse aus der unangenehm empfundenen Situation
   zu b) Schilderung der Bilder und Erlebnisse aus der als angenehm empfundenen Situation
4. Assoziationsfeedback
5. Entscheidungen über Rückgabe oder Behalten der Bilder, wegtragen der Eingabe.
6. Gefühlsfeedback und Auswertungsgespräch

Hinweise f.d. Leiter zur Durchführung: Ergänzung der Anweisung zu 2.a): Erforderlichenfalls, wenn von einzelnen Gruppenmitgliedern keine Bilder aus der Rollenspielgruppe gefunden werden, können entsprechende Bilder aus anderen Gruppen herausgenommen werden. Diese Möglichkeit wird nicht eröffnet in Bezug auf die Bilder in 2.b).

zur Auswertung: Überlegungen zu Ausgrenzungs- und Selbstausgrenzungstendenzen in dieser Gruppe sowie zu alternativen Verhaltensstrategien

Erfahrungen und Abwandlungen bei unterschiedl. Zielgruppen:

Analoge Spiele: Der Gruppenspiegel zu anderen Themen:

– Erwartungen an die Gruppe, – Gruppenkonflikte, – Auswertung einer Gruppe, – Der Neue in der Gruppe

Erwartungen der Gruppe

Zielbereich: Erlebnisse und Verhalten in Gruppen
Bewußtwerden von Erwartungen, Wünschen und Befürchtungen in bezug auf die Gruppe
Hilfestellung zur Nutzung von Vorerfahrungen in und mit Gruppen

Gattung: Gruppenzentrierte Spiele
Die Gruppenspiegel

Titel: Erwartungen der Gruppe

Anwendungsber.: In der Anfangsphase einer Gruppenarbeit, bei krisenhaften Erscheinungen auf der Beziehungs- oder Aufgabenebene einer Gruppe

Spielort: Im Kreis

Unterl./Mat.: Fotoalbum mit zwei Teilen (imaginär) oder zwei Stapel mit verschiedenen Bildern (imaginär)

Spielschritte:

1. Einstimmung
2. Hereinbringen (imaginärer) Fotos von Situationen in anderen Gruppen, welche die Gruppenmitglieder als Erwartungen, Wünsche oder Befürchtungen in diese Gruppe mitbringen
   a) Bilder von Situationen, die sich die Gruppenmitglieder auch in dieser Gruppe wünschen
   Aufforderung, aus diesen Fotos eines auszuwählen
   b) Bilder von Situationen, die die Gruppenmitglieder in dieser Gruppe möglichst vermeiden möchten
   Aufforderung, auch aus diesen Fotos eines auszuwählen
3. Austausch
   Schilderung der Bilder und Erlebnisse hinsichtlich der befürchteten Situationen (b)
   Schilderung der Bilder und Erlebnisse hinsichtlich der erwünschten Situationen (a)
4. Assoziationsfeedback
5. Entscheidungen über Rückgabe oder Behalten der Bilder, wegtragen der Eingabe.
6. Gefühlsfeedback und Auswertungsgespräch

Hinweise f.d. Leiter zur Durchführung:

zur Auswertung: Wie teilen wir unsere Erwartungen anderen mit? Was tun wir, damit sich unsere Erwartungen erfüllen?

Erfahrungen und Abwandlungen bei unterschiedl. Zielgruppen:

Analoge Spiele: Der Gruppenspiegel zu anderen Themen

- Der Außenseiter
- Auswertung einer Gruppe
- Gruppenkonflikte
- Der Neue in der Gruppe

Gruppenkonflikte

Zielbereich: Erlebnisse und Verhalten in Gruppen
Bewußtwerden von Spannungen, Interessengegensätzen und Konflikten in der Gruppe

Gattung: Gruppenzentrierte Spiele
Die Gruppenspiegel

Titel: Gruppenkonflikte

Anwendungsber.: Als Hilfe zur Konfliktartikulation in der Machtkampf- und Vertrautheitsphase, in Gruppen mit verdeckten Formen oder einer Tabuisierung der Kon-fliktaustragung

Spielort: Im Kreis

Unterl./Mat.: Fotoalbum mit zwei Teilen (imaginär) oder zwei Stapel mit verschiedenen Bildern (imaginär)

Spielschritte:
1. Einstimmung
2. Hereinbringen (imaginärer) Fotos von Situationen, in denen es Spannungen oder Streit in der Gruppe gab

a) Bilder mit Konflikten, die gelöst werden konnten
Aufforderung, aus diesem Stapel eines auszuwählen

b) Bilder mit Konflikten, die (noch) nicht gelöst werden konnten
Aufforderung, aus diesem Stapel eines auszuwählen

3. Austausch
zu b) Schilderung der Bilder und Erlebnisse aus nicht gelösten Konflikten
zu a) Schilderung der Bilder und Erlebnisse aus gelösten Konflikten
4. Assoziationsfeedback
5. Entscheidungen über Rückgabe oder Behalten der Bilder, wegtragen der Eingabe.
6. Gefühlsfeedback und Auswertungsgespräch

Hinweise f.d. Leiter zur Durchführung:

zur Auswertung: Mögliche Auswertungsfragen: Wie können wir mit Konflikten hilfreich umgehen? Mit welchen Strategien hatten wir bereits Erfolg? Wie können Außenstehende in Konflikten vermitteln?

Erfahrungen und Abwandlungen bei unterschiedl. Zielgruppen:

Analoge Spiele: Der Gruppenspiegel zu anderen Themen
Der Neue in der Gruppe — Der Außenseiter
Erwartungen an die Gruppe — Auswertung einer Gruppe

Auswertung einer Gruppe

Zielbereich: Bewußtwerdung der Gruppengeschichte, von Erledigtem und Unerledigtem, Bearbeitung von Unerledigtem, Übertragung wichtiger Gruppenerfahrungen

Gattung: Gruppenzentrierte Spiele
Die Gruppenspiegel

Titel: Auswertung einer Gruppe

Anwendungsber.: Bei Zwischenauswertungen oder bei der Beendigung der Arbeit einer Gruppe einsetzbar

Spielort: Im Kreis

Unterl./Mat.: Fotoalbum (imaginär)

Spielschritte:
1. Einstimmung
2. Hereinbringen (imaginärer) Fotos von Situationen, die es in dieser Gruppe gab.
   a) Bilder aus angenehmen Situationen
   Aufforderung, aus diesen Fotos eines oder mehrere auszuwählen
   b) Bilder aus unangenehmen, konflikthaften, problematischen Situationen
   Aufforderung, aus diesen Fotos eines oder mehrere auszuwählen
3. Austausch
   zu b) Schilderung der Bilder und Erlebnisse aus den unangenehmen Situationen
   zu a) Schilderung der Bilder und Erlebnisse aus den angenehmen Situationen
4. Assoziationsfeedback ausgelöst durch die Beiträge der anderen
5. Aufforderung zur Rückgabe oder zum Behalten der Bilder, Wegtragen der Eingabe
6. Gefühlsfeedback und Auswertungsgespräch

Hinweise f.d. Leiter zur Durchführung: Der Leiter muß sich auf Kritik zu seiner Leitung oder am Gruppenverlauf einstellen.

zur Auswertung:

Erfahrungen und Abwandlungen
bei unterschiedl. Zielgruppen: Dieser Gruppenspiegel eignet sich gut, um eine auch weitere, spezielle Gruppenauswertung einzuleiten.

Analoge Spiele:

5.3.4.3. Gruppenzentrierte Phantasiespiele

Gruppenzentrierte Phantasiespiele sind Spiele auf der Symbolebene.
Die Gruppenmitglieder finden ein Thema, das sie gestalten. In diesem Spiel können sie jede Rolle, die ihnen gefällt, wählen (auch Baum oder Tier sein), und sie sind in der Lage, diese gewünschte Rolle mit all den Fähigkeiten auszustatten, die ihnen hierfür angemessen erscheinen. Die Auswertung dieses Spieles kann einmal stärker den Gruppenaspekt, einmal stärker den individuellen Anteil betonen.

Das gruppenzentrierte Phantasiespiel (entsprechend der ausgewählten Szenerie)

Zielbereich: Für die Gruppe:
Erfahrung von Gemeinsamkeit und Zusammenwirken;
Bewußtwerden dynamischer Besonderheiten und Gesetzmäßigkeiten.
Für den Einzelnen:
Bewußtwerden individueller Gesetzmäßigkeiten in der Rollenwahl und Ausgestaltung sowie von eingebahnten und alternativen Verhaltensstilen;
Entdecken von Spontanität und kreativen Potentialen.

Gattung: Gruppenzentrierte Spiele
Gruppenzentrierte Phantasiespiele

Titel: (Entsprechend der ausgewählten Szenerie)

Anwendungsber.: Für die Gruppe:
Aktivierung der Gruppe auf der Phantasieebene
Reflexion der Gruppensituation
Für den Einzelnen:
Erkundung und Erprobung von Verhalten, Verhaltenswünschen und Seinzuständen in Gruppen

Spielort: Halbkreis und Bühnenraum
Auswertung im Kreis

Unterl./Mat.: Imaginäre Szene

Spielschritte:

1. Beschreibung und Eingrenzung der Szenerie (z.B. Jahrmarkt, Tiergarten, Frühlingswiese)
2. Aufforderung zur Wahl der Rolle (z.B. Mensch – oder auch Ausschluß von Menschen – Tier, Pflanze, Gegenstand) und Hinweis auf möglichen Rollenwechsel
3. Vorstellungs- und Spielphase:
   Aufforderung in die Szenerie zu gehen, sich vorzustellen und anschließend das Spiel zu beginnen
4. Beendigung des Spieles durch den Spielleiter
5. Auswertung:
   a) Rollenfeedback:
      »Wie bin ich zu meiner Rolle gekommen? Haben sich meine Erwartungen erfüllt? Wie habe ich mich in meiner Rolle erlebt?«
   b) Beziehungsfeedback:
      »Mit wem bin ich in meiner Rolle in Beziehung getreten? Wie habe ich in meiner Rolle den anderen in seiner Rolle erlebt?«
   c) Auswertungsgespräch

Hinweise f.d. Leiter zur Durchführung: Der Leiter

- achtet auf die Eignung des Themas (selbstbestimmt oder durch die Gruppe)
- weist darauf hin, daß alle in ihrer Rolle reden und sich bewegen können
- wählt selbst eine Rolle, die ihm Überblick über das Spielgeschehen ermöglicht,
- beendet das Spiel möglichst mit einer Intervention, die sich aus dem Spielgeschehen ableitet (z.B. »Es ist Nacht geworden und am Jahrmarkt wird es still ...«)

zur Auswertung: Im Auswertungsgespräch geht es um das Entdecken von Parallelen zwischen dem Spielgeschehen und der Realität

- der einzelnen Gruppenmitglieder
  »Kenne ich das Verhalten?«
- der Gruppe
- der Thematik

Erfahrungen und Abwandlungen bei unterschiedl. Zielgruppen:

Analoge Spiele:

5.3.4.4. Realitätsorientierte Gruppenspiele

Realitätsorientierte Gruppenspiele betonen – wie dies in der Bezeichnung zum Ausdruck kommt – stärker den Realitätsaspekt. In diesem Spiel kann es von daher nur Menschenrollen geben. Auch das gewählte Thema orientiert sich an der Realität (z.B. »Gemeinsame Bergwanderung«, »Bootsfahrt« usw.). Bei vielen Gruppen führt dies dazu, daß auch mehr Requisiten benutzt und bestimmte Inhalte realistisch gestaltet werden, z.B. das Klettern oder das gemeinsame Essen.

Die Konfrontation mit Problemen geschieht dadurch direkter, der Bezug zur Realität wird rascher gesehen, so daß mitunter nötige Ausweichsituationen von der Gruppe selber inszeniert werden. Eine besonders schwierige Bergbesteigung bleibt dann z.B. in der Vorbereitungsphase stecken, weil plötzlich die Beteiligten erkrankt sind und sich nun gegenseitig im Krankenhaus besuchen. Hier hat der Gruppenleiter darauf zu achten, daß sich die Gruppe nicht schon durch die Themenstellung (z.B. »Eingeschneit in einer Berghütte ohne Licht, Heizung und Essen«) überfordert.

Regeln und Verlaufsphasen decken sich mit denen des gruppenzentrierten Phantasiespiels. Auch hier schildert das Gruppenmitglied seine Erfahrungen im Spiel verbunden mit seiner Rolle. Erst im Auswertungsgespräch kann die Übertragung auf die Realität eingeleitet werden.

Das realitätsorientierte Gruppenspiel (entsprechend der ausgewählten Szenerie)

Zielbereich: Erlebnisse und Verhalten in Gruppen

Für die Gruppe:
Erfahrung von Gemeinsamkeit und Zusammenarbeit;
Bewußtwerden von Gruppenrealität
Für den einzelnen:
Bewußtwerden von Rollenverhalten in sozialen Situationen;
Stärkung des Realitätsbezuges

Gattung: Gruppenzentrierte Spiele
Realitätsorientierte Gruppenspiele

Titel: (Entsprechend der ausgewählten Szenerie)

Anwendungsber.: Spielerische Konfrontation der Gruppe mit real möglichen Situationen
Belebung und Stärkung des Gruppenzusammenhalts

Spielort: Halbkreis und abgestecktes Spielfeld (evtl. mehrere)
Auswertung im Kreis

Unterl./Mat.: Eventuell Requisiten, Verwendung passenden Mobiliars, Verzehr von Speisen und Getränken usw. (real oder imaginär)

Spielschritte:
1. Die Szenerie wird beschrieben (im Gegensatz zum gruppenzentrierten Phantasiespiel handelt es sich um eine reale Situation, z.B.: Bergwanderung)
2. Aufforderung, sich in einer Menschenrolle, die in dieser Situation möglich ist, vorzustellen und zu beschreiben
3. Spielphase (Nach der Spielphase werden eventuell verwendete Requisiten entfernt)
4. Auswertung:
Rollenfeedback – Beziehungsfeedback – Auswertungsgespräch

Hinweise f.d. Leiter zur Durchführung: Darauf achten, daß die Gruppe sich mit der Themenstellung nicht überfordert (z.B. »Überfüllter Fahrstuhl bleibt Stecken«) Das Spiel kann eine oder mehrere Szenen umfassen. Requisiten, soweit sie den Realitätscharakter des Spiels unterstützen, können einbezogen werden.

zur Auswertung: Bei mehreren Szenen getrennte Auswertung der Szenen 1-n

Erfahrungen und Abwandlungen
bei unterschiedl. Zielgruppen: Die Spielphase kann sich, wenn genügend Zeit zur Verfügung steht, über mehrere Stunden erstrecken,
Anstehende Aktivitäten (z.B. Heizen, eine Mahlzeit zubereiten oder einnehmen) können in das Spiel einbezogen werden.

Analoge Spiele:

5.3.5. Problemzentrierte Spiele

Problemzentrierte Spiele befassen sich mit den Entscheidungs- und Konfliktsituationen der Gruppenmitglieder. Sie beziehen sowohl die Erlebnis- wie auch die Handlungsebene mit in den Bearbeitungsprozeß ein und zielen auf Zunahme sozialer Kompetenz, vor allem auf Zunahme der Handlungskompetenz.
Zu den problemzentrierten Spielen gehören:

- das Situationsspiel,
- die Gruppeneinfühlung,
- die Gesprächsführungen,
- die Verhaltensmodifikation,
- die Motiverklärung.

Allen problemzentrierten Spielen gemeinsam ist:

- die Problemsuche,
- die Problemauswahl,
- die Konkretisierung des Problems und die Sammlung der notwendigen Informationen,
- die Wahl der Spielform.

Die für alle problemzentrierten Spiele gültigen Regeln befassen sich mit der Vermeidung klassisch-psychodramatischer Situationen

- durch die Art der Raumgestaltung,
- durch die Abklärung eventuell bestehender Affinitäten vor der Wahl der Personen,
- durch Selektion der zu spielenden Möglichkeiten,
- dadurch, daß individuelle Probleme Gruppenproblemen gegenüber nachrangig sind,
- durch die Verifikation der im Spiel gewonnenen Einsichten.

Sie beziehen sich auch auf den Einsatz von Hilfsmöglichkeiten aus dem Bereich der Sozialarbeit.
Bei den problemzentrierten Spielen handelt es sich um Rollenspiele mit quasi realen Situationen und Personen aus der Umgebung desjenigen, der Gegenstand des Problems ist.

5.3.5.1. Die Gruppeneinfühlung

Die Gruppeneinfühlung kann ein Situationsspiel ersetzen, selbständig als Bearbeitungsmittel benutzt werden, an die Stelle einer Szene im diagnostischen Spiel treten oder nach einem Spiel erfolgen, um eine indifferente Situation nachträglich zu verdeutlichen.
Es handelt sich hier um die Identifikation mit einer anderen Person, die von der gesamten Gruppe vorgenommen wird, wobei jedes Gruppenmitglied seine Beiträge sofort laut mitteilt und der Gruppenleiter durch seine eigenen Anteile für die Erhaltung eines breiten Spektrums an Einfühlungsmöglichkeiten sorgt. Anstelle einer Auswertung erfolgt eine Zusammenfassung der Tendenzen, die jedes Gruppenmitglied vertreten hat, und daran anschließend ein Vergleich mit der realen Situation.
Der Spielleiter sichert durch die Orientierung an den Regeln:

- die relative Distanzierung der Gruppenmitglieder zur Einfühlungsthematik,
- die Neutralisierung der Situation eines vom Problem betroffenen Gruppenmitgliedes,
- die Vielfalt der Beiträge,
- die Konfrontation mit der Realität.

○ Gruppeneinfühlung

Zielbereich: Verdeutlichung der Fülle der Erlebnismöglichkeiten einer Person in einer Problemsituation, Bereicherung des eigenen Erfahrungsbereiches, Steigerung der Empathie
Annäherung der besonderen Situation einer Person

Gattung: Problemzentrierte Spiele

Titel: Die Gruppeneinfühlung

Anwendungsber.: Nachträgliche Verdeutlichung von indifferenten Situationen auf der emotionalen Ebene

Spielort: Im Kreis

Unterl./Mat.: Darstellung der problematischen Situation

Spielschritte:
1. Schilderung der Problemsituation
2. Kurze Schilderung des Verhaltens der problematisierten Person in einer konkreten Situation, der die Einfühlung gilt
3. Zusammenrücken der Stühle (als Zeichen der Identifikation) Eröffnung der Einfühlung durch den Gruppenleiter (Jeder von uns ist ..., ich bin ...)
4. Äußerungen der Gruppenmitglieder (in Ich-Form)
5. Auseinanderrücken der Stühle (Zum Zeichen der Rücknahme der Identifikation)
6. Auswertung
   - die Gruppenmitglieder stellen, die von ihnen vertretenen Schwerpunkte heraus,
   - Problemsteller nimmt zu den Einfühlungen Stellung
7. Auswertungsgespräch
   Mögliche Handlungsalternativen

Hinweise f.d. Leiter zur Durchführung:

- gibt den Einfühlungen, wenn sie zu homogen sind oder Überidentifikationen andeuten, neue Richtung,
- fordert Gruppenmitglieder auf, ihre Einfühlungen als die betroffene Person laut zu sagen,
- achtet darauf, daß die Einfühlung nur in außenstehende Personen, nicht in Gruppenmitglieder erfolgt,
- klärt ab, ob ein Gruppenmitglied ein gleiches Problem hat

Zur Auswertung: Die Konfrontation mit der Realität ist nötig

Erfahrungen und Abwandlungen bei unterschiedl. Zielgruppen:

Analoge Spiele:

5.3.5.2. Das Situationsspiel

Situationsspiele ermöglichen eine Situationsanalyse und die Entwicklung von zweckmäßigen Handlungsstrategien. Es ist die einzige Spielform, in der innerhalb des Sozialtherapeutischen Rollenspiels das Gruppenmitglied seine Erlebnissituation im Rollenspiel gestaltet und dabei die eigene Rolle einnimmt. Es handelt sich hierbei immer um eine kurz umrissene Szene. Dem Gruppenmitglied, das das Problem einbrachte, geht es um die Frage nach einem besseren zukünftigen Verhalten.
Das Situationsspiel ist ein Rollenspiel, in dem ein typischer Situationsausschnitt gezeigt wird. Hierzu wird die Szenerie so gestaltet und werden solche Requisiten benutzt, wie sie dem Verständnis der Situation dienen. Es wird nicht der Versuch unternommen, die mit dem Geschehen verbundene Atmosphäre einzufangen.
Um die Tendenz der Situation zu sichern, kann es zu einem kurzen Rollentausch im Sinne der realitätsgetreuen Weiterführung kommen.
Die einzelnen Spielphasen gestalten sich wie folgt:

- eine Vorbereitungsphase, in der die Situation beschrieben, die Szenengestaltung und Rollenanweisungen erteilt werden, nachdem die Wahl der Mitspieler erfolgt;
- das eigentliche Spiel;
- die Auswertung mit dem Rollenfeedback, dem Identifikationsfeedback und dem Auswertungsgespräch, das die Situationsanalyse verdeutlicht und in dem Handlungsalternativen überlegt werden.

Die für diese Spielform geltenden Regeln befassen sich mit:

- der Klärung der Situation oder der Auswahl einer repräsentativen Situation,
- der Realitätsnähe,
- dem Rollentausch,
- der Gestaltung der Szenerie,
- den Spielschritten,
- den Auswertungsschritten und der Verifikation.

Situationsspiele eignen sich für Probleme, in denen der Problemsteller nicht erkennen kann, wie sich Konflikte angebahnt und aufgebaut haben und wo Klärungsansätze möglich wären.

Situationsspiel

Zielbereich: Analyse einer problematischen oder frustrierenden Situation

Gattung: Problemzentrierte Spiele

Titel: Das Situationsspiel

Anwendungsber.: Zur Klärung von Konfliktsituationen, in denen die Entstehung und der Prozeß des Konfliktes nicht transparent sind

Spielort: Bühne

Unterl./Mat.: Darstellung der Situation durch die Problemperson

Spielschritte:

1. Darstellung des Problems
2. Suche nach einer charakteristischen Situation
3. Gestaltung der Szenerie in Umrissen
4. Wahl der Personen
5. Spiel der Situation, gegebenenfalls Rollentausch
6. Auswertung
7. Rollenfeedback
8. Identifikationsfeedback
9. Gespräch über neue Erkenntnisse des Problemstehers
10. Gespräch über neue Erkenntnisse der Gruppenmitglieder
11. Gespräch über mögliches Verhalten

Hinweise f.d. Leiter zur Durchführung: Der Problemsteller spielt die eigene Rolle
Beachtung der Realität
u. U. Rollentausch, wenn die Tendenz verändert wird, Rücktausch der Rollen beachten!

zur Auswertung: durch eigene Beiträge die Analyse differenzieren
Versagungserlebnisse, Schuldgefühle und Schuldzuweisungen mindern (»stützen«)

1. Verhaltensänderungen ins Gespräch bringen
2. Lernsituation betonen
3. den Zusammenhang zwischen Einzel- und Gruppenproblem herstellen

Erfahrungen und Abwandlungen bei unterschiedl. Zielgruppen:

Analoge Spiele:

5.3.5.3. Die Verhaltensmodifikation

Verhaltensmodifikation wird außerhalb der Gesprächsführungen angewandt. Es geht eher um die Art des kommunikationsstörenden Verhaltens als um Gespräche selbst. Ablauf und Regelbezug sind mit der Gesprächsführung mit Verhaltensmodifikation gleich.
Diese Spielform dient der Kontrolle des eigenen Verhaltens und der Kenntnis seiner Bedeutung im Kommunikationsprozeß.
Sie soll das Verhaltensrepertoire erweitern, um für zweckvollere Aktionen vorbereitet zu sein.

Verhaltensmodifikation

Zielbereich: Erlernen unterschiedlicher Verhaltensmöglichkeiten, Kennenlernen der damit verbundenen Konsequenzen, Korrektur kommunikationsstörenden Verhaltens

Gattung: Problemzentrierte Spiele

Titel: Die Verhaltensmodifikation

Anwendungsber.: Zur Vorbereitung für anstehende Problembewältigung durch Änderung des Verhaltens (Modifikation)

Spielort: Bühne

Unterl./Mat.: Darstellung der Situation durch den Problemsteller

Spielschritte:
1. Problemschilderung
2. Wahl der Personen
3. Gestaltung der Szenerie in Umrissen
4. Spiel
   Spiel der 1. vorstellbaren Modifikation
   Spiele weiterer vorstellbarer Modifikationen
5. Auswertung
   - Rollenfeedback für Szene 1
   - Identifikationsfeedback für Szene 1 usw.
   - Rollenfeedback für Szene 2
   - Identifikationsfeedback für Szene 2 usw.
6. Auswertungsgespräch
   - Erkenntnisse des Problemstellers
   - Erkenntnisse der Gruppenmitglieder

Hinweise f.d. Leiter zur Durchführung: Der Problemsteller spielt die Rolle des Partners, Modelle unter Umständen in Untergruppen erarbeiten

zur Auswertung: Rollenfeedback wird eingeleitet durch die Frage: Was hat der Spieler mit seinem Modell beabsichtigt, wie hat dies auf den Partner gewirkt? Konsequenzen betonen

Erfahrungen und Abwandlungen
bei unterschiedl. Zielgruppen: unter Umständen, abschließend den Problemsteller ein Modell spielen lassen
Mit negativen Modellen arbeiten, wenn positive nicht eingebracht werden

Analoge Spiele:

5.3.5.4. Die Motivklärung

Motiverklärung wird angewandt, wenn ein Gruppenmitglied Schwierigkeiten hat, die Motive zu erkennen, aus denen heraus es handelt. Sie zielt auf das Kennenlernen unterschiedlicher Motivationen für ein und dieselbe Handlung und auf zunehmende Klärung der eigenen Beweggründe. Die Motivklärung schließt sich an ein Situationsspiel an und hat folgende Spielschritte:

- die Herausstellung von zwei entgegengesetzten Handlungsmöglichkeiten,
- das Durchspielen der ersten Variante und die Nennung des jeweiligen damit verbundenen Beweggrundes,
- das Durchspielen der zweiten Variante, ebenfalls mit der Nennung des Beweggrundes,
- die Auswertungsphase, beginnend mit der Szene 1 der ersten Variante,
- Rollenfeedback und Identifikationsfeedback,
- die Auswertung, beginnend mit der Szene 1 der zweiten Variante, Rollenfeedback, Identifikationsfeedback und Auswertungsgespräch.

Die Regeln beziehen sich auf:

- die Einführung und Strukturierung,
- das Stützen des betroffenen Gruppenmitgliedes,
- die Reihenfolge der Varianten,
- die Auswertungsschritte.

Motivklärung

Zielbereich: Kennenlernen handlungsleitender Motive für eine Handlung: Klärung der individuellen Beweggründe

Gattung: Problemzentrierte Spiele

Titel: Die Motivklärung

Anwendungsber.: Bei Schwierigkeiten, Motive der eigenen Handlung zu erkennen

Spielort: Bühnenraum mit den wichtigsten Elementen, separater abseitig gestellter Stuhl für Motivnennung

Unterl./Mat.: Darstellung der Problemsituation, eigener Stuhl zur Motivnennung.

Spielschritte:
1. Erzählen des Problems
2. Herausstellen von zwei entgegengesetzten Handlungsmöglichkeiten (Modell Ja – Nein, etwas tun – nicht tun)
3. Gestaltung der Szenerie (grober Rahmen) ein Stuhl in deutlicher Distanz zur Szene
4. Durchspielen der ersten Variante (z.B. ja) und Nennung des Beweggrundes auf separatem Stuhl, gegebenenfalls durch mehrere Spieler, verlassen des Spielbereiches
5. Durchspielen der zweiten Variante (z.B. nein) und Nennung des Beweggrundes auf separatem Stuhl, gegebenenfalls durch andere Spieler Verlassen des Spielbereiches
6. Auswertung
   Rollenfeedback (beginnend bei Szene 1 der ersten Variante)
   Identifikationsfeedback nach jeder Szene
   Rollenfeedback (beginnend bei Szene 1 der zweiten Variante)
   Identifikationsfeedback nach jeder Szene
7. Auswertungsgespräch
   Welche Motive können vorherrschen?
   Welche neuen Erkennntisse ergeben sich für den Problemsteller?
   Welche neuen Erkenntnisse ergeben sich für die Gruppe?

Hinweise f.d. Leiter zur Durchführung: Einleitung der Auswertung durch die Fragen:
Was hat der Spieler beabsichtigt, welchen Beweggrund hatte er dafür,
Was hat sein Verhalten beim Partner ausgelöst?
Der Problemsteller ist in der Partnerrolle.

zur Auswertung: Je nach der Fähigkeit, Beiträge zu speichern, wird nach beiden oder nach jeder einzelnen Varianten ausgewertet.

Erfahrungen und Abwandlungen
bei unterschiedl. Zielgruppen: In der Supervision kann die Motivklärung eingesetzt werden, um die Motive eines Klienten einzuschätzen.

Analoge Spiele:

5.3.5.5. Gesprächsführungen

Gesprächsführungen dienen der Überprüfung des eigenen Gesprächsmodus, der Anreicherung von Argumenten, dem Erlernen von Kommunikationsstrategien und der Zunahme der Fähigkeit zur Selbstdarstellung und zur Überwindung angstbesetzter Gesprächssituationen. Zur Zeit sind folgende Spielformen entwickelt, die der Gesprächsführung dienen:

- stützendes Gespräch,
- Gespräch mit stützenden Partnern,
- Gespräch mit Verhaltensmodifikationen,
- Gespräch mit Feedback.

Das *stützende Gespräch* wird angewandt, wenn ein Gruppenmitglied aufgrund eines Mangels an Argumenten sich nicht ausreichend vertreten kann. Dieser Mangel kann darin bestehen, daß es wenige eigene Argumente findet, oder auch darin, daß es die Argumente des Partners nicht phantasieren kann und so unzureichend auf eine Auseinandersetzung vorbereitet ist. Die Gruppe stützt hier durch das Sammeln und Zurverfügungstellen von Argumentation. Dies erfolgt in zwei getrennten Gruppen für beide Gesprächspartner, damit im eigentlichen Gespräch die Aspekte des einen wie des anderen Gesprächspartners zur Verfügung stehen. Die vom Spielleiter vertretenen Regeln beziehen sich auf:

- die Zusammenstellung der beiden Gruppen,
- die Art des Stützens durch die Gruppe,
- die Gestaltung der Szenerie,
- die einzelnen Spielschritte und
- die Auswertungsschritte.

Das *Gespräch mit stützenden Partnern* wird eingesetzt, wenn es nicht vordringlich an der Argumentation, sondern vielmehr am notwendigen Mut mangelt, ein Gespräch zu führen. Auch hier sammeln zwei Gruppen getrennt voneinander Argumente. Die Gruppe, in der sich der Problemsteller befindet, ist dafür verantwortlich, daß dieses Gruppenmitglied während der gesamten Gesprächsdauer von zwei Vertretern der Gruppe, die einander abwechseln, in der Gesprächsführung in dem Maße unterstützt wird, wie eigene Möglichkeiten fehlen. Die hierfür aufgestellten speziellen Regeln befassen sich mit:

- der Strukturierung der Spielsituation,
- dem Stützen des Gruppenmitgliedes, wobei dessen Gesprächsbeiträge Vorrang haben,
- der Synchronisierung der Gesprächspartner,
- den Auswertungsschritten.

Das *Gespräch mit Verhaltensmodifikationen* soll dem betroffenen Gruppenmitglied eine Vielzahl von Gesprächsmöglichkeiten vermitteln, damit in der realen Situation Gespräche variiert werden können. In der Auswertung werden (durch das Rollen- und Identifikationsfeedback) die Konsequenzen herausgestellt, die mit den jeweiligen Vorgehensweisen verbunden sind oder sein können. Dem Gruppenmitglied soll deutlich werden, daß gleiches Verhalten in unterschiedlichen Situationen unterschiedliche Ergebnisse erzielt. Die damit verbundenen Spielschritte sind:

- als Vorbereitung das Situationsspiel oder die Problemdarstellung;
- das Sammeln von vorstellbaren anderen Entscheidungsmöglichkeiten;
- das eigene Spiel, wobei die Gesprächszenen oder Teile hiervon so lange wiederholt werden, wie von Gruppenmitgliedern Möglichkeiten angeboten sind;
- die Auswertung jeder einzelnen Szene;
- die Schlußauswertung mit Überlegungen für die Realsituation.

Die hierfür angewandten Regeln beziehen sich auf:

- die Strukturierung des Spiels,
- die Behandlung der einzelnen Beiträge, vor allem wenn es sich um negative Darstellungen handelt,
- die Rolle des Problemstellers während des Prozesses,
- die Auswertungsschritte und den Realitätsbezug.

Das *Gespräch mit Feedback* ist angebracht, wenn die Argumente zur Verfügung stehen und auch der Mut zum Sprechen vorhanden ist, das Gruppenmitglied aber wiederholt Mißerfolge hatte, ohne daß es deren Gründe einschätzen kann. Diese Form der Überprüfung der Kommunikation ist vor allem für die Praxisberatung hilfreich. Da sowohl das Gespräch geführt wird als auch (deutlich vom Gespräch unterschieden) die gefühlsmäßige Reaktion zu formulieren ist, kann das Gespräch mit Feedback für bestimmte Klientengruppen überfordernd sein. Ein Situationsspiel ist für diese Spielform nicht notwendig, da die Spielsituation selber ein bereits geführtes Gespräch zeigt. Es gibt damit nach der Problemfindung

- eine Spielphase und
- eine Auswertungsphase mit dem dazugehörigen Auswertungsgespräch.

Die speziellen Regeln befassen sich mit:

- der Art der Feedbackgebung,
- den Spielschritten,
- den Auswertungsschritten,
- der Rolle des Problemstellers.

Stützendes Gespräch

Zielbereich: Kennenlernen unterschiedlicher Argumente im Rahmen einer Gesprächsführung
Korrektur kommunikationsstörenden Verhaltens

Gattung: Problemzentrierte Spiele
Gesprächsführungen

Titel: Das stützende Gespräch

Anwendungsber.: Zur Vorbereitung anstehender Gespräche durch Kennenlernen von Argumenten

Spielort: Bühnenraum

Unterl./Mat.: Darstellung der Problemsituation

Spielschritte:
1. Problemschilderung
. Aufbau der Szenerie und Bildung von zwei Untergruppen
3. Sammeln unterschiedlicher Argumente für jede der Gesprächsparteien in Untergruppen
4. Wahl je eines Spielers in den Untergruppen (der Problemsteller spielt seine eigene Rolle)
5. Durchführung des Gespräches Das Gespräch wird zwischen den Vertretern beider Gruppen geführt. Bei Auftreten von Unsicherheiten tritt ein Mitglied der betreffenden Gruppe hinter den Spieler und stützt durch Impulse, die dieser wiederholt oder negiert.
6. Auswertung
   - Rollenfeedback (Was habe ich beabsichtigt, was erreicht, wie kamen die Argumente beim Partner an?)
   - Identifikationsfeedback
   - Auswertungsgespräch

Hinweise f.d. Leiter zur Durchführung: Impulse setzen geschieht in »Ich-Form«. Darauf kann nur reagiert werden, wenn der Spieler die Eingabe wiederholt.

zur Auswertung: Konsequenzen betonen, welche Erkenntnisse ergeben sich für den Problemsteller, welche für die Gruppe

Erfahrungen und Abwandlungen bei unterschiedl. Zielgruppen:

Analoge Spiele:

Gespräch mit stützenden Partnern

Zielbereich: Stärkung bei zu großer Angst oder fehlenden Mut, ein Gespräch zu führen, durch stützende Mitspieler
Korrektur kommunikationsstörenden Verhaltens

Gattung: Problemzentrierte
Gesprächsführungen

Titel: Das Gespräch mit stützenden Partnern

Anwendungsber.: Zur Reduzierung von Angst bei anstehenden Problemgesprächen

Spielort: Bühnenraum

Unterl./Mat.: 3 Stühle für den Problemsteller und seine beiden Stützen, Stuhl für den Gesprächspartner

Spielschritte:
1. Problemschilderung
2. Sammlung von Argumenten in den Untergruppen
3. Aufbau der Szenerie und Bildung von zwei Untergruppen
4. Partei des Problemstellers bestimmt zwei Gruppenmitglieder, die Stützen; die Gegenpartei wählt Gesprächsführer
5. Durchführung des Gesprächs
6. Auswertung:
   - Rollenfeedback (Was wurde beabsichtigt, was erreicht, wie kam das Gespräch beim Partner an?)
   - Identifikationsfeedback
   - Auswertungsgespräch

Hinweise f.d. Leiter zur Durchführung: Der Problemsteller spielt seine eigene Rolle, sitzt zwischen seinen Stützen; bei Unsicherheiten können Stützen durch andere Gruppenmitglieder ersetzt werden, der Sprecher der Gegenpartei wird von seiner Gruppe durch Impulse gestützt. Der Problemsteller und die beiden Stützen sprechen als eine Person. Der Problemsteller hat beim Sprechen Vorrang.

zur Auswertung: Konsequenzen hervorheben

Erfahrungen und Abwandlungen bei unterschiedl. Zielgruppen:

Analoge Spiele:

Gespräch mit Verhaltensmodifikation

Zielbereich: Erkennen der Bedeutung des Zusammenspieles von Inhalt, Form und Verhalten für eine wirksame Gesprächsführung
Veränderung der Verhaltensanteile der Gesprächsführung

Gattung: Problemzentrierte Spiele
Gesprächsführungen

Titel: Das Gespräch mit Verhaltensmodifikation

Anwendungsber.: Analyse und Vorbereitung von Gesprächen durch Kennenlernen und Verändern des das Gespräch begleitende Ausdrucksverhalten

Spielort: Bühne

Unterl./Mat.: Problemdarstellung, Möbel für grobe Darstellung der Szene

Spielschritte:
1. Problemschilderung
2. Wahl der Personen
   (Problemsteller spielt eine Gegenrolle)
3. Gestaltung der Szene
4. Durchführung eines oder mehrerer modifizierter Gespräche
5. Auswertung:
   Rollenfeedback:
   - Wie übereinstimmend waren Inhalt und Verhalten, wie wirksam war das gezeigte Gesprächsverhalten

   Identifikationsfeedback
   Auswertungsgespräch

Hinweise f. d. Leiter zur Durchführung: Bei der Problemdarstellung bereits auf das Ausdruckverhalten achten, muß für den Problemsteller »echt« (authentisch) werden.

Erfahrungen und Abwandlungen
bei unterschiedl. Zielgruppen: bei Jugendlichen oft Widerstand gegen das »Theaterspielen beim Redens

Analoge Spiele:

Gespräch mit Feedback

Zielbereich: Erfahren der Gründe für eine Kommunikationsstörung
Kennenlernen unausgesprochener Gedanken und Empfindungen
(Gefühlsmäßige Reaktionen)

Gattung: Problemzentrierte Spiele
Gesprächsführungen

Titel: Das Gespräch mit Feedback

Anwendungsber.: Zur Vorbereitung bei bisher mißlungenen Gesprächen

Spielort: Bühnenraum

Unterl./Mat.: Möbel für Gestaltung der Szenerie

Spielschritte:
1. Problemschilderung
2. Wahl der Partner (Problemsteller führt das Gespräch selber)
3. Anweisung für den Gesprächspartner: (zwischen Gesprächsinhalten und »nicht geäußerten Gedanken« unterscheiden, indem bei »Gedanken« der Kopf zur Seite gewendet wird.)
4. Durchführung des Gesprächs:
   (Der Problemsteller kann zwar auf »Gedanken« nicht direkt antworten, kann aber durch Einbeziehen dieser »Gedanken« dem Gespräch eine entsprechende Richtung geben.)
5. Auswertung
   Rollenfeedback
   - was hat der Problemsteller beabsichtigt?
   - wie kamen die Argumente beim Partner an?
   - was haben die geäußerten »Gedanken« beim Problemsteller ausgelöst?

   Identifikationsfeedback
   Auswertungsgespräch

Hinweise f.d. Leiter zur Durchführung: Darauf achten, ob den Gruppenmitgliedern die Unterscheidung zwischen »sprechen« und »denken« gelingt.

zur Auswertung: Doublebindsituation beachten.

Erfahrungen und Abwandlungen bei unterschiedl. Zielgruppen:

Analoge Spiele:

5.3.5.6. Die themenzentrierte Anwendung des Sozialtherapeutischen Rollenspiels:

Im Rahmen von Selbsterfahrungs- oder Behandlungsgruppen kann das Sozialtherapeutische Rollenspiel ein spezifisch auf die Problematik der Gruppe bezogenes Thema verfolgen.
So z. B. Verlust – Trennung – Trauer, Umgang mit Macht und Gewalt, die Auseinandersetzung mit der Familie, usw.

Vorschlag eines Konzeptes:
1. Berücksichtigung der Neuheitssituation der Gruppe, Möglichkeit der Selbstdarstellung und der Abgrenzung, Aufbau von Vertrauen
- Erlebnisspiele zum Kennenlernen,
- Erlebnisspiele zur Selbstdarstellung,
- Einfühlungsspiele
- Gruppenzentrierte Phantasiespiele und Realitätsorientierte Gruppenspiele.

2. Der Umgang mit Erfahrungen der jeweiligen Problemsituation:
- Erste Begegnung mit dem Problem:
  Erlebnisspiel mit Problemeingabe, z. B. Erlebnis eines Abschiedes,
- Erste Erfahrungen mit der Bewältigung:
  Erlebnisspiel mit doppelter Problemeingabe, z. B. gelungene und mißlungene Bewältigungserlebnisse.

Auswertungsüberlegungen:
- Sind den Gruppenmitgliedern zweckvolle Bewältigungsmodelle bekannt?
- Auf welche Ressourcen können sie zurückgreifen?
- Welche Beziehungen erscheinen hilfreich, welche sind neu aufzubauen?
- Welches Verhalten muß geübt, welche Konsequenzen sollen erfahren werden?

3. Die Bearbeitung der Problemsituation
unter Berücksichtigung der gefühlsmäßigen Belastung, der Überprüfung des Selbstkonzeptes, der Verarbeitung von Schuld und Zweifel, der Erprobung der Phantasie und der neuer Verhaltensweisen.

Die Bearbeitung der gefühlsmäßigen Belastung:

- Erlebnisspiele zur Wahrnehmung von Sinneseindrücken,
- Erlebnisspiele zur Sinnfindung,
- Erlebnisspiele mit Bedeutungsfeedback,

Überprüfung des Selbstkonzeptes

- Erlebnisspiele zur Selbstdarstellung,
- Einfühlungsspiele,
- Gruppenzentrierte Phantasiespiele (Auswertung: Bezug zur eigenen Realität),

- Beziehungsspiele, (Auswertungsschwerpunkte: Wie sehe ich mich, – wie würde ich gerne sein –, gibt es eine Annäherung zwischen Selbst- und Idealbild?)

Verarbeitung von Schuld und Zweifel:
- Der leere Korb,
- Erlebnisspiel mit doppelter Problemeingabe:
  Bewältigte und mißlungene Auseinandersetzung mit Schuld und Zweifel.

Erprobung der Phantasie:
- Phantasiebilder,
- Erlebnisspiel mit Gruppenaktion: der Kostümverleih

Die Erprobung neuen Verhaltens:
- Situationsspiel,
- Gruppeneinfühlung,
- Motivklärung,
- Gesprächsführungen,
- Verhaltensmodifikation.

Auswertungsschwerpunkte:
Welche Verhaltensmöglichkeiten sind bekannt, – welche kann und will ich verwirklichen, – welche Konsequenzen kann und will ich mir einhandeln.

6. Die Veränderung der sozialen Wahrnehmung, der Einstellungen und der Kommunikation

Wird Wahrnehmung als ein »komplexer innerer Prozeß der bewußten Reizverarbeitung« (*Moltke*, 1980, 816) definiert, so kommt den Informationen, die dem Menschen durch seine Sinne vermittelt werden, große Bedeutung zu. Es interessieren dabei auch die seelischen Bedingungen und Gesetzmäßigkeiten, die Wahrnehmung beeinflussen.

6.1. Die Vermittlung von Informationen durch das Spiel

Entwicklungspsychologen verweisen darauf, daß Spielverhalten zwei entgegengesetzte Funktionen zu erfüllen scheint: Zum einen werden Informationen vermittelt, zum anderen werden Informationen abgebaut (*Oerter*, 1967, 199).
Zunächst wird dadurch gelernt, daß man sich aktiv und exploratorisch mit seiner Umwelt auseinandersetzt. Neue Reize interessieren; je vertrauter solche Reizeindrücke werden, desto langweiliger erscheint der Gegenstand, und es wird nun versucht, ihm eine neue Seite abzugewinnen. Neugierde bietet die Motivationsgrundlage für schöpferisches Agieren.
Allmählich erfolgt ein Rückzug; es wird nicht mehr gelernt, sondern verlernt. Bestimmte Merkmale und Sachverhalte werden negiert, neue Informationen nicht mehr aufgenommen. Jetzt ist die Art der Aktivität redundant, sie hat einen Übungs- und Gedächtniseffekt, zielt nicht mehr auf Neues. Es erfolgt eine lustvolle Wiederholung der gleichen Bewegung: Ein Bauklotz z.B., dessen Eigenschaften und Funktionsmöglichkeiten hinreichend erfahren wurden, wird vom Kleinkind hin- und hergeschoben oder beklopft. Damit werden Illusions- oder Fiktionsspiele möglich. Ein Objekt wird umgedeutet, der Baustein beispielsweise wird zum Auto. Es besteht auch die Möglichkeit, solch eine Deutung zu wechseln (das Auto wird zum Menschen) oder sie wieder aufzugeben (nun ist es wieder ein Baustein). Die dem Kinde durchaus bekannten Merkmale und Sachverhalte eines Gegenstandes werden also zum Zwecke des Spiels ignoriert *(Oerter*, 1967, 201). Alles, was an Deutungen einem Spielgegenstand gegenüber geleistet wird, entstammt dem Erfahrungsbereich, den vorher gespeicherten Informationen.
Wenn wir uns mit dem Sozialtherapeutischen Rollenspiel beschäftigen, ist derartige Beobachtung der Kinder beim Spiel von großem Wert. Der Bezug von Informationen und Spiel, Aktivität und Redundanz hat uns auch hier zu interessieren.

6.1.1. Die Vermittlung von Informationen über die gegenständliche Umwelt im Spiel

Es wurde bereits deutlich, daß Spiele entwicklungsfördernden Wert haben, wenn sie neue Informationen liefern. *Oerter* (1967, 216) verweist auf zwei Entwicklungstendenzen: eine realistische und eine idealistische Haltung zur Umwelt. Die Objekte werden einerseits in realistischer Weise benutzt, wobei nach neuen Eigenschaften gesucht wird, andererseits werden aber auch Gegenstände umgedeutet, in nahezu alle beliebigen Objekte verwandelt, also ihres unmittelbaren Dingcharakters beraubt, wie dies im Fiktions- oder Illusionsspiel geschieht.
Wenn eine systematische Förderung von kognitiven Leistungen durch Spielobjekte bei Kindern möglich ist, müßte dies auch auf die Spielsituation des Erwachsenen übertragbar sein. Im Sozialtherapeutischen Rollenspiel wird auf die Vermittlung von Informationen Wert gelegt. Vor dem eigentlichen Spiel liegt eine Vorbereitungsphase, in der eingestimmt, mit dem Spielinhalt vertraut gemacht wird.
Entscheidet sich die Gruppe dazu, z.B. Vögel zu sein, so werden die Gruppenmitglieder die Vögel nennen, die sie kennen, sie unter Umständen beschreiben, und gelegentlich helfen Bilder oder Beobachtungen in der Natur, Wissen zu erweitern. Der Umgang mit Gegenständen unterschiedlichster Art im Spiel, mit allem, was im Leben vorkommt, erfordert Kenntnisse über diese Dinge.
In der Regel hat jeder Teilnehmer nach dem Spiel mehr Informationen als vorher und bringt so für das nächste Spiel bessere Voraussetzungen mit. Da alle Gruppenmitglieder ihren Gegenstand beschreiben, wenn sie ihn einem anderen Gruppenmitglied zuordnen oder ihn für sich finden, vermittelt das Spiel auch dann eine Fülle von Wissen, wenn die Einstimmung kurz war.
Die Gruppe erfragt darüber hinaus zusätzliche Informationen, nimmt Korrekturen vor, verschafft sich Material, um Klarheiten zu erhalten.

So berichtet ein Gruppenmitglied: »Mein Vogel ist ein frecher Spatz, der fleißig am Rasen pickt. Er ist ziemlich groß und schwarz und hat einen gelben Schnabel.« Hier fragen die Gruppenmitglieder zurück, ob es wirklich ein Spatz ist oder ob es sich um eine Amsel handeln könnte, eine Krähe oder einen ähnlichen Vogel. Dabei beschreiben einzelne, wie ein Spatz aussieht, worin sie von der Gruppe bestärkt werden.

Nicht immer wird aufgrund solcher Korrekturen das Bild verändert. Bei geringer Realitätseinschätzung beharren Spieler auf ihrer Schilderung. Wenn die Gruppe solche Ansprüche toleriert, ist es Aufgabe des Spielleiters, darauf zu achten, daß die Realität dennoch transparent bleibt.

Das aufgeführte Beispiel zeigt, wie auch Gruppenmitglieder tolerant zu sein vermögen, ohne die Realität zu verfälschen: »Dein Spatz, der für mich eine Amsel ist, gefiele mir noch besser, wenn er eine grau-braun gesprenkelte Frau hätte.«

Mitunter wird eine Realitätsverzerrung nicht toleriert. Hier wird es Aufgabe des Spielleiters sein, Kompromisse zu finden, die einerseits dem Stand des Klienten, andererseits dem Realitätsanspruch der Gruppe gerecht werden. In unserem Fall etwa so:

»Spatzen sehen tatsächlich anders aus, aber du hast dich an die Bezeichnung >Spatz< statt >Amsel< schon sehr gewöhnt. Ich schlage vor, daß wir den Vogel, den du Spatz nennst, so lange >Spatz-Amsel< heißen, bis du selber möchtest, daß wir deinen Vogel >Amsel< nennen.«
Schon beim nächsten Treffen war das Gruppenmitglied in der Lage, richtig zu beschreiben und richtig zu benennen.

Es kommt vor, daß der Spaß am Gewinnen von neuen Informationen so groß wird, daß bei der nächsten Zusammenkunft Bilder oder Blumen mitgebracht werden, um zu zeigen, was man meinte, oder zu überprüfen, ob eine Bezeichnung richtig, eine Beschreibung exakt war.
Mit zunehmender Vertrautheit mit den Merkmalen und Umgangsqualitäten eines Objektes wird die Fähigkeit entwickelt, mit ihm zu spielen, es zu präsentieren, zu verwandeln, es Personen zuzuordnen, es abzulehnen oder die Bedingungen zu nennen, die es erlauben würden, sich mit ihm gleichzusetzen oder es zu besitzen.

So äußert sich ein Gruppenmitglied auf die Zuordnung einer Tanne, die an der Autobahn wächst:
»Wenn die Tanne ihre Wurzeln tiefer in das Erdreich stecken könnte, wenn sie nicht so nahe an der Autobahn wachsen müßte und wenn sie in der Nähe auch noch eine Waldwiese hätte mit einer großen Buche drauf, dann möchte ich die Tanne sein.«
Hier macht sich bereits in verschlüsselter Form Identitätsbalance bemerkbar.

Im gruppenzentrieten Phantasiespiel kann die Tanne wieder verwandelt werden. Sie kann ihren Standplatz verlassen, sprechen, aktiv in ein Geschehen eingreifen. Ähnlich wie beim Illusionsspiel bleibt, die Realität betreffend, jedoch das jeweilige Grundschema wirksam: Es würde der Tanne kaum erlaubt, Blätter zu tragen.
Auch im sprachlichen Bereich werden Informationen vermittelt. Der Wortschatz wird größer, die Fähigkeit zu beschreiben exakter.

6.1.2. Die Vermittlung von Informationen über die soziale Umwelt im Spiel

Geht man beim Spiel von den relevanten Lebenssituationen der Kinder aus und nicht von sach- oder fachlogisch orientierten Gesichtspunkten, so steht die Intelligenz unmittelbar im Dienste der Sozialisierung (*Oerter*, 1967, 225).
Sozialarbeiter haben es häufiger als andere Berufsgruppen mit Menschen zu tun, die aufgrund ungünstiger sozialer Bedingungen erhebliche Defizite im sozialen Verhalten aufweisen. Meist ist bei den Klienten zunächst einmal die Wahrnehmung sozialer Situationen gestört, und das Vokabular, mit dem wahrgenommene Situationen beschrieben werden sollten, ist weder im Umfang noch im Grade der Differenziertheit erwor-

ben, die eine Selbstdarstellung und die Einschätzung anderer erlaubte. Klienten mit derartigen Defiziten sind aufgrund ihrer eingeschränkten Fähigkeiten zur Identitätsdarstellung leichter diskreditierbar. Ihr Verhalten ist darüber hinaus nur im gleichen Milieu verstehbar und nur in eingeschränkten Situationen zweckmäßig.

Informationen über die erweiterte soziale Umwelt werden nötig. Um die soziale Wahrnehmung und das hieraus resultierende Verhalten zu verändern, wurden Spiele entwikkelt, die Selbstwahrnehmung ermöglichen und gleichzeitig darauf abzielen, eine immer differenziertere Identitätsdarstellung zu lernen. Da solche Spiele den Angehörigen einer bestimmten Schichtzugehörigkeit das Erlebnis der Gleichheit vermitteln, gelingt es zunehmend, sich als eine Person mit einer bestimmten Geschichte anzunehmen und sich gleichzeitig in die Zukunft zu entwerfen, sich als jemanden zu sehen, der seine Geschichte (wenigstens ausschnittweise) selber bestimmen kann. – Die Wahrnehmung des anderen wird ebenfalls zu einem Bild, das im Spiel vermittelt wird. Hierbei ist es wichtig, den Klienten immer mehr in die Lage zu versetzen, sich von einem Bild, das ihm zugeschrieben wird, zu distanzieren, aber gleichzeitig das anzunehmen, was er sein kann und sein will. Der Klient lehnt ab, was er als nicht ihm zugehörig erlebt, was er als projektive Zuordnung der anderen erkennt. Er wird also die eigene Wahrnehmung mit der der anderen vergleichen, zwischen eigenen Bedürfnissen und denen anderer unterscheiden. Es wird hierbei gelernt, sich darzustellen, Ausgleiche zu schaffen zwischen dem, was man sein soll, und dem, was man sein möchte. Dabei lernen Gruppenmitglieder, Verhalten differenziert zu beschreiben und Gefühle zu benennen. Die Gruppe wird dabei zum Modell wie auch zum Korrektiv. Sind Informationen ausreichend vermittelt, so gelingt auch das Illusionsspiel. Das Gruppenmitglied kann sich nun »fiktiv« an das Ziel seiner Wünsche versetzen. Das Spiel vermittelt damit stellvertretende Wunscherfüllung. Der Aspekt der Realitätsorientierung spielt jedoch auch hier eine Rolle und muß vom Spielleiter bei allen fiktiven Spielen beachtet werden. Es kann dem Spieler nicht gestattet werden, über das Spiel hinaus Illusion und Wirklichkeit zu verwechseln.

Die problemzentrierten Spiele vermitteln den Gruppenmitgliedern neue Varianten sozialer Wirklichkeit. Hier werden z.B. Eltern mit anderen Erziehungszielen und anderen Erziehungsmitteln konfrontiert, als sie sie bis jetzt erfahren oder angewandt haben. Ehepartner sehen ihnen bisher unbekannte Modalitäten der Beziehung, der Konfliktgestaltung und Konfliktlösung, der Selbstbehauptung und der Anpassung. Unverheiratete lernen neue Formen der Gemeinschaft kennen und andere Arten der Lebensbewältigung, als sie sie bisher hatten. Die Einstellung zu materiellen und ideellen Gütern ist unterschiedlich und bietet ebenfalls Variationen der Handhabung.

Da immer mehr als ein Modell angeboten wird, haben die Gruppenmitglieder auch dann Entscheidungsspielräume, wenn sie sich gegen ihre eigenen Praktiken ausgesprochen haben. Eine Zunahme der eigenen Steuerung und Regulierung gegenüber Fremdbestimmung ist also beim Erwachsenen durch Rollenspiel und Spiel in ähnlicher Weise möglich wie beim Kinde.

6.1.3. Die Bedeutung der Redundanz

Der Informationsüberfloß, die Tatsache, daß jede Einzelheit über eine Sache oder einen Bereich erfahren wurde und daher ein hoher Grad an Vertrautheit besteht, ermöglicht es dem Spielenden geradezu »blind«, d.h. ohne Überlegung damit umzugehen. Um am Beispiel des kindlichen Spiels anzuknüpfen: Weil das Kind weiß, welche Merkmale den Gegenstand ausmachen und welche Wirkungen es zu erwarten hat, kommt es in die Lage, zum Zwecke des Spiels auf einen Teil dieser Merkmale zu verzichten. So kann jetzt ein Karton zum Haus, ein Kochlöffel zur Puppe werden.
Dieses Spielverhalten, das einsetzt, wenn keine neuen Informationen mehr aufgenommen werden, kann als Informationsverarbeitung gesehen werden. Das Abgleiten in perseverierende Tätigkeiten (*Oerter*, 1967, 226) stellt seinerseits eine Gefahr für die Entwicklung dar, da durch den Wiederholungszwang weder Informationen vermittelt werden noch Übungs- und Speicherungswirkung in nennenswerter Weise vorhanden ist. Diese perseverierende Tätigkeit ist kaum unterscheidbar von einem Spielverhalten mit äußerlich redundantem Charakter, bei dem sich nachweisen läßt, daß beiläufig, also spielend, gelernt wurde.
Auch bei Jugendlichen und Erwachsenen konnte im Sozialtherapeutischen Rollenspiel die Erfahrung gemacht werden, daß eine Sättigung mit Informationen erfolgt und das Spiel redundante Merkmale aufweist. Inwieweit noch eine Entwicklung erfolgt, ist nur durch sorgfältige Analyse des Gesamtvorganges zu beurteilen.

Brigitte fand bei einem Erlebnisspiel im Fotoalbum ein Bild, das sie auf der Schaukel sitzend ohne irgend jemanden in ihrer Nähe zeigte. Sie erzählte hierzu, daß sie immer das Gefühl hätte, von ihren Eltern vernachlässigt worden zu sein.
Diese Situation wiederholte sich nun bei den kommenden Gruppentreffen. Zunächst fand sie in einer Spielzeugkiste einen Bären, den sie bei sich trug, weil die Eltern nicht Zeit für sie hatten.
Dann entdeckte sie im »Wünschesee« ein Springseil und verband dies mit dem Wunsche, den sie immer hatte, jemand möge mit ihr spielen.
Schließlich fand sie in der Knopfschachtel eine Metallschnalle, die zu einem Pferdehalfter gehörte. Der zugehörige Gaul war Eigentum des väterlichen Geschäftes, das Schuld daran war, daß sie so wenig Zeit mit ihren Eltern verbringen konnte.

Hier ist eine Perseveration auf dem Thema »Ich wurde allein gelassen« erfolgt. Über 6 Wochen war nichts Neues erkennbar, auch kein Anzeichen des Beginns einer Auseinandersetzung.
Werden die einzelnen Situationen aber sorgfältig betrachtet, so zeigt sich, daß offenbar doch beiläufig gelernt wurde. Findet Brigitte im ersten Spiel ein Foto, das sie völlig allein zeigt, so gibt sie im zweiten Beispiel bereits eine Ersatzbefriedigung an. Das Thema »Ich wurde allein gelassen« bestimmt aber wiederum die Auswertung. Auch im dritten Beispiel geht es um das Alleingelassensein. Dies wird aber mit einem Springseil verbunden, und ins Spiel mit dem Springseil werden häufiger Altersgleiche einbezogen als die Eltern. In der Auswertung zu diesem Spiel ist ebenfalls der Grundtenor »Ich wurde allein gelassen« vorhanden. Letztlich findet Brigitte in der Knopfschachtel die

Metallschnalle vom Pferdehalfter. Hier erscheint wiederum eine Ersatzmöglichkeit, von der nicht feststeht, inwieweit sie zur Bedürfnisbefriedigung herangezogen werden konnte. Bei der Auswertung wird der Ausgangsgedanke »Ich war immer allein« wiederum zentralisiert.

Beim nächsten Spiel ereignete sich eine ähnliche Situation, bei der wiederum das Pferd auf einer großen Wiese eine Rolle spielte. Auch hier wurde das Grundschema nicht verändert. Beim 6. Treffen aber kam erstmalig ein völlig neuer Aspekt ins Spiel: Brigitte fand wiederum die große Wiese und hierzu das bereits einmal erwähnte Springseil. Erstmalig erwähnte sie nun die Spielkameraden, die durchaus dawaren. Und erstmals sagte sie: »Jetzt fällt mir auf, daß ich eigentlich viel mehr Freiheit hatte als andere Kinder. Das habe ich nie bemerkt, weil ich eigentlich nur meine Eltern wollte. Wenn ich mich aber mit euch vergleiche, habe ich etwas gehabt, was ihr alle nicht gehabt habt.«

Redundantes Spielverhalten kann unterbrochen werden, z.B. durch das Angebot, ein gruppenzentriertes oder problemzentriertes Spiel dazwischenzuschalten. Dies könnte sicherlich auch eine neue Orientierung bringen. In der besonderen Situation unseres Falles hatte aber das Spiel nur äußerlich redundanten Charakter, tatsächlich war eine Informationsverarbeitung eingeleitet worden.
Viel eindeutiger wird es beim Phantasiespiel, vor allem bei den Phantasiebildern, daß sich die Gruppenmitglieder von ihrer Umwelt lösen und diesen Rückzug immer wieder herzustellen versuchen. Es wird Rekreation vom Alltag gesucht und gefunden, es handelt sich um eine legitime Flucht auf Zeit. Die Gefährdung ist jedoch weniger kontrollierbar, zeigen sich doch immer wieder Ansätze für Bedürfnisse, die Realität auch für länger zu vermeiden.
Drogenabhängige Jugendliche, Alkoholiker und solche Menschen, die Verschmelzungswünsche zeigen, sollten stärker mit der Realität konfrontiert werden, und erst dann, wenn hier eine tragfähige Basis geschaffen wurde, legitime Fluchtmittel kennenlernen.
Damit wird deutlich: Redundantem Verhalten sollte immer Aufmerksamkeit geschenkt werden, damit Steuerungen erfolgen können, wenn das Ausmaß an Perseveration zum Zeichen für innere Leere und Langeweile wird. In allen Gruppen, vor allem in Selbsterfahrungsgruppen, wird dieser Aspekt leicht übersehen. Die Gruppenmitglieder werden für Perseverationen positiv verstärkt, und der Gruppenleiter läßt sich täuschen. So werden z.B. vermeintlich offene Problemangebote gemacht. Das Gruppenmitglied teilt intime Erlebnisse mit und wird von der Gruppe bewundert: »Das hätte sich keiner von uns getraut!«
Eine genauere Analyse aber läßt erkennen, daß es sich immer um dieselben Intimitäten in neuer Formulierung handelt, so daß keine Entwicklung im Verarbeitungsprozeß stattfindet, vielmehr die positive Verstärkung redundanten Verhaltens Veränderungen unmöglich macht.

6.2. Die Strukturierung und Veränderung der Wahrnehmung

Obgleich der Mensch von Geburt an die Voraussetzungen besitzt, mit seinen Sinnen die Welt wahrzunehmen, bedarf er eines langwierigen Lernprozesses, um seine sensorischen Eindrücke zu ordnen und zu verarbeiten (*Oerter*, 1967, 329). Bei diesem Wahrnehmungslernen wird in einem aktiven Prozeß die Information verarbeitet, die in den auftretenden Reizen steckt. Um ein geordnetes Erfassen des Gegenstandes in seiner Eigenart und Bedeutung zu erhalten, müssen zu den reinen Sinnesdaten weitere Faktoren hinzukommen, z.B. Vorstellungen und Erfahrungen, die es uns möglich machen, etwas zu erkennen. Die Wahrnehmungsinhalte werden auch gegliedert, wobei Gestaltfaktoren wirksam werden. Einstellungen nehmen Einfluß auf die Art der Auffassung, z.B. darauf, welcher Teil für uns wichtig wird. Auch Erwartungen, Interessen und Stimmungen können sich auf die Wahrnehmung auswirken (*Dorsch*, 1976, 659).
Die Wahrnehmung steht im Dienste der Sozialisierung und wird wiederum durch den Sozialisationsprozeß beeinflußt. So ist der Inhalt unserer Wahrnehmung spezifisch für unseren kulturellen Bereich, in dem die Kinder frühzeitig lernen zu differenzieren, zwischen Ich und Außenwelt zu unterscheiden und Informationen eindeutig den Kanälen zuzuordnen, denen sie entstammen. Selbst die Speicherung und Verschlüsselung von Wahrnehmungsereignissen ist auf unsere technisierte Welt zugeschnitten. Die Sprache hat hierbei eine besondere Bedeutung (*Oerter*, 1967, 384). Wir wissen, daß viele Menschen, insbesondere junge, andere Wahrnehmungsformen suchen, sich in ihren Entwicklungsmöglichkeiten durch einseitige Selektion eingeschränkt fühlen, vor allem unsere sachliche Informationsverarbeitung als ungenügend erleben und von daher Mystik, Meditation und auch die Magie wiederentdecken.
Das Sozialtherapeutische Rollenspiel versucht Orientierungshilfen da zu geben, wo Schwierigkeiten im Hinblick auf die Ordnung von Sinneseindrücken und Erlebnissen bestehen. So werden nicht willkürlich Erlebnisse herausgegriffen, vielmehr wird bereits die Wahrnehmung in eine bestimmte Richtung gelenkt (Bilder aus dem Kindergarten, Spielzeug, Werkzeug, Arbeitspapiere, die Familienchronik usw.). Es darf hierbei nicht vergessen werden, daß in der Realität häufig Ordnungssysteme unmittelbar fehlen.

Ein Klient berichtete:
»Ich habe meine Geburtsurkunde gefunden. Sie lag im Schubladen, in dem das Packpapier und die Schnüre liegen und auch sonst alles reingeschoben wird, was man aufheben sollte.«
Eine Studentin sagte:
»Da habe ich einen Schrecken bekommen. Meine Arbeitspapiere – mein Gott, wo sind die nur! Ich habe bei der Post gearbeitet und so. Ich bin noch nie auf die Idee gekommen, daß ich die einmal brauchen könnte. Jetzt habe ich mein Reifezeugnis gefunden, das hat in einem Buch gesteckt. Ich glaube, da habe ich es tatsächlich vor einigen Tagen gesehen.«
Ein Alkoholiker erzählte:
»Familienchronik – ich habe geglaubt, das gibt es nur bei Adeligen. Freilich haben wir auch einen ganzen Karton voll von Bildern und Papieren und Ausweisen und Briefen. Aber ich

habe noch nie daran gedacht, daß das wirklich etwas bedeutet. Jetzt will ich mir das Zeug einmal anschauen, irgendwo müssen doch auch meine Wurzeln sein.«

Auch der Spielverlauf zeigt ein Ordnungssystem auf: Erst werden die Bilder gesucht, dann angeschaut (ich warte, bis mir etwas einfällt), dann wird berichtet, was man gefunden hat, und erst später wird das ausgetauscht, was die Erinnerungen der anderen auslöste.
Auch die Sprache hat eine Ordnungsfunktion:

- »Gedanken sind flüchtig, sie gehen uns verloren«. Durch die Sprache werden sie fixiert. Sie stehen uns nun zur Verfügung.
- Die Sprache ermöglicht uns die Distanzierung vom Erlebten. Es wird gleichsam betrachtbar.
- Bilder und Gedanken können vage sein. Durch das Sprechen wird eine Präzisierung erreicht. Das Gemeinte wird nun klarer.
- Für bestimmte Vorstellungen stehen häufig die nötigen differenzierten Begriffe nicht zur Verfügung. Das Sprechen erlaubt Versuche und Umschreibungen. So wird eine Steigerung der Genauigkeit erreicht. Es wird zur Korrektur angeregt.
- Die Vorstellung ermöglicht Gedankensprünge. Die Sprache nötigt, solche Leerstellen auszufüllen oder sich ihrer bewußt zu werden.
- Das Sprechen erlaubt es, seelische Zustände zu ordnen in vergangene, gegenwärtige und zukünftige, in erlebte und erdachte. Von daher wird der Umgang mit den zugehörigen Gefühlen erleichtert.
- Die Unterscheidung zwischen eigenem und fremdem Erlebnis, zwischen Subjekt und Objekt wird durch Sprache ermöglicht.
- Der Wechsel zwischen Sprechen und Zuhören hat ebenfalls ordnende Funktion.
- Jeder Spieler hat das Recht auszusprechen, er darf nicht unterbrochen werden; jeder hat aber auch die Möglichkeit, zu Worte zu kommen und Gehör zu verlangen.
- Das Gesagte wird überprüfbar, wiederholbar und korrigierbar.

Im Sozialtherapeutischen Rollenspiel wird nicht nur versucht, die Struktur der Wahrnehmung zu verbessern, es wird auch der Wahrnehmungsinhalt differenziert. Es besteht die Möglichkeit, daß eine größere Anpassung an die unserer Kultur eigenen Inhalte notwendig wird, daß aber auch solche Objekte Bedeutung gewinnen, die unsere hohe Technisierung und Zivilisation ausklammern.
Auf die Notwendigkeit zur Anpassung wird im Rahmen der Darlegung zur Bedeutung der Realität noch besonders eingegangen. Was den Bedeutungsgewinn der oben genannten Objekte betrifft, so gründet sich dieses darauf, daß ein Mangel an Erlebniswerten zu beklagen ist, weil die »sachliche Informationsverarbeitung« bei den Betroffenen stets im Vordergrund stand und Erlebnisse zugunsten der Technik selektiert wurden.
Aus diesem Grunde werden der Umgang mit Bildern und die Auseinandersetzung mit Symbolen bedeutsam. Es ist aber auch wichtig, daß eine Verbindung hergestellt wird zwischen Gefühl und Verstand, zwischen Idee und Handlung, zwischen Mensch und

Natur, damit die Entfremdung, der wir anheimgefallen sind, allmählich überwunden wird.

6.3. Die Änderung von Einstellungen

Es ist bekannt, daß Menschen in vielfältigen Situationen immer wieder Rollen zu spielen haben, die ihnen Meinungen und Verhaltensweisen abverlangen, die mit ihrer persönlichen Überzeugung nicht übereinstimmen. Untersuchungen zeigen, daß sich im Laufe der Zeit mit der Zuweisung solcher Rollen Einstellungsänderungen im Sinne einer Übereinstimmung ergeben.
In der Einstellungsforschung fand man, daß das Rollenspiel als pädagogisches und therapeutisches Mittel ein »außerordentlich wirksames Instrumentarium der Einstellungsänderung ist« (*Hennige/Preiser*, 1979, 106). Es können sowohl ein stärkeres Akzeptieren des Inhaltes wie auch eine länger andauernde Einstellungsänderung im Vergleich zu anderen Verfahren beobachtet werden (*Hennige/Preiser*, 1979, 106). Im emotionalen Rollenspiel, in dem die Person ihren bisher blockierten und ignorierten Gefühlen gegenübersteht, und auch in kognitiv ausgerichteten Rollenspielen, in denen Einstellungen und Verhaltensweisen divergent zur eigenen Auffassung stehen, verändern die Rollenspieler ihre Einstellung auf die Position hin, die sie im Spiel vertreten.
Die kognitive Konsistenztheorie (*Festinger*, 1978) besagt, daß das Individuum dazu neigt, seine kognitiven Elemente (Wissen über Tatsachen, Verhaltensweisen, verschiedene Gegenstände usw.) in Widerspruchslosigkeit, in Konsonanz zu halten. Dabei ist das Erlebnis einer Dissonanz um so stärker, je bedeutender die Elemente für das Individuum sind. Wenn eine kognitive Dissonanz besteht, so wird dies als unangenehm erlebt, und es werden psychologische Anpassungsreaktionen ausgelöst, die diese Dissonanz beseitigen oder reduzieren sollen (*Hennige/Preiser*, 1979, 107).
Die Gemeinsamkeit der Vielzahl von Rollenspieltechniken, die Anwendung finden, besteht darin, daß jemand veranlagt wird, eine Rolle zu spielen, die nicht seine eigene ist. Setzen wir das in Beziehung zur kognitiven Konsistenztheorie nach Festinger, so ergibt sich, daß Verhaltensweisen gezeigt und Meinungen geäußert werden müssen, die im Widerspruch zur eigenen Auffassung stehen. Damit entsteht nun eine Dissonanz, die auf irgendeine Weise reduziert werden muß, um die damit verbundenen psychischen Spannungen zu beseitigen. Dies geschieht relativ leicht, wenn das Verhalten psychologisch begründet werden kann. Es werden Argumente gefunden, die das einstellungsdiskrepante Verhalten rechtfertigen, und hierdurch wird wiederum die Konsistenz hergestellt.
Ein anderer Weg der Dissonanzreduktion wäre, daß die Person ihre persönliche Auffassung der Rollenvorschrift anpaßt, ihre Einstellung also verändert.
Im Sozialtherapeutischen Rollenspiel zeigt sich oft, daß Gruppenmitglieder Schwierigkeiten haben, »negative Rollen«, z.B. eine versagende Mutter, zu spielen. Sie bedürfen

zunächst der Hilfe durch den Spielleiter, der erklärt, daß dies von der Spielsituation her erforderlich ist usw. Das heißt: der Spielleiter macht den Versuch, die Dissonanzreduktion durch akzeptable Argumente zu erreichen. Im Laufe der Zeit erfahren die Spieler unpopuläres Verhalten als eine nicht gelebte Möglichkeit, als eine Verhaltensdisposition also, die jedermann hat. Damit gelingt die Identifikation mit der Rolle, die Einstellung wird für die Dauer des Spiels übernommen. Während der Auswertung wird hingegen sehr oft psychologisch argumentiert, es wird herausgestellt, daß dies nur im Spiel möglich war.

In allen Spielformen, die auf Verhaltensmodifikation abzielen, spielt die handlungsunsichere Person die Rolle des Partners (z.B. des Chefs). Hierdurch ergibt sich notwendigerweise eine Einstellungsdiskrepanz, die durch eine psychologische Argumentation (man will sich in das Gegenüber einfühlen, um besser argumentieren zu können) reduziert wird. Gleichzeitig wird im Verlaufe des Spiels häufig eine Veränderung der eigenen Einstellung deutlich; das Gruppenmitglied paßt also seine persönliche Auffassung der Rollenvorschrift an. Dies ist in all den Fällen gut, in denen die Anpassung für den Spieler hilfreich ist, z.B. wenn er erst hierdurch in die Lage kommt, gerechtfertigte Ansprüche durchzusetzen, unangemessene hingegen zu reduzieren. Es darf jedoch nicht verkannt werden, daß für solche Gruppenmitglieder, die über keine ausreichende Ich-Stärke verfügen, auch Gefährdungen mit einem Rollenwechsel verbunden sein können.

Im Sozialtherapeutischen Rollenspiel hat der Spielleiter während des Auswertungsgespräches ausreichende Möglichkeiten, durch seine Identifikationen diesen Prozeß zu lenken. In der Regel wirkt aber auch die Gruppe als Korrektiv, etwa wenn sie Stellung zu ungerechtfertigten Forderungen des Chefs nimmt. – Die Gruppe selber als ein Ort, an dem Einstellungen der Gruppenmeinung angepaßt werden, muß ebenfalls sorgfältig beobachtet werden. Eine Gruppenzusammensetzung aus nicht allzu homogenen Mitgliedern erweist sich oft als hilfreich. – Der Rollenwechsel sollte nicht zu häufig stattfinden. Das bedeutet für das Sozialtherapeutische Rollenspiel, daß eine Ausgewogenheit der Spielangebote wichtig ist. – Gruppenmitglieder lernen auch ihre eigenen Einstellungen, Emotionen und andere interne Zustände durch das Spiel kennen. Vor allem verhilft die Motivklärung dazu, aus dem Verhalten allmählich mögliche Einstellungen zu erschließen, aber auch Rollen- und Identifikationsfeedback schulen die Beobachtung eigener Verhaltensweisen.

Die Bedeutung der Gruppe und des Gruppenleiters im Hinblick auf Einstellungsänderungen wäre in jedem Fall sorgfältig zu analysieren: Wie häufig auch unbewußt Gruppierungen für die Stabilisierung unerwünschten Verhaltens sorgen, mag nachstehendes Beispiel zeigen:

Im Rahmen der Erziehungsbeistandschaft fuhr ein Sozialarbeiter mit einer Gruppe delinquenter Jugendlicher in ein Ferienlager nach Italien. Die »Chefs« der Jugendbande, in der die Jugendlichen kriminalisiert worden waren, kamen am anderen Tag an denselben Ort, weil sie in irgendeiner Form auch an diesem Angebot beteiligt sein wollten. Sie mieteten sich in einem Hotel ein und verhinderten durch ihre bloße Anwesenheit ein erfolgreiches Arbeiten mit der Gruppe zur Klärung von Einstellungen.

6.3.1. Der Erfahrungsaustausch im Rollenspiel

Das Sozialtherapeutische Rollenspiel kennt Spielformen, in denen Bilder mit Erlebnissen und Erfahrungen verbunden werden. Dies ist vor allem bei den Erlebnisspielen der Fall. Dieser Austausch von Bild und Erlebnis/Erfahrung vermittelt die Einstellungen der Gruppenmitglieder zu Personen, Gegenständen, Ideen usw. Da die Spiele so aufgebaut sind, daß im Assoziationsfeedback ähnliche Erfahrungen geschildert werden, die aber häufig mit anderen Gefühlsqualitäten und Wertungen belegt sind, werden die Teilnehmer immer wieder mit divergierenden Einstellungen konfrontiert. So wird zunehmend eine Ambiguitätstoleranz aufgebaut.
Eine Methode, die unterschiedliche Meinungen gleichberechtigt nebeneinander bestehen läßt, ist sicherlich in Gefahr, notwendige Orientierungen zu vermeiden. Es wird jedoch versucht, das jeweilige individuelle Orientierungsschema der einzelnen Gruppenmitglieder aufzuzeigen und übernommene Einstellungen daraufhin zu überprüfen, ob sie zu Verhaltensänderungen führen können, welche Konsequenzen mit diesem neuen Verhalten verbunden sind und welche Einstellung zu solchen Reaktionen besteht. Bei der Einschätzung von Konsequenzen ist wiederum bedeutsam, welche Erfahrungen der einzelne gemacht und inwiefern ihm diese die Abschätzung dessen, was er zu tragen imstande ist, ermöglichen.
Bedeutsam für den Veränderungsprozeß durch das Rollenspiel ist aber auch der Erfahrungsaustausch, der sich auf die Versuche bezieht, neues Verhalten in der Realität einzuüben. Es zeigt sich immer wieder, daß veränderte Einstellungen noch nicht zu Verhaltensänderungen zu führen brauchen und daß es neuem Verhalten auch an Sicherheit mangelt, so daß allein deswegen beabsichtigte Reaktionen nicht eintreten.
Erfahrungen gehen aber auch in das Spiel selber ein. Es werden Verhaltensweisen gewählt, mit denen Gruppenmitglieder Erfolg hatten, und solche vermieden, die schon einmal zu Mißerfolg führten. Daß gleiche Verhaltensweisen in unterschiedlichen Situationen Verschiedenes bewirken, ist als Erfahrung ebenso wichtig wie dies, daß dasselbe Verhalten – von zwei unterschiedlichen Personen ausgeführt- zu divergenten Resultaten führen kann.

6.3.2. Die Gruppeneinfühlung

Während im Sozialtherapeutischen Rollenspiel die Klienten überwiegend in einer relativen Distanz zur Rolle der Mitspieler stehen, wird in der Gruppeneinfühlung eindeutig die Identifikation mit dem anderen geleistet. Das Gruppenmitglied ist dieser andere, befaßt sich mit dessen Einstellungen, und eine Dissonanz zur eigenen Auffassung entsteht. Die Anweisung heißt: »Ich bin Herr X.« Damit wird der Spieler genötigt, als ein anderer zu agieren, Meinungen zu äußern, die nicht seine eigenen sind. Erleichtert wird die Rollenanweisung dadurch, daß für die Art der Einfühlung die jeweilige Situation vorgegeben wird, von der die Richtung der Empathie bestimmt ist (z.B.: »Ich bin Herr X., 21 Jahre alt, und habe gerade erfahren, daß meine Freundin Beziehungen zu einem

anderen aufgenommen hat«). Unter dieser Voraussetzung lassen sich leichter eigene Einstellungen zur Vorgabe entwickeln. Da es sich aber um eine Gruppeneinfühlung handelt, werden die Beiträge der anderen sehr bald im Widerspruch zur eigenen Auffassung stehen. Es kann deutlich beobachtet werden, daß diese Dissonanz dadurch reduziert wird, daß die individuelle Einstellung aufgegeben wird. Einzelne Gruppenmitglieder schließen sich der jeweiligen Meinung anderer an, andere bilden Gegenpositionen zur Gruppenmeinung.
Dem Spielleiter kommt hierbei eine wichtige Funktion zu. Er hat dafür zu sorgen, daß die Gruppeneinfühlung nicht zu homogen verläuft, und steuert dies durch seine eigenen Beiträge. Eine Skala unterschiedlichster Meinungen sollte bei der Gruppeneinfühlung erscheinen, da die tatsächliche Einstellung des Menschen, dessen Gefühlen und Gedanken man sich anzunähern versucht, unbekannt sind. – Es ist wichtig, daß jedes Gruppenmitglied sich wieder auf seine eigenen Beiträge besinnt. Von daher kommt der Auswertung, bei der die Spieler die Tendenzen ihrer eigenen Einfühlung herausstellen, große Bedeutung zu. Diese Einstellungen können gleichzeitig begründet werden und haben dann eine Dissonanzreduktion zur Folge. Für das eben genannte Beispiel: Ein Gruppenmitglied vertrat die Tendenz, daß Herr X. seiner Freundin wünschte, sie möge vom neuen Partner ausgiebig betrogen werden, und meinte weiterhin: »Das würde ich zwar nicht für gut finden, aber ich glaube, daß Herr X. dies in der Situation tatsächlich wünschen könnte.« Damit war eine psychologische Rechtfertigung erfolgt.
Im Rahmen der Auswertung wird der Realität wieder breiter Raum gegeben. Es wird herausgearbeitet, welche Fakten in Erfahrung gebracht werden müssen, um die tatsächliche Einstellung des Herrn X. zu erfahren, oder wie vorgegangen werden kann, um ihn zu verstehen oder ihm zu helfen.
Auch die Gruppeneinfühlung trägt dazu bei, die Informationen über die soziale Umwelt zu differenzieren. Durch die Beiträge der einzelnen Gruppenmitglieder wird die Bandbreite des Vorstellbaren erweitert.
Die Erfahrung anderer Einstellungen zu einem bestimmten Sachverhalt und die Erkenntnis subjektiver Gültigkeit fremder Einstellungen sind ein wichtiger erster Schritt zur Einstellungsänderung.

6.3.3. Fallbeispiel

Eine Krankenschwester schilderte ihr Problem mit der Schwesternschülerin Margot, die sich selber als besonders ehrlich und offen beurteilte, im Umgang mit anderen aber das Gegenteil praktizierte. Als Beispiel führte sie eine Situation an, in der Ulrike, eine andere Schwesternschülerin, mit am Tisch gesessen hätte, sich freundlich mit Margot unterhalten hätte und von dieser freundschaftlich behandelt worden wäre. Als Ulrike sich verabschiedet hätte, hätte Margot der Krankenschwester erklärt, daß sie Ulrike überhaupt nicht leiden könnte. Dies, so sagte die Krankenschwester, wäre nur beispielhaft, Margot verhielte sich immer so.

Die Gruppe überlegte, wie sie nun mit dem Problem umgehen könnte. Ein Pfleger meinte, daß dies wohl mehr das Problem der Krankenschwester wäre. Diese sollte sich

fragen, wieso sie das angedeutete Verhalten so schlimm fände. Dieser Einwand irritierte die Problemstellerin. Sie versuchte, die Dissonanz durch Anpassung an die Rollenvorschrift zu reduzieren, und erklärte, daß sie bereit wäre, dies als ihr Problem zu erkennen und entsprechend zu bearbeiten.
Die Spielleiterin bewertete die rasche Meinungsänderung skeptisch und schlug darum vor, den Vorschlag der Krankenschwester aufzunehmen, der ihr zu Beginn der Situation wichtig gewesen war, und zu sehen, was mit Margot los wäre, wie man ihr helfen könnte.
Nach der Situationsanalyse folgte eine Gruppeneinfühlung in Margot, die folgende Tendenzen verdeutlichte:

- Margot hat ein anderes Wertsystem; »ehrlich und offen« bedeutet für sie etwas anderes als für die Krankenschwester.
- Margot will Ulrike abwerten, weil diese zuviel Einfluß hat.
- Margot fühlt sich durch die Krankenschwester vernachlässigt, Ulrike wird bevorzugt.
- Margot lügt und bemäntelt dies mit der Äußerung, daß sie ehrlich sei.
- Margot hat im Augenblick der Kommunikation andere Gefühle als hinterher.
- Das Verhalten von Margot zu Ulrike ist gar nicht so freundlich, es wird von der Krankenschwester falsch interpretiert.

Die Einfühlungen, die sich mit einem Irrtum der Krankenschwester und mit der Bevorzugung Ulrikes befaßten, riefen eine größere Dissonanz hervor als die übrigen Tendenzen. – Nun wurde die Reduktion psychologisch versucht: Die Krankenschwester erklärte nochmals an der Situation, warum dies nicht zutreffen könnte, warum sie so und nicht anders hätte handeln müssen.
Da der Pfleger seine Einstellung, daß es sich um ein Problem der Schwester selber handelte, auch jetzt noch vertrat, und die Krankenschwester dazu neigte, sich ihm anzuschließen, versuchte die Spielleiterin, die Einstellungen nochmals gegenüberzustellen:

- Die Krankenschwester hatte das Bedürfnis, mit der Schwesternschülerin zu sprechen, weil sie sich für sie verantwortlich fühlte.
- Der Pfleger an ihrer Stelle würde kein Gespräch führen, weil er es als sein Problem ansah, wenn er Widersprüche im Verhalten von anderen entdeckte.

Da die Krankenschwester ihr Problem eingebracht und formuliert hatte, wurde auch ihre Fragestellung bearbeitet. Sie konnte nach der Verhaltensmodifikation entscheiden, ob sie das Gespräch in der Realität führen wollte oder nicht.
Im Rahmen der Verhaltensmodifikation wurden folgende Strategien gezeigt:

- Die Krankenschwester sagte Margot auf den Kopf zu, daß sie lüge. Sie erklärte ihr auch, daß sie darüber sehr verärgert wäre.

- Die Krankenschwester klärte mit Margot das Wertsystem. (»Was heißt für dich und was heißt für mich >ehrlich<?«)
- Die Krankenschwester klärte die Beziehungen, fragte, ob sich Margot benachteiligt fühlte.
- Die Krankenschwester sprach sehr verstehend über die Situation.

Bei der Auswertung konnte sich die Krankenschwester mit all den Verhaltensvorschlägen identifizieren, die eine Klärung des Wertsystems und der Beziehung meinten. Sie sagte, daß sie auch etwas von dem Zorn kennte, der in dem Vorwurf »Du lügst« läge. – Sie entschloß sich, das Gespräch mit Margot zu führen. Nun entstand für den Pfleger eine Dissonanz, und er stellte die Konsistenz durch eine psychologische Rechtfertigung her: Er sagte, unter welchen Bedingungen auch er ein Gespräch führen würde, nämlich dann, wenn er durch ein solches Verhalten persönlich betroffen wäre, wenn etwa Margot zu ihm unehrlich wäre. – Nachdem hiermit die Ich-Angriffe wegfielen, meinte die Krankenschwester, daß sie sich noch überlegen wollte, weshalb sie so empfindlich auf Lügen reagierte.
Dieser Fall macht deutlich, daß es sich beim Sozialtherapeutischen Rollenspiel sowohl um eine emotional orientierte als auch um eine kognitiv ausgerichtete Technik handelt:

- Bei der Verhaltensmodifikation kam es zur Rollenumkehrung, die Krankenschwester spielte die Rolle von Margot. Damit hatte sie Verhaltensweisen zu zeigen, die im Widerspruch zu ihrer eigenen Auffassung standen.
- Die Spielerin hat mehrmals ihre Einstellung auf die im Spiel vertretene Position hin verändert oder zu verändern versucht. Über die einem solchen Prozeß zugrunde liegenden psychologischen Mechanismen besteht noch keine ausreichende Klarheit.
- Deutlich wurden Versuche, die Konsonanz durch psychologische Rechtfertigung herzustellen. Das Verhalten der Spielleitung hat diese Rechtfertigung unterstrichen, hat also im Sinne einer Belohnung gewirkt.
- Deutlich wird auch, daß Einstellungselemente eine unterschiedliche Bedeutung für die Krankenschwester hatten und von daher auch unterschiedliche Bereitschaften zur Veränderung bestanden. Es hat sich gezeigt, daß die Einstellungselemente in einer wechselseitigen Beziehung stehen, d.h., daß durch die Veränderung einzelner Elemente das System beeinflußt wird. Die individuelle Konflikttoleranz der Krankenschwester war zu Beginn des Spiels geringer als am Ende.

6.4. Das Sozialtherapeutische Rollenspiel und seine Möglichkeiten zur Kommunikationsverbesserung

Der Hilfsprozeß in der Sozialarbeit kann – wie alles Verhalten – auch kommunikationstheoretisch betrachtet werden. Die Funktionsstörungen der Kommunikation interessieren in gleicher Weise wie das Kommunikationssystem, da sie unverständlich erscheinende Verhaltensweisen erklären. Die Beziehungsregeln der zwischenmenschlichen Systeme sind aufschlußreich vor allem, wenn diese nicht mehr den Anforderungen entsprechend funktionieren und erstarren.
Watzlawik (1969) hat Grundannahmen herausgestellt, auf die sich Störungen beziehen. Er sieht Störungen auf der Inhalts- und Beziehungsebene, diskrepante Interpunktionen, Störungen in symmetrischen und komplementären Interaktionen, Fehler in der Übersetzung von digitaler und analoger Kommunikation und zuvorderst die Verneinung und Vermeidung von Kommunikation.

6.4.1. Die Übersetzung von digitaler und analoger Kommunikation

Jede Kommunikation bedient sich digitaler und analoger Modalitäten. Das bedeutet, daß sie aus sprachlichen und nichtsprachlichen Zeichen (Ausdrucksverhalten) besteht. Besonders im Spiel haben die nichtsprachlichen Zeichen, die analogen Modalitäten, zentrale Bedeutung. Vor allem in verschlüsselten Spielen tritt die digitale Modalität zurück.
Für die Klienten der Sozialarbeit ist es in der Regel nicht einfach, nichtsprachliche Zeichen in Sprache zu übersetzen. Sie bedürfen der Modelle durch den Spielleiter und durch erfahrene Gruppenmitglieder. Erstaunlich rasch vergrößert sich jedoch der Wortschatz. Er wird differenzierter und treffender. – Die Übersetzung analoger Modalitäten in sprachliche Zeichen ist häufig eine Ursache für Kommunikationsstörungen. Es kommt zu Fehlinterpretationen.
Das Sozialtherapeutische Rollenspiel kennt Spielformen, die hier Hilfen geben können:
So wird in der Motivklärung deutlich, daß ein und derselben analogen Modalität unterschiedliche Motive zugrunde liegen können, die sich nur durch die sprachliche Formung für andere differenzieren.
Beim Gespräch mit Feedback wird dem Partner gespiegelt, wie die analoge Modalität verstanden wurde und wie die sprachlichen Zeichen aufgefaßt worden sind. In der Auswertung bedient man sich vornehmlich der Digitalisierung. Es wird versucht, die Zeichen in Worte umzusetzen, wobei die Gruppenmitglieder rückmelden, wie sie diese Zeichen im Hinblick auf ihre eigene Kommunikation erlebt haben, wie sie sie sprachlich fassen würden, um sie selber zu verwenden. Zu solchen Erklärungen werden auch Bilder benutzt, die häufig leichter als Abstraktionen verdeutlichen, was gemeint ist.

In besonderer Weise wird die Rückmeldung geübt, die Korrekturen ermöglicht und Störungen im Kommunikationsgeschehen aufdeckt. Rückmeldungen sind zum Teil Bestandteil der Spielformen, wie z.B. in den Einfühlungsspielen, zum Teil sind sie Gegenstand des Auswertungsgespräches, bei dem das Rollen- und das Identifikationsfeedback Mitteilungen über das Geschehen und das Verstehen davon geben.

6.4.2. Die Interpunktion der Ereignisfolgen

Besondere Beachtung muß im Spiel der Interpunktion der Ereignisfolgen, der Struktur der Mitteilung also, geschenkt werden. Sie ist im Spiel, einer Pseudorealität, geschaffen worden und muß erst auf ihre Zuverlässigkeit in der Ernstsituation hin erprobt und überprüft werden.

Eine Angestellte wollte einen Tag Urlaub beantragen, weil sie Überstunden gemacht hatte, und wollte das Gespräch, das sie dazu mit dem Abteilungsleiter zu führen hatte, vorbereiten. Der Spieler, der von ihr für die Rolle als Chef gewählt wurde, setzt folgende Interpunktion:
Angestellte: »Ich möchte meine Überstunden abfeiern. Das macht 1 Tag Urlaub.«
Chef: »Dafür liegen keine Beweise vor. Sie möchten nur frei feiern.«
Angestellte: »Aber das weiß doch jeder, ich arbeite doch immer zuverlässig.«
Chef: »Wenn es um Urlaub geht, hört alle Zuverlässigkeit auf.«

Dieses Gespräch fand nicht in der Realität statt, vielmehr war es als Vorbereitung für eine Unterhaltung mit dem Vorgesetzten gedacht. So ist nicht bekannt, wie der Chef in der Ernstsituation interpunktiert hätte. Es besteht demnach die Gefahr, daß Gruppenmitglieder unzureichend auf die Realität vorbereitet sind oder sich durch andere Reaktionen ihrer Gesprächspartner als die erwarteten verunsichert fühlen und sich zurückziehen.
Im Sozialtherapeutischen Rollenspiel erfährt der Problemgeber im Identifikationsfeedback mögliche Variationen des Verhaltens des Gesprächspartners (z.B.: »Ich wäre ein völlig anderer Chef gewesen. Wenn du keine schriftlichen Nachweise gebracht hättest, wärst du abgeblitzt.«).
Im Auswertungsgespräch werden auch Handlungsalternativen erarbeitet: in unserem konkreten Fall etwa die Möglichkeit der Beweisführung, die des Bündnisses z.B. mit dem Betriebsrat usw.
Wichtig ist, über die Ergebnisse des tatsächlich verlaufenen Gespräches informiert zu werden, um unter Umständen weitere Strategien zu entwickeln und Korrekturen vorzunehmen.
Auch die Interpunktion der problematischen Situation interessiert und kann verändert werden, so z.B. diese: »Mein Chef schreit mich an, weil ich ängstlich bin; ich bin ängstlich, weil mich mein Chef anschreit.« – Das Situationsspiel verhilft dazu, diese Kommunikationsstruktur zu erkennen, die Verhaltensmodifikation zeigt Verhaltensalternativen auf, die den Kreislauf durchbrechen können.

6.4.3. Symmetrische oder komplementäre Kommunikationsabläufe

Zwischenmenschliche Kommunikationsabläufe sind entweder symmetrisch oder komplementär, je nachdem, ob die Beziehung zwischen den Partnern auf Gleichheit oder Ungleichheit beruht.
Die Gruppenmitglieder haben im Sozialtherapeutischen Rollenspiel die Möglichkeit, sowohl gleiche als auch ungleiche Beziehungen anzustreben. Dadurch, daß andere Rollen als die eigene gewählt werden, ergibt sich die Möglichkeit des Ausprobierens beider Kommunikationsabläufe im Wechsel. Auch die Rolle, die in der komplementären Beziehung eingenommen wird, kann sich verändern. Es kann die primäre Stellung oder auch die sekundäre bezogen werden. Auch die unterschiedlichen Erfahrungen, die die einzelnen Gruppenmitglieder haben, machen Überlegenheit und Unterlegenheit im Wechsel deutlich, Gruppeneinfühlungen, Einfühlungsspiele usw. zielen auf symmetrische Kommunikationsabläufe, problemzentrierte Spiele stärker auf komplementäre, wobei symmetrische Beziehungen geübt werden, etwa bei Partnerbezügen. Es ist auch wichtig, sich komplementäre Situationen in ihrer Unveränderbarkeit – bewußt zu machen, etwa in der Beziehung zwischen Kind und Eltern, Schüler und Lehrer, um die Erfahrung zu gewinnen, wie es ist, sich in die Rolle des Untergebenen oder des Übergeordneten zu begeben.

6.4.4. Man kann nicht nicht kommunizieren

Alles Verhalten ist Kommunikation. Auch Schweigen und Sich-Entziehen sind verwertbare Aussagen.
Der Versuch, Kommunikation zu vermeiden oder abzulehnen, ist bei dieser Rollenspielform selten. »Ich spiele nicht mit« oder »Ich habe nichts gesehen« lassen sich in der Regel kaum durchhalten. Spätestens im Assoziationsfeedback erfolgen verbale Mitteilungen.
Kommt es auch kaum zur klaren Ablehnung, so spielt die Entwertung der Kommunikation als Versuch, sie zu verweigern, doch eine Rolle. Eigene oder fremde Aussagen erfahren dann einen Bedeutungswandel, eine andere als die gemeinte Gewichtung. So kann ein Gruppenmitglied lachend ein ihm amüsant erscheinendes Erlebnis berichten wollen, das sich für die übrige Gruppe als Drama darstellt. Durch das Feedback der Gruppe, die ähnliche Erlebnisse und ähnliche Abwehrtechniken kennt, gelingt es allmählich, solche Entwertungen zu erkennen und die entsprechenden Beiträge zurechtzurücken.
Die Unterbrechung einer Kommunikation durch Einführung eines Symptoms tritt oft ein. Gruppenmitglieder beginnen z.B. zu weinen oder zu husten. Da niemand gezwungen wird, diese Schranken zu durchbrechen und die Gruppe in der Regel ihr Spiel weiterverfolgt, klingen Symptome solcher Art meist ab. Die Kommunikation wird spätestens in der Auswertungsphase wieder aufgenommen.

Im Rahmen des Sozialtherapeutischen Rollenspiels wird die Fähigkeit, das Ich abzuschätzen, positiv bewertet als ein »Mich-auf-mich-selbstverlassen-Können« in einer bedrängten Situation. Dadurch lernen die Gruppenmitglieder, offenzulegen und darauf zu achten, ab wann solche Schutzmechanismen aufgegeben werden können.

6.4.5. Der doppelte Aspekt jeder Mitteilung: Inhalts- und Beziehungsaspekt

In einer jeden Mitteilung sind sowohl die Ebene der Informationsvermittlung wie auch die der Definition der Beziehung zwischen Sender und Empfänger enthalten.
Diese beiden Ebenen zu scheiden ist vor allem im Rollen- und Identifikationsfeedback schwierig. Es muß zunehmend gelernt werden, daß sachliche Mitteilungen möglich sind, daß aber Informationen auch einen Appellcharakter haben können. Die Gruppenmitglieder entwickeln die Fähigkeit, Unklarheiten zu verbalisieren und ihre Zweifel zu überprüfen.
Die Auswertung solcher Spiele, die Kommunikation zum Gegenstand haben, führt zwangsläufig zum Gespräch über Kommunikation, zur Metakommunikation also. Auf diesem Wege gelingt es, die Beziehungsebene zu klären, und es ist möglich, die Regeln aufzuspüren, die dem individuellen Kommunikationssystem zugrunde liegen.

7. Das Sozialtherapeutische Rollenspiel als Hilfe zur Identitätsentwicklung

Die Selbstwerdung des Menschen ist ein Prozeß, der von Unsicherheit und Angst begleitet ist. Jede Veränderung, die Individuen in ihrer Umwelt vornehmen, bewirkt auch eine Veränderung ihrer selbst. Dies trifft für die Menschheit als Ganzes ebenso zu. Deshalb muß der Mensch stets danach streben, mit sich in Einklang zu kommen, Identität zu besitzen (*Fromm*, 1977, 254).
Während das Tier eingebunden in die Natur lebt, bedeutet das Bewußtsein der eigenen Existenz für den Menschen ein Problem. Dieser existentielle Widerspruch führt zu einer ständigen Störungsbereitschaft, zur Gefährdung des inneren Gleichgewichtes. Ändern sich die Voraussetzungen für die relative Stabilität des Menschen, so erfolgt eine Erschütterung seiner inneren Balance. Er ist gezwungen, »das Entsetzen vor seiner Isoliertheit, seiner Machtlosigkeit und seiner Verlorenheit zu überwinden und neue Formen des Bezogenseins zur Welt zu finden, durch die er sich in ihr zu Hause fühlen kann« (*Fromm*, 1977, 254).
In der Abgehobenheit und Gegenüberstellung zur Um- und Mitwelt erfährt der Mensch sein individuelles Selbstsein (*Lersch*, 1956, 279), die Bedeutung, den Wert, den er in diesem Bezugsfeld besitzt.

7.1. Die Bedeutung des Handelns für Eigenmacht und Eigenwert

Lersch (1956, 279) unterscheidet zwischen Eigenmachtgefühl und Selbstwertgefühl und betont, daß beide in einem Wirkungszusammenhang, in einer Abhängigkeit stehen. Im Eigenmachtgefühl erlebt der Mensch seine subjektive Mächtigkeit in der Auseinandersetzung mit seiner Umwelt. Er fühlt sich ihren Widerständen und Gefährdungen entweder gewachsen, vielleicht sogar überlegen, oder er zeigt eine Bereitschaft zurückzuscheuen und auszuweichen. Dieses Gefühl der eigenen Macht oder der eigenen Ohnmacht wurde durch die Lernpsychologie aufgegriffen. Die Erwartung, die Umgebung nicht durch eigenes Verhalten beeinflussen zu können, führt zur gelernten Hilflosigkeit (*Seligman*, 1974), einer Form der Depression. Negative Erwartungen der eigenen Person, der Umwelt und der Zukunft gegenüber sind bei derartigen Krankheitssymptomen beobachtbar.
Seligman unterstreicht, daß es nicht nur die absolute Qualität eines Erlebnisses ist, »die Selbstbewußtsein und ein Bewußtsein eigener Kompetenz hervorbringt sowie Schutz vor Depressionen bietet, sondern die Wahrnehmung der Kontrolle durch die eigene Handlung« (*Frese*, 1976, 99).

Fromm (1977, 272) geht auf die Problematik der Langeweile als Ausdruck der Sinnlosigkeit ein. Um sich nicht nur als bloßes Objekt ohne eigenen Willen zu erfahren, sondern seine Identität zu erleben, benötigt der Mensch das Gefühl des Eingreifenkönnens. Er braucht Erfolg durch eigenes Wirken und möchte wissen, wie Wirkungen entstehen. Fromm unterscheidet zwischen einfachen Reizen, die zur Sättigung führen, und aktivierenden Reizen, die keinen Sättigungspunkt haben, auf die vielmehr produktiv reagiert wird. Menschen, die diese Fähigkeit nicht besitzen, langweilen sich. Sie benötigen immer neue Reize, um diese Langeweile zu kompensieren.

Es gibt jedoch auch eine Form der Langeweile, deren Symptome nicht kompensiert werden können. »Diese chronische Langeweile, ob sie nun kompensiert oder nicht kompensiert ist, stellt eines der wesentlichsten psychopathologischen Phänomene unserer heutigen technotronischen Gesellschaft dar.« *(Fromm*, 1977, 274) Obgleich die innere Leere narkotisiert wird durch Nervenkitzel, übertriebenen Konsum, Alkoholmißbrauch, Psychodrogen, exzessives Sexualverhalten und in besonders gefährlicher Weise durch Gewalttätigkeit, besteht die Langeweile, das Gefühl der inneren Leere, weiter.

Frankl spricht von Werten, die sich durch Tun, durch Schaffen verwirklichen lassen, er meint schöpferische Werte. Er kennt außerdem solche Werte, die im Erleben verwirklicht werden, und als dritte Wertkategorie die Einstellungswerte, die in der Weise verwirklicht werden, daß der Mensch »zu seinen Einschränkungen steht« (*Frankl*, 1975, 61). Diese drei Wertkategorien lassen sich in Beziehung setzen zu den drei Komponenten der Haltungen: einer kognitiven Komponente, einer affektiven Komponente und einer Handlungskomponente (*Oerter*, 1967, 235).

Die kognitive Komponente entsteht erst im Nachhinein. Bei der kindlichen Entwicklung steht die Ausbildung der Handlungskomponente, die affektiv begleitet wird, im Vordergrund. Die Begründung des Fühlens und Tuns wird erst später möglich, wenn sich die kognitive Komponente ausbildet.

7.1.1. Der Handlungsaspekt des Spiels

Das Sozialtherapeutische Rollenspiel berücksichtigt, daß ein Großteil der erwachsenen Klienten ähnlich den Kindern nicht in der Lage ist, sein Verhalten von seinen Einsichten her zu bestimmen. Damit kommt dem Handlungsaspekt des Spiels und seiner affektiven Begleitung eine besondere Rolle zu. Die Spielhandlung und die sie begleitenden Gefühle werden nach Ablauf des Spiels beschrieben. Erst in der Auswertung erfolgen Einschätzungen der Handlung, wird die kognitive Komponente deutlich.

Damit entstehen zunehmend Erlebnisse, etwas Sinnvolles schaffen zu können. Im Feedback wird die Erfahrung gemacht, daß die eigenen Verhaltensweisen im anderen etwas auslösen und daß so ein Prozeß entsteht, der die Probleme verdeutlicht und Verhalten verstehbar macht. Es ist auch möglich, im Rollenspiel Verhalten zu zeigen, das in der Realität unangemessen erscheint. Es wird also auch die Wirkung nicht üblichen Verhaltens erfahren, und es wird die Macht erlebt, die damit verbunden ist. Gruppenzentrierte Phantasiespiele machen deutlich, daß ein Wirkungszusammenhang zwischen den ein-

zelnen Aktivitäten besteht, daß schon durch geringe Verhaltensänderungen dem Spiel neue Richtung gegeben wird.
In der Verhaltensmodifikation zeigt sich ebenfalls die Wirkung der Gruppenleistung. Es wird deutlich, daß sich gute Endleistungen schrittweise aufgebaut haben, daß auch ein noch so dürftiger Beitrag wichtig war, um zweckdienliches Verhalten zu finden. Damit kann auch ein Gruppenmitglied, das noch wenig Mut hat sich darzustellen, seinen Beitrag als geglückte Leistung erleben und darüber hinaus erkennen, daß auch Mängel Voraussetzung für die Weiterentwicklung sein können.
Wahrnehmungszentrierte Spiele stellen die Erlebniswerte in den Mittelpunkt. Sie lassen die Erfahrung mit Natur, Kunst und Beziehungen aufleuchten, die zum Erlebnis wurden. Das Spiel selber bietet sich an, solche Werte neu zu schaffen; es hat Erlebnisqualität.
Das Phantasieren besseren Verhaltens genügt im problemzentrierten Spiel nicht. Es muß ausprobiert werden, und seine Möglichkeiten, das Verhalten der anderen zu beeinflussen, sind zu erproben. So wird der Handlung allmählich mehr Gewicht beigemessen als der Diskussion. – Auch die Handlung, die im geschützten Raum der Gruppe bedeutungsvoll und hilfreich war, muß neu überprüft, erprobt und in die Wirklichkeit übertragen werden. Hierzu bieten der Erfolg, der im Spiel erlebt wird, und die Sicherheit, die die Übung bewirkt, gute Voraussetzungen.
Viele Klienten erleben sich als hilflos, als außerstande, durch eigenes Verhalten Zustände zu verändern. Sie können nicht einmal Veränderungen phantasieren und sind von daher der Umwelt und der Zukunft ausgeliefert. Das Versorgungsnetz, das sie umgibt, ist kaum kontrollierbar und nicht durchsichtig. Sozialarbeit hätte zu überprüfen, inwieweit Hilfeleistungen über Generationen ebenfalls zu solcher erlernter Hilflosigkeit führen und geführt haben.
Das Spiel ergibt die Möglichkeit, sich wirksam zu erfahren. Es schafft gleichzeitig einen Zukunftsbezug, weil es wiederholbar und veränderbar ist. Die Situation wird durch eigene Handlung kontrollierbar.

Marianne Müller, 40 Jahre alt, litt an einer Depression und war deshalb in einer Gruppe Psychischkranker. Sie wohnte in einem Heim für Frauen und fühlte sich dort nicht wohl, weil sie in ihren Freiheiten und ihren Distanzierungsmöglichkeiten stark beschränkt war. Hierüber beklagte sie sich in den Gruppensitzungen, sofern sie nicht einfach schwieg oder meinte, es hätte ja so alles keinen Sinn.
Ulla, eine fast gleichaltrige Frau, hatte beschlossen, sich ein Zimmer zu suchen, und bat die Gruppe, ihr hierbei zu helfen. Nachdem geklärt worden war, wie freie Zimmer in Erfahrung gebracht werden könnten, wurden Verhaltensmodifikationen zum Thema »Zimmersuche« angeboten.
Marianne Müller sah zunächst teilnahmslos zu und versuchte dann, der Angelegenheit negative Erfolge zu prophezeien. Hierzu meinte die Gruppe, daß sie die Zimmervermieterin spielen könnte, da sie ja so gut wüßte, wie alles schief gehen könnte. Frau Müller stimmte zu. Zunächst war sie auf ganz bestimmte Redeweisen festgelegt wie: »Ich nehme niemanden, weil das nicht gut tut«, wurde aber durch die Partnerin Ulla zunehmend genötigt, neue Ausflüchte zu finden.

Die Auswertungsgespräche reicherten diese Gründe der Ablehnung an, und Marianne Müller meinte abschließend: »Da kann ich ja schon von vornherein wissen, was die zu mir sagen könnten.« Hiermit war der erste Schritt zur Kontrolle durch eigene Handlung getan.
4 Monate später ging Frau Müller selber erfolgreich auf Wohnungssuche.

Besonders problematisch ist der Umgang mit Menschen, die unter chronischer Langeweile leiden und wegen der inneren Leere starker und immer stärkerer Reize zur Narkotisierung bedürfen.
Gewalttätigen Jugendlichen z.B., die ihre chronische Langeweile durch gewalttätige Handlungen zu kompensieren suchen, kann nicht einfach durch therapeutische Spiele geholfen werden. Für sie ist es notwendig, über die Beziehung zu einem Menschen (etwa dem Sozialpädagogen) all das zu erfahren, was Erlebnisse vermittelt. Selbsterfahrung können sie zunächst im Tun erleben, sie werden ihre Identität in Abenteuern erfahren. Eine Bergwanderung durchstehen, körperliche Schwierigkeiten oder Probleme mit alltäglichen Forderungen bezwingen, auch den Eindruck eines Sonnenaufgangs auf sich wirken lassen – solche Erlebnisse müssen vermittelt und von den Jugendlichen erfahren werden.
Mit jungen Menschen, deren Umwelt sich leer und bar jeder Erlebnisqualität präsentiert, therapeutisch zu arbeiten, ist außerordentlich schwierig. Es sind sorgfältige Analysen des Verhaltens notwendig, um brauchbare Strategien zu entwickeln.
Therapeutische Spiele sollten keinesfalls das unmittelbare Erlebnis oder das spontane Spiel ersetzen oder gar verdrängen.
Voraussetzung für eine einigermaßen erfolgreiche Therapie bei dem Menschen unserer Zeit, der so ausschließlich zum Konsumieren erzogen wird, liegt auch darin, seine Kreativität zu bewahren, seine Phantasie zu wecken. Wahrnehmungszentrierte Spiele und das gruppenzentrierte Phantasiespiel eignen sich hierfür in besonderer Weise.

7.2. Sozialarbeit als Hilfe zur Identitätsentwicklung

Die Entwicklung der Identität geschieht nach Erikson über den Erwerb von Urvertrauen, das zur Autonomie führt und zur Initiative ermutigt, die zunehmend einen Leistungsbezug (Werksinn) ermöglicht. »Die Ich-Identität entwickelt sich also aus einer gestuften Integration aller Identifikationen.« (*Erikson*, 1966, 108) Frühe Kindheitsphasen werden mit den späteren Stadien verknüpft, in denen sich eine Vielfalt sozialer Rollen aufdrängt. Die endgültige Identität schließt alle Identifizierungen in sich ein und verändert sie gleichzeitig, indem sie sie in Frage stellt und neu ordnet, damit ein einzigartiges, zusammenhängendes Ganzes entsteht. In Umbruchphasen, wie der Adoleszenz, dem Übergang von der Kindheit zum Erwachsenenalter, führen die sozialen Bedingungen in diesen individuellen Umstrukturierungen zu Identitätskrisen, zum Marginalkonflikt.

Im Rahmen des helfenden Prozesses der Sozialarbeit ist diese Identitätsentwicklung von eminenter Bedeutung. Die in der Identitätsentwicklung wichtige Phase des Vertrauens wird von autonomen Bestrebungen unterbrochen und führt letztlich zur Ablösungskrise, die der eigentlichen Selbstwerdung, der Verselbständigung, vorausgeht. Anlaß der Kontaktaufnahme mit einer Beratungsstelle ist häufig eine Krisensituation, die zum Zusammenbruch der Organisation des Verhaltens führt, d.h. von Identitätsverwirrungen unterschiedlichen Ausmaßes begleitet wird. Damit hat sich die Sozialarbeit, um effizient werden zu können, mit den Merkmalen zu befassen, die eine intakte Identität ausmachen.
Krappmann sieht für den Erwerb der Identität die Interaktion als bedeutsam an. Eine balancierende Identität zeigt die Fähigkeit des Individuums auf, eine Balance zu gewinnen zwischen »den Anforderungen, der anderen und eigenen Bedürfnissen sowie zwischen dem Verlangen nach Darstellung dessen, worin es sich von anderen unterscheidet, und der Notwendigkeit, die Anerkennung der anderen für seine Identität zu finden« (*Krappmann*, 1980, 9). *Krappmann* (1980, 132) führt identitätsfördernde Elemente an, die uns insbesondere für das Sozialtherapeutische Rollenspiel interessieren, um einen Maßstab für das Ausmaß an Identitätsverwirrung für die Diagnose zu bekommen und um den Identitätszugewinn in der Behandlungssituation abschätzen zu können:

- Die Rollendistanz, die es dem Individuum ermöglicht, sich seinen verschiedenen Rollen gegenüber distanziert zu verhalten (ebd., 133).
- Die Empathie (ebd., 142), die Fähigkeit, sich in die Lage eines anderen zu versetzen und damit auch dessen Erwartungen vorwegzunehmen. Zwischen der Unfähigkeit, sich in die Rolle eines anderen zu versetzen, und psychischen Störungen besteht ein Bezug.
- Die Ambiguitätstoleranz (ebd., 150), das Vermögen also, widersprechende und in sich widersprüchliche Erwartungen auszuhalten.
  Diese Fähigkeit ist besonders für Veränderungsprozesse wichtig, da es sich hier um Konfliktsituationen mit einer Fülle von Widersprüchen handelt.
- Die Fähigkeit, Identität zu präsentieren (ebd., 168), sich selber also darzustellen, wobei die sprachliche Mitteilung große Bedeutung hat.

7.2.1. Die identitätsfördernden Fähigkeiten als diagnostische Hilfe

Zunächst zeigt sich beim Großteil der Klienten eine eingeschränkte Fähigkeit, Identität zu präsentieren. Es ist eine zentrale Aufgabe der wahrnehmungszentrierten Spiele, diese Repräsentation zu lehren und leisten zu lassen. Das Fehlen einer differenzierten Sprache und der Fähigkeit, sich wirksam darzustellen, führen zu Unsicherheiten und zu Mißverständnissen. Das äußert sich unter anderem darin, daß ein Gruppenmitglied das andere durch Projektionen zu etwas Bestimmtem zu machen versucht. Spiele, die der

Selbstdarstellung dienen, und solche, die dem Fremdbild die Selbstwahrnehmung gegenüberstellen, führen zunehmend zu einer immer differenzierteren Selbstpräsentanz. Auch die Sprache wird treffender, der Wortschatz größer, zunehmend werden Bilder benutzt, wo Abstraktionen nicht möglich sind.

7.2.1.1. Die Förderung der Rollendistanz durch das Spiel

Wenn sich das Individuum seinen verschiedenen Rollen gegenüber distanziert zu verhalten vermag, hat es Rollendistanz erreicht (*Dreitzel*, 1972, 187). Dies kann sich in unterschiedlicher Weise zeigen. Einmal ist eine Distanzierung dadurch möglich, daß auf eine andere Realitätsebene, etwa in die Welt der Phantasie, des Traumes, des Glaubens oder auch der Kunst, ausgewichen wird (*Dreitzel*, 1972, 192). Diese Form der Distanz wird im Spiel schon dadurch ermöglicht, daß das Mittel selber dieses Ausweichen verlangt. Die Spielebene ist in jedem Fall nur fingierte Realität. Phantasiespiele bieten in besonders intensiver Weise das Ausweichen auf eine andere »Sinnprovinz« (*Dreitzel*, 1972, 192) an, z.B. auf die Rolle eines Tieres, einer Pflanze oder eines Gegenstandes.
Im Auswertungsgespräch, insbesondere im Rollenfeedback, wird deutlich, daß selbst innerhalb des Spiels eine Distanzierung dadurch erfolgt, daß der eigenen Rolle von der Realität abweichende Eigenschaften zugeschrieben werden (z.B.: »Du hast mich als Katze zwar fressen wollen, aber das konntest du nicht. Ich als Maus war unverletzlich und habe gelacht, als du geglaubt hast, ich sei jetzt tot.«). Die Distanzierung durch eine Mentalreservation (*Dreitzel*, 1972, 192), in der durch Rücknahme des Engagements die Identifikation gelockert wird (man läßt z.B. den anderen reden und denkt sich seinen Teil), bekommt im Spiel eine neue Dimension dadurch, daß Sprechen durch bestimmte Handlungen ersetzt werden kann:

Peter wählte im gruppenzentrierten Phantasiespiel die Rolle eines Felsen. Er wurde von den Tieren des Waldes gefragt und auch bedrängt, reagierte hierauf aber überhaupt nicht.
In der Auswertung sagte er, er hätte als Fels nicht zu reagieren gebraucht, weil er sich denken konnte: »Ihr Gewürm, was könnt ihr mir schon an!« Aber das hätte er nicht zu sagen brauchen. Es hätte genügt, daß es gedacht wurde. Beim nächsten Spiel wählte er die Rolle einer Quelle. Auch hier sagte er kein Wort. Wenn eines der Tiere der Quelle aber zu nahe kam, schleuderte ihm diese einen Wasserstrahl entgegen.

Die Form der Distanzierung durch Ironie, Scherz oder Humor gehört zu jedem Spiel, wird durch das Sozialtherapeutische Rollenspiel aber noch dadurch gefördert, daß sie in bestimmten Spielen herausgefordert wird. So wird im Rahmen der problemzentrierten Spiele die Darbietung negativer Verhaltensweisen häufig als Persiflage erwünschten Verhaltens gezeigt. Auch die Distanzierungsform, daß zwei verschiedene Bezugspersonen oder Gruppen mit unterschiedlichen Rollenerwartungen innerhalb ein und desselben Rollenverhaltens gleichzeitig angesprochen werden, ist Bestandteil des Spiels (*Dreitzel*, 1972, 192).

Traudl wählte beim realitätsorientierten Gruppenspiel die Rolle der Kellnerin. Sie stand am Stammtisch und wurde von Touristen gerufen. Sie blinzelte den Stammgästen zu im Sinne: »Ich gehöre doch zu euch!« und rief den Gästen zu, sie wäre schon unterwegs zu ihnen.

Das Überwechseln in eine andere Rolle während einer Situation, in der das zwar nicht erlaubt, aber möglich ist (*Dreitzel*, 1972, 193), gehört ebenso zum Spiel.

Im gruppenzentrierten Spiel fand ein Tanz der Mäuse statt, und die Katze tanzte mit. In einem problemzentrierten Spiel hatte der Chef eine Auseinandersetzung mit seiner Angestellten. Als sie heftig weinte, glitt er in die Rolle des Freundes, tröstete sie und schmiedete Pläne mit ihr.

Besonders die Distanzierung durch eine Überbetonung der Rollenhaftigkeit zum Zwecke der Abschwächung, vielleicht durch ein Lächerlichmachen der inhaltlich fixierten Rollenerwartungen und damit der Betonung der Ich-Leistung (*Dreitzel*, 1972, 189), ermöglicht das Sozialtherapeutische Rollenspiel. Vor allem in der Anfangssituation überzeichnen Spieler ihre Rolle, erst recht, wenn es sich um unangenehme Rollen handelt. Sozialpädagogen kommen z.B. häufig zur Überzeichnung von autoritären Rollen, so daß diese lächerlich wirken und auch die Gruppe in Heiterkeit ausbricht.
Im Spiel treten zudem Situationen hervor, die es dem Spieler nicht möglich machen auszuweichen, die vielmehr erheblichen Zwang auf den Spieler einer bestimmten Rolle durch die Umwelt aufzeigen. Mitunter kann nur noch das Ausweichen in eine andere »Sinnprovinz« angeboten werden.

Magdalena, ein 10jähriges Mädchen, das von seiner Stiefmutter nicht gerade mißhandelt, aber doch überfordert wurde, wählte diese Ausweichmöglichkeit. Sie mußte täglich ziemlich viel Geschirr abtrocknen und den Tisch decken, wobei ihr niemand half. Es war allein ihre Aufgabe. Schon deshalb, weil sie es nicht gerne tat und diese Abneigung überwinden lernen sollte, hatte ihr die Stiefmutter diesen Auftrag erteilt. Magdalena erzählte in der Gruppe der Erziehungsberatungsstelle, daß sie jetzt zu Hause lieber abtrocknete. Sie deckte jetzt in Gedanken ganz einfach den Tisch für die Kindergruppe. Jeden Teller, den sie abtrocknete oder auf den Tisch stellte, wies sie einem Kind zu: für die Martina, für den Klaus usw. Am Schluß hätte sie für die 10 Personen ihrer eigenen Familie den Tisch gedeckt oder das gespülte Geschirr abgetrocknet.

Dieses Ausweichen konnte zwar nicht als Lösung des Problems angesehen werden, aber als Erleichterung, bis es geglückt wäre, die familiäre Situation zu verändern.

7.2.1.2. Die Förderung von Empathie und Ambiguitätstoleranz

Da viele Klienten nur beschränkt in der Lage sind, Einfühlungen in die Rollen anderer zu leisten, und andere wiederum nur erschwert Distanzen herstellen können, kommt den Einfühlungsspielen große Bedeutung zu. Auch die Identifikationen mit anderen, die im Auswertungsgespräch das Identifikationsfeedback ermöglichen, setzen die Klienten zunehmend in die Lage, die Erwartungen des anderen abzuschätzen und geben Sicherheit, eigenes Verhalten entsprechend zu entwickeln.

Robert, ein 13jähriger Schüler, hatte erhebliche Lernschwierigkeiten und zeigte sich in seiner Familie äußerst aggressiv. Niemand konnte sich die Gründe für dieses Verhalten erklären, da er unter den gleichen Bedingungen aufgewachsen schien wie sein störungsfreier Bruder. Die Tatsache, daß die Mutter, im 3. Monat von einem anderen Mann mit Robert schwanger, heiratete, war Geheimnis des Ehepaares, konnte den Jungen also nicht belasten. Ein Spiel, in dem sich »das Ehepaar« eines Abends über »seinen Jungen« unterhielt und die mögliche Veranlagung abschätzte, die zu solchem Verhalten beitragen könnte, gab dem Kreis der Sozialpädagogen die Möglichkeit, sich in die Eltern einzufühlen und ihr Erziehungsverhalten dem Kinde gegenüber abzuschätzen.
Eine Gruppeneinfühlung in Robert zeigte, daß möglicherweise Vermutungen durch »Gesprächsfetzen« bei ihm genährt werden konnten, daß die Frage »Wer bin ich, bin ich das Kind meiner Eltern? », die in dem Alter, in dem sich Robert befand, an sich häufig gestellt wird, in dieser konkreten Situation leicht zur Demaskierung führen konnte.

Es ist einleuchtend, daß zunehmende Distanzierungsfähigkeiten wie auch sich steigernde Einfühlungsfähigkeit mit Widersprüchen konfrontieren. Allein die Aufgabe, sich in eine andere Rolle einzufühlen, steht divergent zu dem Bedürfnis, die eigene Rolle zu erleben und auszufüllen. Es ist daher wichtig, eigene Sicherheiten entwickeln zu lassen, bevor Ambiguitätstoleranz geleistet werden soll. Im Zuge der Zunahme von Identität wächst die Fähigkeit, widersprüchliche Erwartungen auszuhalten.

7.2.1.3. Die Fähigkeit, Identität zu präsentieren

Die Fähigkeit, Identität zu präsentieren, wird durch alle Spiele ausgebaut. Erlebnisspiele zeigen auf, in welchem Erlebniszusammenhang sich das Gruppenmitglied sieht, und stellen die Spielform dar, die Sicherheiten vermittelt im Erleben der eigenen Individualität, weil Abgrenzungen zu anderen Rollen noch nicht gefordert werden. – Die Einfühlungsspiele sind am ausgeprägtesten daraufhin angelegt, sich vom anderen abzuheben, das herauszustellen, was die eigene Identität ausmacht, und es sprachlich zu fassen. Es ist deshalb mit Sorgfalt darauf zu achten, ob diese Leistung von der Gruppe bereits erbracht werden kann. Gruppenmitglieder, die Rollendistanz noch nicht zu leisten vermögen, zeigen dies deutlich im Spiel.
Identität präsentieren zu können bedeutet gleichzeitig immer, daß balancierende Identität (im Sinne *Krappmanns*) vorhanden ist.

7.3. Die Zunahme sozialer Kompetenz

Unter sozialer Kompetenz wird die Fertigkeit verstanden, interpersonelle Situationen erfolgreich zu meistern. Es werden dabei nur solches Verhalten und solche Handlungsstrategien von Interaktionspartnern als soziale Kompetenz bezeichnet, die dazu beitragen, »nach dem kritischen Ereignis mindestens ebenso gut« zu kooperieren und zu interagieren wie vorher (*Nellessen*, 1979, 271). Es handelt sich hierbei um Fertigkei-

ten, die sich auf kognitive, sprachliche und Interaktionsmerkmale erstrecken, aber auch um nichtsprachliche Handlungsstrategien wie den Umgang mit Institutionen und Organisationen. Es sind also erworbene Fähigkeiten, die jedoch keinesfalls starr angewendet werden. Es ist dies die Fähigkeit, einer sich ständig verändernden Welt zu begegnen. Sie hat mit Intelligenz und Sensitivität zu tun.
Zunahme sozialer Kompetenz erfolgt in einem Lernprozeß, der beim Kind und Jugendlichen in der Familie und in Peer-groups stattfindet. In der besonderen Situation unserer Klienten wird es zu einem späteren Zeitpunkt nötig, Defizite aufzuarbeiten, die häufig durch Rigidität und durch eine zu starke Regelbezogenheit entstanden sind und die hierdurch eine relativ gute Rollensicherheit gebracht haben. Ich-Identität andererseits ist aber nicht erworben worden. Vermeidung von Mißerfolg war damit weitgehend möglich, während die Risikobereitschaft gering blieb.
Das Sozialtherapeutische Rollenspiel trainiert soziale Kompetenz im eigentlichen Sinne nicht, bietet aber im Spielbereich Möglichkeiten an, Fähigkeiten zu erwerben und flexibel anzuwenden. Der Schutzraum der Gruppe ermöglicht Experimente und erhöht von daher die Risikobereitschaft. Immer wieder neue Spielsituationen werden angeboten, um in neuer Weise originelle Lösungen zu finden. Nonkonformes Verhalten anzuwenden wird überlegt. Soweit der Klient nicht in der Lage ist, dessen Konsequenzen zu tragen, wird der Raum gesucht, in dem es legal existieren kann. Phantasie und Kreativität, die Gegensätze zu Rigidität und Anpassung im Übermaß darstellen, werden geschult.

Sigrid war 35 Jahre alt, verheiratet, zwei Kinder, war ihrer Eheproblematik wegen in der Gruppe. Der Ehemann, Chemiker von Beruf, konnte die »romantischen Anwandlungen« seiner Frau nicht verstehen und wollte gern, daß alles zweckmäßig und vernünftig in seiner Familie organisiert wäre.
Sigrid litt darunter und war nicht in der Lage, eigene Vorstellungen zu verwirklichen und ihren Freiraum abzugrenzen. Sie besuchte die Gruppe zum 5. Mal. Als Einfühlungsthematik hatte sich die Gruppe »Spielzeug« gewählt.
Alle Mitglieder ordneten sich Spielsachen zu in der gewohnten Weise: »Ich ordne dir ein Auto zu, weil es so schnell ist und ohne Umweg auf sein Ziel zusteuert [...].« Darauf antwortete Sigrid: »Ja, ich kann dies Auto annehmen, weil ich immer gerne mit Autos gespielt habe.«
Sie gab gleichzeitig an ein anderes Gruppenmitglied eine Puppe, beschrieb sie und sagte: »Ich gebe sie dir, weil du mir erzählt hast, daß du alte Puppen sammelst.«
Nach dem ersten Beitrag hatte die Spielleiterin einem Gruppenmitglied einen Gegenstand zugeordnet, damit die Gruppe wieder ein Modell des richtigen Zuordnens hatte. Auch das Gruppenmitglied, das Sigrid einen Gegenstand gab, versuchte es mit einer Korrektur: »Ich möchte dir kein Auto zum Spielen geben, ich möchte es dir gleichsetzen.«

Sigrid war eine normal intelligente Frau, aber weder durch Modelle noch durch Korrekturversuche in der Lage, richtig zu reagieren, d.h. ihre Zuordnung in der gewünschten Form des »Gleichsetzens« zu formulieren. Ihre Abwandlung wurde aber hingenommen, denn für Sigrid war diese Spielform zu früh. Sie war noch nicht sicher, wie sie ihre eigene Rolle zu spielen hatte, wo sie sie abgrenzen, wo anpassen wollte. Sie konnte es sich noch nicht leisten, ihre Identität auszubalancieren, wie dies die Einfühlungsspiele vorsehen. Es muß nämlich abgewogen werden, welche Zugeständnisse an die Erwartung des anderen möglich sind, welche Bedingungen beachtet werden müssen, um die eigene Individualität zu sichern, welche Zugeständnisse den anderen gemacht werden können und welche die anderen zu leisten haben. Das Gruppenmitglied soll deutlich beschreiben, was es seiner Meinung nach ist und was nicht. Es weist Projektionen zurück, will nicht das sein, was andere aus ihm machen wollen. Es stellt seine Identität dadurch dar, daß es seine Erwartungen mit denen der anderen ausbalanciert. Das gilt auch, wenn das Problem des Umgangs mit Institutionen immer wieder Gegenstand der problemzentrierten Spiele wird. Gruppen von Sozialarbeitern/Sozialpädagogen sind hierbei auf die Gesamtheit des Hilfeinstrumentariums für ihr Aufgabenfeld wie auch auf die Sicherheit in den rechtlichen Grundlagen angewiesen. Die Abfassung schriftlicher Gesuche, die Formulierung und Einreichung von Widersprüchen und dergleichen ist zu überlegen, ihre Anwendung zu bedenken – alles Teile notwendiger sozialer Kompetenz, die auszuweiten und zu festigen, nicht einzuengen, Aufgabe des Spielleiters ist.

7.4. Die Aussöhnung mit der Vergangenheit

Der Begriff »Aussöhnung« hat mit »Sühne« zu tun, und dies bedeutet im alten Sprachgebrauch »einschläfern, stillen, lindern, beruhigen.« Der Prozeß der Aussöhnung macht aus, daß es in uns allmählich stiller, allmählich ruhiger wird, daß das Einschläfern noch den Wachzustand, das Lindern noch einen möglichen Schmerz aufzeigt. Aussöhnung mit der eigenen Geschichte ist kein Vorgang einer einzigen Lebensphase, vielmehr eine sich immer wiederholende Versöhnung und häufig auch das, was man unter einem Sühneversuch versteht.
Erikson zeigt auf, daß die reifeste Form der Identität die Stufe der Integrität ist, statt derer sich bei Fehlentwicklungen Verzweiflung und Lebensekel entfalten können. Integrität ermöglicht es, das zu sein, was man geworden ist. Damit kann der eigene Lebenszyklus und können Menschen bejaht werden, die nun einmal unser Leben begleitet haben. Dieser seelische Zustand bedeutet »eine neue, andere Liebe zu den Eltern, frei von dem Wunsch, sie möchten anders gewesen sein als sie waren, und die Bejahung der Tatsache, daß man für das eigene Leben allein verantwortlich ist« (*Erikson*, 1966, 118f.). Die Annahme des eigenen Schicksals, seine Bejahung, die Singgebung problematischer Abschnitte sowie letztlich die Erkenntnis der Bedeutung zeitweiliger negativer Identitätsverwirklichung beginnen bereits am Ende der Adoleszenz, indem Distanzen allmählich überwunden und der Intimität Raum gegeben wird. – Die Aussöhnung mit dem Schicksal und mit den Menschen, die es verkörpert haben, ist ein Prozeß, der immer nur schrittweise leistbar ist und der letztlich eine Lebensaufgabe darstellt. *Erikson* umschreibt mit dieser Integrität ja die höchste Form der Ich-Identität.

Wenn etwas Neues entstehen soll, muß zunächst der Blick in die Zukunft geöffnet werden. Menschen, die an ihrer Vergangenheit leiden, sind hierfür nicht frei. Daher ist es nötig, immer so viel an Aussöhnung zu leisten, wie es für die Arbeit im Hier und Jetzt und für die damit notwendige Zukunftsplanung notwendig wird. Diese Aussöhnung schafft neuen Gefühlen wie Hoffnung und Liebe Raum und läßt, wenn sie wirklich gelungen ist – und das heißt, daß Erlebtes nicht verdrängt, sondern verarbeitet wurde –, ein Gefühl der Macht über sich selbst und ein Gefühl der Verantwortung entstehen.

In einer Selbsthilfegruppe beschäftigen sich Gruppenleiter, die alkoholkrank waren und seit Jahren abstinent lebten, mit einem Erlebnisspiel. Herr Meier fand in der Spielzeugkiste eine kleine Lokomotive und schilderte den Weihnachtsabend, an dem ihm eine Nachbarin dieses winzige Holzspielzeug schenkte. Es war das erste Weihnachtsgeschenk, das der Sechsjährige erhielt. So spielte er glücklich damit am Fußboden, während der Vater trank. Als der Vater im betrunkenen Zustand das spielende Kind entdeckte, nahm er ihm die Lokomotive ab und warf sie ins Feuer.
Herr Meier war in Erinnerung an das Geschehene noch betroffen. Die Gruppenmitglieder tauschten im Assoziationsfeedback andere dramatische Erlebnisse mit ihren Eltern aus. Im Auswertungsgespräch wurde nochmals das Entsetzen deutlich und der Bezug, den das Trinken mit solchen Erlebnissen hat. Eine Situation des Selbstmitleids drohte aufzukommen. Da erklärte Herr Meier: »Das war sehr schlimm damals, und auch das, was ich meiner Familie angetan habe, war arg. Aber ich denke immer, was wäre denn aus mir geworden, wenn ich nicht getrunken hätte. Ich bin Maurer, ich wäre nie in eine Klinik gekommen. Ich hätte nie in einer Gruppe reden gelernt. Ich habe ganz neue Wörter gelernt; ich habe gelernt, daß ich über mich nachdenken kann. Ich kann in der Freizeit andere Dinge tun als meine Kollegen, die nicht so viel getrunken haben. Ich bin heute bei einer Fortbildung. Irgendwo bin ich dankbar, daß mir das alles passiert ist. Meine Frau und ich leben jetzt ganz anders.«

Klienten können also ihre Probleme und Geschicke bejahen, ihnen einen Sinn geben, ihre Krise als Moratorium auffassen (*Erikson*, 1981, 224), das ihnen Chancen der Identitätsreifung bietet.

Literatur

Adelheid-Stein-Institut für Sozialtherapeutisches Rollenspiel e.V., Mitteilungen, 1-7 München 1989-1992

Arbeitsgruppe >Fachausbildung Sozialarbeit<. Neue Praxis, Heft 1, 1974.

Arbeitskreis >Sozialtherapeutisches Rollenspiel<, Unveröffentlichte Spielprotokolle. München/Bensheim 1974 – 1983.

Aschenbrenner-Egger, Klothilde: Das Sozialtherapeutische Rollenspiel im Rahmen der Familienbehandlung. Unveröffentlichtes Protokoll des Arbeitskreises >Sozialtherapeutisches Rollenspiel<. München 1980.

Aschenbrenner-Egger, Klothilde: Erfahrungen mit dem Sozialtherapeutischen Rollenspiel. Unveröffentlichte Abschlußarbeit der Fachausbildung >Sozialtherapie< an der Kath. Stiftungsfachhochschule München, 1981.

Aschenbrenner-Egger, Klothilde/Heigl, Angela/Schuler, X.: Das Rollenspiel im Bereich der Sozialtherapie, Unveröffentlichtes Protokoll des Arbeitskreises >Sozialtherapeutisches Rollenspiel<. München 1979.

Aschenbrenner-Egger, Klothilde/Schild, Walter/Stein, Adelheid (Hrsg.): Praxis und Methode des Sozialtherapeutischen Rollenspiels in der Sozialarbeit und Sozialpädagogik. Freiburg, 1987.

Bang, Ruth: Die helfende Beziehung als Grundlage der persönlichen Hilfe: ein Wegweiser von Mensch zu Mensch. München 1964.

Bauer, W./Dümotz, J./Golowin, S.: Lexikon der Symbole. Gütersloh 31982.

Bechtler, Hildegard. In: Fachlexikon der sozialen Arbeit, S. 369. Frankfurt a.M. 1980.

Beck, Ulrich/Beck Gernsheim, Elisabeth: Riskante Freiheiten. Frankfurt a. M. 1994.

Berger, Peter L./Luckmann, Thomas: Die gesellschaftliche Konstruktion der Wirklichkeit, Frankfurt/M. 1970.

Berne, Eric: Spiele der Erwachsenen. Hamburg 1967.

Bernstein, Saul/Lowy, Louis: Untersuchungen zur sozialen Gruppenarbeit. Freiburg 1971.

Bettelheim, Bruno: Kinder brauchen Märchen. Stuttgart 1980.

Biesteck, Felix: Wesen und Grundsätze der helfenden Beziehung in der sozialen Einzelhilfe. Freiburg 1968.

Bock, Theresa. In: Fachlexikon der sozialen Arbeit, S. 670ff. Frankfurt a.M. 1980.

Der große Herder, Nachschlagewerk für Wissen und Leben. Bd. 2. Freiburg 51956.

Dieckmann, Hans: Träume als Sprache der Seele. Stuttgart 1972.

Dorsch, Diedrich: Psychologisches Wörterbuch. Bern 1976.

Dreitzel, Hans P.: Die gesellschaftlichen Leiden und das Leiden an der Gesellschaft. Stuttgart 1972.

Duden, Bd. 7, Etymologie: Herkunftswörterbuch der deutschen Sprache. Mannheim 1963.

Ellmanger, Wolfram: Die Zauberwelt unserer Kinder. Freiburg 1980.

Erikson, Erik H.: Identität und Lebenszyklus. Frankfurt a.M. 1966.

Erikson, Erik H.: Jugend und Krise. Frankfurt a.M. 1981.

Erikson, Erik H.: Kinderspiel und politische Phantasie, Stufen in der Ritualisierung der Realität. Frankfurt a.M. 1978.
Feldman, Wulff: Sozialtherapie. Essen 1970.
Festinger, Leon: Theorie der kognitiven Dissonanz. Irle, Martin/Möntmann, Volker (Hrsg.). Bern 1978.

Frankl, Viktor E.: Ärztliche Seelsorge: Grundlagen der Logotherapie und Existenzanalyse. Regensburg 1975.
Frankl, Viktor E.: ...trotzdem Ja zum Leben sagen. München 1977.
Franzke, Erich: Der Mensch und sein Gestaltungserleben. Stuttgart 1977.
Frassa, Heinz Jörg. In: Fachlexikon der sozialen Arbeit, S. 332. Frankfurt a. M. 1980.
Frese, Michael/Schöfthaler-Rübl, Rosi: Kognitive Ansätze in der Depressionsforschung. In: Hoffmann, Nicolas: Depressives Verhalten. Psychologische Modelle der Ätiologie und der Therapie. S. 57ff., Salzburg 1976.
Fromm, Erich: Anatomie der menschlichen Destruktivität. Hamburg 1977.
Fromm, Erich: Jenseits der Illusionen. Marburg 1981.
Fromm, Erich: Märchen, Mythen, Träume. Hamburg 1981.

Geissler, Karlheinz/Hege, Marianne: Konzepte sozialtherapeutischen Handelns. München 1978.
Germain, Carel B./Gittermann, Alex: Praktische Sozialarbeit das »life model« der sozialen Arbeit. Stuttgart 1983.
Goffmann, Ervine: Stigma: Über Techniken der Bewältigung beschädigter Identität. Frankfurt a. M. 1972.
Graumann, Carl F.: Motivation: Einführung in die Psychologie. Frankfurt a.M. 1971.

Hege, Marianne: Engagierter Dialog. München 1979.
Heigl, Angela: Sozialtherapeutisches Rollenspiel als eine Möglichkeit zur Aufarbeitung traumatischer Kindheitserlebnisse: Abschlußarbeit im Rahmen der Fachausbildung >Sozialtherapie< an der Kath. Stiftungsfachhochschule München, 1981.
Helwig, Paul: Dramaturgie des menschlichen Lebens. Stuttgart 1958.
Hennige, Ute/Preiser, Siegfried: Einstellungsänderungen als Systemgeschehen. In: *Heinerth, Klaus* (Hrsg.): Einstellungs- und Verhaltensänderung. München 1979.
Hoffmann, Nicolas: Depressives Verhalten. Salzburg 1976.
Huber, Herbert: Das Beziehungs-Feedback. Unveröffentlichtes Protokoll des Arbeitskreises >Sozialtherapeutisches Rollenspiel<. München 1975.
Huber, Herbert: Erlebnisspiele mit Verhaltensalternative. Unveröffentlichtes Protokoll des Arbeitskreises >Sozialtherapeutisches Rollenspiel<. München 1976.
Huber, Herbert/Schild Walter (Hrsg.): Praxis des Sozialtherapeutischen Rollenspiels – Sozialarbeit – Selbsterfahrung – Supervision. München 1996.
Huber, Herbert/Schulze, Wilhelm: »Das Gruppenbild«. Unveröffentlichtes Protokoll des Arbeitskreises >Sozialtherapeutisches Rollenspiel<. München 1982.

Jacobi, Jolande: Vom Bilderreich der Seele; Wege und Umwege zu sich selbst. Olten 1969.
Jacoby, Mario: Sehnsucht nach dem Paradies. Fellbach 1980.
Jung, Carl Gustav: Bewußtes und Unbewußtes. Olten, 1971.
Jung, Carl Gustav: Über die Psychologie des Unbewußten. Stuttgart 1960.

Kemper, Werner: Der Traum und seine Bedeutung. Regensburg 1977.

Kempler, Walter: Grundzüge der Gestalt-Familientherapie. Stuttgart 1980.

Koenig, Otto: Kultur- und Verhaltensforschung. München 1970.

Krappmann, Lothar: Soziologische Dimensionen der Identität. Stuttgart 1980.

Kuypers, Ursula: Die Gruppeneinfühlung. Unveröffentlichtes Protokoll des Arbeitskreises >Sozialtherapeutisches Rollenspiel<. Bensheim 1977.

Landau, Erika: Psychologie der Kreativität. München 1974.

Langen, Dietrich: Psychotherapie. Stuttgart 1969.

Lechner, Pauline: Das Sozialtherapeutische Rollenspiel im Rahmen der sozialen Einzelhilfe. Unveröffentlichtes Protokoll des Arbeitskreises >Sozialtherapeutisches Rollenspiel<. München 1979.

Lersch, Philipp: Aufbau der Person. München 1956.

Leuner, Hanscarl: Katathymes Bilderleben: Grundstufe. Stuttgart 1970.

Leuner, Hanscarl: Katathymes Bilderleben: Ergebnisse in Theorie und Praxis. Bern 1980.

Leutz, Grete: Psychodrama, Theorie und Praxis: Das klassische Psychodrama nach J. L. Moreno. Berlin 1974.

Lewin, Kurt: Behavior and development as a function of the total situation. In: Carmichael (Hrsg.): Manual of child psychology. New York 1946.

Lewin, Kurt: Die Lösung sozialer Konflikte. Bad Nauheim 1953. Lexikon der Psychologie. Freiburg 1977.

Maurina, Zenta: Kleines Orchester der Hoffnung. Memmingen 1974.

Mehl, Hans Peter. In: Fachlexikon der sozialen Arbeit, S. 450f. Frankfurt a.M. 1980.

Melzer, Gerhard. In: Fachlexikon der sozialen Arbeit, S. 748f. Frankfurt a.M. 1980.

Miller, Hans-Michael: Das Sozialtherapeutische Rollenspiel im Rahmen der Gemeinwesenarbeit. Unveröffentlichtes Protokoll des Arbeitskreises >Sozialtherapeutisches Rollenspiel<. München 1980.

Moltke, Peter. In: Fachlexikon der sozialen Arbeit, S. 115f. Frankfurt a.M. 1980.

Nellessen, Lotbar: Training sozialer Kompetenz. In: Heinerth, Klaus (Hrsg.): Einstellungs- und Verhaltensänderung. München 1979.

Nellessen, Lotbar. In: Fachlexikon der sozialen Arbeit, S. 346. Frankfurt a. M. 1980.

Oerter, Rolf: Moderne Entwicklungspsychologie. Donauwörth 1967.

Ohlmeier, Dieter (Hrsg.): Psychoanalytische Entwicklungspsychologie. Freiburg 1973.

Perlman, Helen: Soziale Einzelhilfe als problemlösender Prozeß. Freiburg 1978.

Perls, Fritz: Grundlagen der Gestalt-Therapie: Einführung und Sitzungsprotokolle. München 1976.

Petzold, H.: Angewandtes Psychodrama in Therapie, Pädagogik, Theater und Wissenschaft. Paderborn 1972.

Piaget, Jean: Psychologie der Intelligenz. Olten 1971.

Piaget, Jean/Inhelder, Bärbel: Die Psychologie des Kindes. Freiburg 1976.

Preiser, Siegfried: Das Spiel als Lernsituation. In: Heinerth, Klaus (Hrsg.): Einstellungs- und Verhaltensänderung. München 1979.

Richter, Horst-Eberhard: Die Gruppe. Reinbek bei Hamburg 1972.

Richter, Horst-Eberhard: Patient Familie. Hamburg 1972.

Schild, Walter: Das Sozialtherapeutische Rollenspiel im Rahmen der Sozialtherapie. Unveröffentlichtes Protokoll des Arbeitskreises >Sozialtherapeutisches Rollenspiel<. München 1982.

Schmidt, Hans D./Brunner, Ewald J./Schmidt-Mummendey, Amélie: Soziale Einstellungen. München 1975.

Schuetz, Alfred: Zur Theorie des sozialen Handelns: ein Briefwechsel. Stuttgart 1977.

Schulze, Wilhelm/Schmidtobreick, Bernhard: Das Sozialtherapeutische Rollenspiel im Rahmen der sozialen Gruppenarbeit. Unveröffentlichtes Protokoll des Arbeitskreises >Sozialtherapeutisches Rollenspiel<. Bensheim 1979.

Seligman, M. E. P.: Depression and learned helplessness. In: *Friedmann/Katz* (Hrsg.): The psychology of Repression; contemporary theory and research. Washington 1974.

Sherif, M.: A study of some social factors in reception. In: *Hofstätter, Peter:* Gruppendynamik. Reinbek bei Hamburg 1977.

Stein, Adelheid: Das Sozialtherapeutische Rollenspiel. In: Caritas 1/1979.

Stein, Adelheid: Das Rollenspiel. In: Christliches ABC Heute und Morgen, 1/1983.

Stein, Adelheid: Die Bearbeitung religiöser Konflikte mit dem Sozialtherapeutischen Rollenspiel, in: Sozialarbeit – Herkunft und Perspektive, Festschrift für Dr. rer Pol. Martha Krause-Lang, Professorin i.R. der Kath. Stiftungsfachhochschule München, München, 1992.

v. Stein, Edward: Schuld im Verständnis der Tiefenpsychologie und Religion. Olten, 1978.

Stonequist, E.: The marginal man. New York 1968.

Ulmann, Gisela: Kreativität: Neue amerikanische Ansätze zur Erweiterung des Intelligenzkonzeptes. Weinheim 1968.

Vetter, August: Die Zeichensprache von Schrift und Traum. Freiburg 1970.

Wachinger, Barbara: Die Auswertung des wahrnehmungszentrierten Spieles >Zukunftsspiegel<. Unveröffentlichtes Protokoll des Arbeitskreises >Sozialtherapeutisches Rollenspiel<. München 1980.

Watzlawik, Paul/Baevin, Janet H./Jackson, Don D.: Menschliche Kommunikation. Bern 1969.

Watzlawik, Paul: Wie wirklich ist die Wirklichkeit? München 1977.

Weinschenk, Reinhold: Didaktik und Methodik für Sozialpädagogen. Bad Heilbrunn 1981.

Weiss, Anni: Erfahrungen mit gefährdeten Jugendlichen. Unveröffentlichtes Protokoll des Arbeitskreises >Sozialtherapeutisches Rollenspiel<. München 1981.

Wiesenhotter, Eckhart: Traum-Seminar. Regensburg 1975.

Zeit, Hermann: Fachausbildung >Sozialtherapie<. Caritas-Jahrbuch, Freiburg 1974.

Zeit, Hermann (Hrsg.): Sozialarbeit und Suchterkrankung. Frankfurt a.M. 1973.

Zulliger, Hans: Umgang mit dem kindlichen Gewissen. Stuttgart 1960.